中国社会科学院国情调研丛书
CASS Series of National Conditions Investigation & Research

中国社会科学院创新工程学术出版资助项目

中国社会科学院国情调研丛书
CASS Series of National Conditions Investigation & Research

新时代中国精准扶贫模式与创新路径

Targeted Poverty Alleviation and Innovation Path in China for the New Era

张涛 姚慧芹 著

中国社会科学出版社

图书在版编目(CIP)数据

新时代中国精准扶贫模式与创新路径/张涛，姚慧芹著.—北京：中国社会科学出版社，2020.5
（中国社会科学院国情调研丛书）
ISBN 978-7-5203-5282-6

Ⅰ.①新… Ⅱ.①张…②姚… Ⅲ.①扶贫—研究—中国 Ⅳ.①F126

中国版本图书馆 CIP 数据核字（2019）第 215319 号

出 版 人	赵剑英
责任编辑	黄 晗
责任校对	李 莉
责任印制	王 超

出　　版	中国社会科学出版社
社　　址	北京鼓楼西大街甲 158 号
邮　　编	100720
网　　址	http://www.csspw.cn
发 行 部	010-84083685
门 市 部	010-84029450
经　　销	新华书店及其他书店
印　　刷	北京明恒达印务有限公司
装　　订	廊坊市广阳区广增装订厂
版　　次	2020 年 5 月第 1 版
印　　次	2020 年 5 月第 1 次印刷
开　　本	710×1000　1/16
印　　张	20.75
插　　页	2
字　　数	322 千字
定　　价	96.00 元

凡购买中国社会科学出版社图书，如有质量问题请与本社营销中心联系调换
电话：010-84083683
版权所有　侵权必究

中国社会科学院国情调研丛书
CASS Series of National Conditions Investigation & Research

编选委员会

主　任　　　李培林
副主任　　　马　援
成　员　　　（按姓氏笔画为序）
　　　　　　王　岚　王子豪　王延中　邓纯东　李　平
　　　　　　陆建德　陈　甦　陈光金　张　平　张车伟
　　　　　　张宇燕　高培勇　黄群慧　潘家华　魏后凯

目 录

引 言 ……………………………………………………………（1）

理论篇　扶贫历程与思想演进

第一章　中国扶贫开发基本历程 ……………………………（3）
 一　传统"输血救济"扶贫起步阶段（1949—1978 年）………（3）
 二　体制改革推动扶贫阶段（1979—1985 年）………………（4）
 三　大规模开发式扶贫阶段（1986—1993 年）………………（7）
 四　扶贫攻坚阶段（1994—2000 年）……………………………（8）
  （一）战略任务与政策措施 ……………………………………（9）
  （二）主要成效 …………………………………………………（10）
 五　扶贫开发深化发展阶段（2001—2010 年）………………（11）
  （一）战略任务与政策措施 ……………………………………（11）
  （二）主要成效 …………………………………………………（15）
 六　新时期扶贫开发与精准扶贫阶段（2011 年以后）………（16）
  （一）战略任务与政策措施 ……………………………………（17）
  （二）主要成效 …………………………………………………（19）

第二章　新时代中国精准扶贫 …………………………………（21）
 一　党的十八大以来习近平总书记关于扶贫的重要论述 ………（22）

（一）精准扶贫理念形成的历史背景……………………（22）
　　（二）习近平总书记关于扶贫的工作实践………………（25）
　　（三）精准扶贫理念的确立与完善………………………（28）
　　（四）习近平总书记关于扶贫的重要论述的创新与发展……（31）
二　精准扶贫工作实施的基本框架………………………………（34）
　　（一）坚守"共同富裕"根本原则…………………………（34）
　　（二）认识"全面建成小康社会"现实基础………………（35）
　　（三）把握"六个精准"核心要义…………………………（36）
　　（四）实施"五个一批"基础工具…………………………（42）
三　习近平总书记关于扶贫的重要论述的时代价值……………（48）
四　习近平总书记关于扶贫的重要论述的历史意义……………（50）

第三章　扶贫开发形势分析……………………………………（52）
一　改革开放以来中国扶贫开发工作进程………………………（52）
二　新时代中国扶贫开发形势……………………………………（55）
　　（一）中国农村贫困状况…………………………………（56）
　　（二）中国贫困地区贫困状况……………………………（59）
　　（三）贫困县"脱贫摘帽"工作进展………………………（64）
三　新时代中国扶贫开发面临的挑战……………………………（67）
　　（一）"三区三州"等深度贫困地区脱贫困境……………（67）
　　（二）需要加快脱贫进程，更要注意脱贫质量…………（68）
　　（三）贫困地区基本公共服务建设短板问题……………（70）
　　（四）工作中出现扶贫"超标"问题………………………（71）
　　（五）贫困县退出任务工程巨大…………………………（72）

第四章　贫困监测与精准识别……………………………………（74）
一　贫困标准与贫困监测…………………………………………（74）
　　（一）贫困内涵与贫困类型………………………………（74）
　　（二）贫困标准线测算……………………………………（77）
　　（三）中国农村贫困标准及贫困人口规模………………（78）
二　精准识别………………………………………………………（80）

（一）中国扶贫瞄准机制的演变……………………………………（80）
（二）精准识别的政策实践…………………………………………（81）
（三）精准识别的实践困境及原因阐释……………………………（82）
（四）完善现行贫困人口精准识别的对策建议……………………（83）

案例篇　样本模式与发展路径

第五章　河北省涞源县精准扶贫调研报告……………………………（87）
　一　涞源县基本情况………………………………………………（87）
　　（一）区位交通……………………………………………………（87）
　　（二）自然禀赋……………………………………………………（88）
　　（三）经济社会发展状况…………………………………………（88）
　二　涞源县扶贫状况………………………………………………（88）
　　（一）贫困情况……………………………………………………（88）
　　（二）致贫原因……………………………………………………（92）
　　（三）贫困特点……………………………………………………（93）
　　（四）扶贫现状……………………………………………………（94）
　三　涞源县扶贫模式………………………………………………（98）
　　（一）精准扶贫模式………………………………………………（98）
　　（二）创新扶贫模式………………………………………………（100）
　四　问题与建议……………………………………………………（101）
　　（一）扶贫开发工作中存在的问题………………………………（101）
　　（二）对策建议……………………………………………………（102）

第六章　广西壮族自治区西林县精准扶贫调研报告…………………（103）
　一　西林县基本情况………………………………………………（103）
　　（一）区位交通……………………………………………………（104）
　　（二）自然禀赋……………………………………………………（104）
　　（三）经济社会发展状况…………………………………………（105）
　二　西林县扶贫状况………………………………………………（105）
　　（一）贫困情况……………………………………………………（105）

（二）致贫原因 …………………………………………………（109）
　　（三）贫困特点 …………………………………………………（109）
　　（四）扶贫现状 …………………………………………………（110）
　三　西林县扶贫模式 ………………………………………………（112）
　　（一）精准扶贫模式 ……………………………………………（112）
　　（二）创新扶贫模式 ……………………………………………（113）
　四　问题与建议 ……………………………………………………（115）
　　（一）扶贫开发工作中存在的问题 ……………………………（115）
　　（二）对策建议 …………………………………………………（116）

第七章　广西壮族自治区龙州县精准扶贫调研报告 ……………（118）
　一　龙州县基本情况 ………………………………………………（118）
　　（一）区位交通 …………………………………………………（119）
　　（二）自然禀赋 …………………………………………………（119）
　　（三）经济社会发展状况 ………………………………………（120）
　二　龙州县扶贫状况 ………………………………………………（121）
　　（一）贫困情况 …………………………………………………（121）
　　（二）致贫原因 …………………………………………………（126）
　　（三）贫困特点 …………………………………………………（127）
　　（四）扶贫现状 …………………………………………………（129）
　三　龙州县扶贫模式 ………………………………………………（135）
　　（一）精准扶贫模式 ……………………………………………（135）
　　（二）创新扶贫模式 ……………………………………………（137）
　四　问题与建议 ……………………………………………………（142）
　　（一）扶贫开发工作中存在的问题 ……………………………（142）
　　（二）对策建议 …………………………………………………（143）

第八章　云南省大理白族自治州金融扶贫调研报告 ……………（145）
　一　大理白族自治州基本情况 ……………………………………（145）
　　（一）区位地理 …………………………………………………（145）
　　（二）资源禀赋 …………………………………………………（145）

（三）经济发展状况 ··· (146)
二　大理白族自治州扶贫状况 ································· (146)
　（一）贫困情况 ··· (146)
　（二）扶贫现状 ··· (148)
三　大理白族自治州金融扶贫模式 ····························· (148)
　（一）以信用社为主体的传统金融"输血型"模式 ············· (149)
　（二）开发性金融支持模式——富滇方案 ····················· (155)
四　问题与建议 ··· (159)
　（一）大理市金融扶贫工作中存在的问题 ····················· (159)
　（二）对策建议 ··· (161)

第九章　河北省易县精准扶贫调研报告 ······················· (163)
一　易县基本情况 ··· (163)
　（一）区位交通 ··· (163)
　（二）自然禀赋 ··· (164)
　（三）经济社会发展状况 ····································· (164)
二　易县扶贫状况 ··· (165)
　（一）贫困情况 ··· (165)
　（二）致贫原因 ··· (167)
　（三）贫困特点 ··· (167)
　（四）扶贫现状 ··· (168)
三　易县扶贫模式 ··· (169)
　（一）精准扶贫模式 ··· (169)
　（二）创新扶贫模式 ··· (170)
四　问题与建议 ··· (172)
　（一）扶贫开发工作中存在的问题 ··························· (172)
　（二）对策建议 ··· (172)
五　调查案例分析：易县凤凰台村和太平峪村精准扶贫住
　　户抽样调查 ··· (173)
　（一）调查对象和调查样本 ··································· (173)
　（二）问卷分析 ··· (174)

（三）问卷结论 …………………………………………………… (180)

总结篇　扶贫成效与经验总结

第十章　精准扶贫开发模式与地方实践 …………………………… (185)
 一　中国精准扶贫模式总结 ………………………………………… (186)
  （一）中国精准扶贫模式 ………………………………………… (186)
  （二）中国精准扶贫模式创新路径 ……………………………… (189)
 二　产业扶贫的操作模式与政策实践 …………………………… (191)
  （一）政策回顾 …………………………………………………… (192)
  （二）产业扶贫的地方实践 ……………………………………… (196)
 三　易地扶贫搬迁的操作模式与政策实践 ……………………… (200)
  （一）政策回顾 …………………………………………………… (200)
  （二）易地扶贫搬迁的地方实践 ………………………………… (201)
 四　生态扶贫的操作模式与政策实践 …………………………… (204)
  （一）政策回顾 …………………………………………………… (205)
  （二）生态扶贫的地方实践 ……………………………………… (205)
 五　金融扶贫的操作模式与政策实践 …………………………… (207)
  （一）政策回顾 …………………………………………………… (207)
  （二）金融扶贫的地方实践 ……………………………………… (209)
 六　教育扶贫与社保扶贫的操作模式与政策实践 ……………… (213)
  （一）政策回顾 …………………………………………………… (214)
  （二）教育扶贫的地方实践 ……………………………………… (216)

第十一章　中国精准扶贫成效分析 ………………………………… (218)
 一　中国精准扶贫成效概况 ………………………………………… (219)
  （一）全国精准脱贫基本状况 …………………………………… (219)
  （二）东中西部精准脱贫成效 …………………………………… (220)
  （三）全国各省区精准脱贫成效 ………………………………… (222)
 二　中国贫困地区精准扶贫减贫规模 …………………………… (225)
  （一）贫困地区减贫成效 ………………………………………… (225)

（二）集中连片特困地区减贫成效 ……………………………（229）
　三　2013—2017年贫困地区减贫增收情况 ……………………（232）
　　（一）收入增长情况 ………………………………………………（232）
　　（二）消费增长情况 ………………………………………………（234）
　四　2013—2017年贫困人口生产生活环境变化 ………………（234）
　　（一）物质生活条件改善 …………………………………………（234）
　　（二）基础设施和公共服务水平提升 ……………………………（236）

第十二章　中国精准脱贫重难点与对策建议 ……………………（239）
　一　中国精准扶贫战略实施过程中遇到的重难点及对策
　　　建议 ……………………………………………………………（239）
　　（一）精准扶贫重难点 ……………………………………………（239）
　　（二）对策建议 ……………………………………………………（249）
　二　2020年后中国贫困治理可能面临的困难 …………………（258）
　　（一）可能面临的困难 ……………………………………………（258）
　　（二）对策建议 ……………………………………………………（259）

第十三章　迈向自我成长的"思想扶贫"之路 ……………………（261）

参考文献 ………………………………………………………………（266）

附录一　调研手记 ……………………………………………………（272）
　调研"苦"旅 ………………………………………………………（272）
　以社保兜底筑牢贫困人口的安全网 ………………………………（276）
　倾听、表达和传递 …………………………………………………（277）
　心安，才有风景 ……………………………………………………（279）
　乡村振兴，中国圆梦 ………………………………………………（281）
　扶贫先扶志 …………………………………………………………（282）
　脱贫攻坚战，是一场充满希望和必胜的"战争" ………………（284）
　陪伴是最温暖的孝心 ………………………………………………（286）
　教育是最根本的精准扶贫 …………………………………………（288）

富裕未至，难以为家 …………………………………………（289）

附录二　调研成果 ……………………………………………（292）
　　（一）文章和要报 …………………………………………（292）
　　（二）当地相关报道 ………………………………………（292）

附录三　调研图片 ……………………………………………（295）
　河北省涞源县精准扶贫调研 …………………………………（295）
　湖北省恩施州利川市朝阳村精准扶贫调研 …………………（299）
　广西壮族自治区西林县精准扶贫调研 ………………………（301）
　广西壮族自治区崇左市龙州县精准扶贫调研 ………………（306）
　云南省大理市太邑乡精准扶贫调研 …………………………（310）
　河北省易县建新村精准扶贫调研 ……………………………（311）

后　记 …………………………………………………………（313）

引　言

打赢脱贫攻坚战，是全面建成小康社会的根本要求，也是经济发展新常态下扩大国内需求、促进经济增长的重要途径。党的十八大以来，以习近平同志为核心的党中央对扶贫开发做出了一系列新部署、新安排。2015年11月，习近平总书记在中央扶贫开发工作会议上指出："坚持精准扶贫、精准脱贫，重在提高脱贫攻坚成效"。习近平总书记同时强调，要以"更加明确的目标""更加有力的举措""更加有效的行动"，深入实施精准扶贫、精准脱贫。各级党委和政府在精准扶贫基本方略指导下，按照"四个切实""六个精准""五个一批"的要求，通过发展生产脱贫一批、易地搬迁脱贫一批、生态补偿脱贫一批、发展教育脱贫一批、社会保障兜底一批，不断探索创新新时期精准扶贫机制和模式，解决好"扶持谁""谁来扶""怎么扶"的问题，加快推动贫困地区经济社会发展。

按照世界银行2011年购买力平价计算每天低于1.9美元的绝对贫困标准，1981年世界贫困人口为199728万人，中国贫困人口87780万人，全球贫困率达到44.3%。2012年世界贫困人口降至89670万人，中国贫困人口也降至8734万人，全球贫困率降至12.7%。在此期间，全球共累计减少贫困人口约11亿人，中国累计减贫约7.9亿人，占同期全球减贫总人口的71.8%。这意味着，1981—2012年，中国对全球减贫的贡献率达到71.8%。中国已经成为率先实现联合国千年发展目标的国家。

2012年以来，习近平总书记关于精准扶贫、精准脱贫等方面的重要论述，为中国扶贫开发工作提供了新的思想指南，对全球减贫事业做出了巨大贡献，同时赢得了国际社会的高度赞誉。世界银行前任行长金墉指出，过去的四年，中国已有近8000万人口脱贫，世界极端贫困人口从40%下降至10%，而主要贡献来自中国。2018年，世界银行发布《中国系统性国别诊断》报告，报告中称"中国在快速经济增长和减少贫困方面取得了'史无前例的成就'"。联合国秘书长古特雷斯对中国扶贫事业给予了高度评价，他认为在过去的十年里，中国是为全球减贫做出最大贡献的国家。他在发给"2017减贫与发展高层论坛"的贺信中盛赞中国减贫方略，称"精准减贫方略是帮助最贫困人口、实现2030年可持续发展议程宏伟目标的唯一途径。中国已经实现数亿人脱贫，中国的经验可以为其他发展中国家提供有益借鉴"。

2017年10月18日，习近平总书记在党的十九大报告中提出，"要坚决打好防范化解重大风险、精准脱贫、污染防治的攻坚战，使全面建成小康社会得到人民认可、经得起历史检验。"为了确保2020年实现脱贫目标，必须举全国之力在近三年内把贫困这块硬骨头啃下。实施精准扶贫、精准脱贫战略，打赢脱贫攻坚战，确保贫困地区人民同全国人民一道进入全面小康社会。2020年脱贫目标的完成，意味着长期困扰中国农村的绝对贫困将基本终结。然而贫困人口在统计上的消失，并不意味着贫困问题的消失，扶贫工作依旧任重道远。

没有调查就没有发言权，一切须以事实为依据。为了解中国精准扶贫的进程，摸清贫困户致贫原因，掌握贫困人口的一手资料，评估现阶段扶贫政策的具体实施效果，中国社会科学院国情调研精准扶贫课题组自2017年起在全国开展了调研活动。课题组以县域经济为切入点，相继前往河北、湖北、广西、新疆、云南五省区的贫困地区进行实地调研，历时两年，使用问卷调查、深入访谈、行为实验等研究方法对贫困地区社会经济状况和人口统计信息进行了专项调研，获取微观样本数据180万个。在此基础上，总结了自然禀赋和区位特征差异条件下，不同样本精准扶贫模式的共性与异质性。

全书分为理论篇、案例篇、总结篇。理论篇回顾了新中国成立以来我国扶贫开发历程，探讨了新时代习近平总书记关于扶贫的重要论述的相关理解与精准扶贫工作实施的基本框架。并对当前扶贫开发形势进行了深入分析。案例篇从河北涞源、广西西林、广西龙州、云南大理太邑、河北易县等贫困地区的精准扶贫实践出发，总结了"易地搬迁+旅游""生态保护+产业扶贫""易地搬迁+驻边守疆+边贸致富""格莱珉"项目等多个精准扶贫模式。总结篇甄选出各地在精准扶贫实践中的创新模式，并对中国实施精准扶贫战略以来的效果做出评价。

理论篇

扶贫历程与思想演进

第一章

中国扶贫开发基本历程

贫困与饥荒，几千年来一直是人类发展的最大敌人。新中国成立后，我国开始了有计划、有目标的扶贫开发工作，较快地实现了摆脱生活贫困线的目标，同时也使贫困得到了较好的控制。纵观新中国成立以来的扶贫开发基本历程，大致可以分为六个阶段：传统"输血救济"扶贫起步阶段、体制改革推动扶贫阶段、大规模开发式扶贫阶段、扶贫攻坚阶段、扶贫开发深化发展阶段和新时期精准扶贫阶段。

一 传统"输血救济"扶贫起步阶段（1949—1978 年）

新中国成立初期，国家处于内外交困的艰难时期，长达半个多世纪的战争给国家遗留下满目疮痍，刚刚成长起来的新中国在当时处于世界上最贫困的国家之列。根据联合国统计资料显示，1949 年，中国人均国民收入仅有 27 美元[1]，相当于亚洲国家平均值的 2/3，绝大多数人口处于绝对贫困状态。虽然由于缺乏农村居民收入分配的数据，很难了解到当时农村的具体贫困状况，国家层面也没有正式提出"扶贫""反贫"的说法，但是后来有学者从不同角度对当时的农村贫困状况进行了研究。周彬彬和高鸿宾（1993）从粮食供给量对当时贫困状况进行研究[2]。他们认为，如果将保证人体最低热量要求的 2100 卡路里的粮食消费量设定为每人每年

---

[1] 国家行政学院编写组：《中国精准脱贫攻坚十讲》，人民出版社 2016 年版。
[2] 周彬彬、高鸿宾：《对贫困的研究和反贫困实践的总结》，《经济开发论坛》1993 年第 1 期。

210公斤，并将全国各省区分粮食严重不足、不足、持平、有余四个档次，那么在1973—1977年，中国平均每年都有43%的地区、相当于12.6个省，出现粮食不足或严重不足的情况；涉及贫困人口规模约为3.9亿人，占同期农村总人口的50.15%。

这一时期，中国刚刚开始进行工业化和现代化建设，国民经济发展水平比较低，国家无余力开展全国范围的大规模、针对性专项扶贫活动。1949—1978年，中国国家层面的扶贫战略尚未出台。1956年年底，中国基本完成农业社会主义改造，农村地区大部分实现了农业合作化生产。土地改革、社会主义制度的建立，极大地解放了农村生产力，同时也缓解了农村贫困状况。但是后期出现的"大跃进""文化大革命"运动等错误干扰，使得稍有缓解的农村贫困问题遭遇到严峻考验。到1978年，中国农村尚未解决温饱的贫困人口高达2.5亿人，超过全国农村总人口的33%。

这一阶段，中国政府对农村地区无劳动能力、部分丧失劳动以及无人赡养的生产生活困难群体，给予扶贫救济。为了解决这部分群众的生存困难，中国政府开展了"以实物为主的生活救济、自然灾害救济、优抚安置"等"输血救济"式扶贫工作。

二 体制改革推动扶贫阶段（1979—1985年）

1978年，党的十一届三中全会召开，中国开始实施改革开放。在此之后，对农村经济社会发展具有重要影响的家庭联产承包责任制建立。不过，地方上关于此项改革的实践要早于国家层面的制度安排。早在1977年，安徽省凤阳县小岗村便已开始实施包干到户，但此时该项改革尚处于"不合法"状态[1]。直至1983年第二个中央"一号文件"明确"家庭联产承包责任制是'在党的领导下中国农民的伟大创造，是马克思主义农业合作化理论在中国实践中的新发展'"。至此，来自农村底层的制度创新才实现了合法化。

1984年，中央"一号文件"首次提出"鼓励土地逐步向种田能手集

---

[1] 周其仁：《城乡中国》，中信出版社2013年版。

中。社员在承包期内，因无力耕种或转营他业而要求不包或少包土地的，可以将土地交给集体统一安排，也可以经集体同意，由社员自找对象协商转包……"不仅如此，在此期间中国政府同时放松了对农村种养结构的限制，农民在土地使用方面被赋予较以往更为充分的权能，农民从事农业生产的积极性大大提高。1978—1985年，中国农业总产值从1459亿元增至3575亿元，年均增长率为13.9%；粮食总产量从30475万吨增至37898万吨，年均增长率为3.2%；棉花产量从216.7万吨增至415万吨，年均增长率为9.7%；油料产量从521.8万吨增至1578万吨，年均增长率为17.1%。而在这八年间，中国乡村人口从79014万人增至80757万人，年均增长率仅为0.3%，远低于农业产出的各项相关指标（见表1-1）。与此同时，中国乡镇企业正值发展阶段，8年间创造了新增农村社会总产值的57%，解决了8000万农业剩余劳动力的出路问题[①]。

表1-1　　　　　　1978—1985年农业产出变化

	1978年	1985年	年均增长率（%）
农业总产值（亿元）	1459	3575	13.9
粮食总产量（万吨）	30475	37898	3.2
棉花产量（万吨）	216.7	415	9.7
油料（万吨）	521.8	1578	17.1
乡村人口（万人）	79014	80757	0.3

资料来源：《回顾与展望：对我国乡镇企业的回顾和反思》，选自《中国乡镇企业年鉴》，中国农业出版社，1978—1987年版。

1978—1985年，除农业生产外，非农业经营成为农民收入增长的第二个爆发点。在这八年中，中国农民从乡镇企业经营活动中获得的总收入达到2115亿元。在乡镇企业经济比较发达的地区，当地农民总收入的一半以上来自乡镇企业。乡镇企业发展为中国后续改革发力奠定了坚实的基础，中国农村经济的快速发展亦由此开始，在此期间，农民人均纯收入由

---

① 《回顾与展望：对我国乡镇企业的回顾和反思》，选自《中国乡镇企业年鉴》，中国农业出版社1978—1987年版。

134元增至397元,增长了196%①。

这一阶段,中国在国家层面并没有"贫困县"的提法,也没有设置贫困县标准。1982年,为改变以干旱、缺水、贫穷、落后而著称的甘肃定西、河西地区和宁夏的西海固地区(简称"三西")的落后面貌,党中央、国务院做出决定,由中央财政专项安排"三西"农业建设补助资金,每年2亿元,期限10年,这首开了全国区域性扶贫开发的先河②。1984年,中共中央、国务院发布了《关于帮助贫困地区尽快改变面貌的通知》(以下简称《通知》)。《通知》明确"改变贫困地区面貌的根本途径是依靠当地人民自己的力量,按照本地的特点,因地制宜,扬长避短,充分利用当地资源,发展商品生产,增强本地区经济的内部活力……纠正单纯救济观点……纠正依赖思想……解决贫困地区的问题要突出重点,目前应集中力量解决十几个连片贫困地区的问题"。

按照1978年贫困标准(每人每年100元)统计,当年中国农村贫困人口达到2.5亿人,占农村总人口的30.7%。1985年,中国农村人均纯收入低于206元(不到当时全国农村人均纯收入的52%)的贫困人口为1.25亿人③,占农村总人口的14.8%,其中近4000万人口年均纯收入不足50元,占全部农村贫困人口的32%。这近4000万贫困人口大多分布在18个较为集中的连片贫困地区,包括东部的沂蒙山区,闽西南、闽东北地区;中部的努鲁尔虎山区,太行山区,吕梁山区,秦岭大巴山区,武陵山区,大别山区,井冈山区和赣南地区;西部的定西干旱山区、西海固地区、陕北地区、西藏地区、滇东南地区、横断山区、九万大山地区、乌蒙山区、桂西北地区。这些地区多数位于经济发展相对落后的中部和西部山区,大部分是革命老区、少数民族地区和边远地区,习惯上被称为"老、少、边、穷"地区④。

---

① 国家统计局农村社会经济调查总队:《中国农村贫困监测报告(2000)》,中国统计出版社2001年版。
② 王树勤、李新海:《踏上新起点 迎接大开发——甘肃、宁夏"三西"资金专题调查报告》,《农村财政与财务》2000年第10期。
③ 中国政府网:《中国农村的扶贫开发》(http://www.fmprc.gov.cn/web/ziliao_674904/zt_674979/ywzt_675099/wzzt_675579/2296_675789/t10544.shtml)。
④ 中国政府网:《中国农村扶贫开发概要》(http://www.cpad.gov.cn/art/2006/11/20/art_46_12309.html)。

三 大规模开发式扶贫阶段（1986—1993 年）

1978—1986 年，中国农村经济体制改革取得了巨大成就。农村经济社会发展水平大幅提高，农业生产全面增长，主要农产品供应紧缺的状况得到极大改善，农民收入有了较大提高，部分贫困农民的温饱问题得到解决。但是由于自然禀赋和地区社会发展、经济条件差异，仍有部分地区、部分农民面临"吃不饱、穿不暖"的窘境。在此背景下，为全面解决人民群众的温饱问题，进一步消灭贫困，中国政府开始制定国家层面的农村专项反贫困计划。

这一时期，中国确立了有组织、有计划，以帮助贫困户自我积累和自我发展为目的的开发式扶贫方针。1986 年，中国政府第一次建立扶贫开发专门机构，即贫困地区经济开发领导小组[①]。同时，第一次确定了国家重点扶持贫困县的标准，即以县农民人均纯收入为基本依据，按 1985 年的不变价格，将农民年人均纯收入 150 元以下的县列为贫困县，同时将牧区县、革命老区标准分别放宽到 200 元、300 元[②]。据此标准，全国共确定 331 个国家重点扶持贫困县。1986—1993 年，中国国家重点扶持贫困县农民人均纯收入从每年 206 元增加到每年 483.7 元；农村贫困人口由 1.25 亿人减少到 8000 万人，贫困人口占全国农村总人口的比重从 14.8%下降到 8.7%。

这一阶段所取得的减贫成果，一方面来自有的放矢的国家扶贫开发政策与措施，另一方面来自中国农村深化改革的带动效应。1987 年，中央农村改革文件下达，明确提出为深化农村改革，可以办改革试验区[③]。试验区从乡、村合作经济组织和土地承包制的完善化、制度化，土地规模经营和农业现代化建设，乡镇企业制度建设，农产品流通体制改革和供销社改革，农村金融体制改革等多个方面进行了改革试验，不仅为深化农村改

---

① 1994 年"八七扶贫攻坚计划"时期改为"扶贫开发领导小组"，并沿用至今。
② 《国务院扶贫开发领导小组办公室》（http：//www.cpad.gov.cn/art/2013/3/1/art_50_23734.html）。
③ 中国政府网：《国务院办公厅转发国务院农村发展研究中心关于农村改革试验区请示的通知》（http：//www.gov.cn/zhengce/content/2011-03-30/content_3453.htm）。

革提供了新鲜经验,也为后续深化改革储备了理论和政策,同时培养和锻炼了干部队伍,更为有效地推动了农村经济发展。以贵州省湄潭县为例,该县是当时农村改革试验区的选点之一。1987年,湄潭首创"增人不增地、减人不减地"的地方经验。这一经验提出,"承包期内,增减人口不再调整土地",这有效避免了农业耕地经营不断细碎化、耕地投资激励弱化、增加人口激励增强等弊端,使当地群众开始转向寻求农业耕地以外的资源。到1993年,湄潭第二三产业得以快速发展,农民收入多元化程度大幅提高。当地农民通过开荒山、多种经营专业户、乡镇企业、劳动力转移外出务工等多种方式,在非农业耕地外找到了"活路",全面提高了收入水平。1992年,《国务院关于积极实行农科教结合推动农村经济发展的通知》提出要通过"积极实行农业(包括林业、水利等)、科技、教育相结合",来"有力推动农业生产和农村经济的发展"①,进而推进农业现代化的实现。无论是农村改革试验区的各项深化改革试验、农科教结合,还是工业化和城镇化进程的加速,都有效地推动了农村经济的发展,增加了农民收入,显然这份改革红利对减少绝对贫困人口数量大有裨益。

四 扶贫攻坚阶段(1994—2000年)

1979—1993年,中国通过改革开放实现了经济快速发展。1992年,中国已初步建立中国特色社会主义市场经济体制,确立了以改革、开放和发展为主线的国家整体战略,快速推进国家工业化和城镇化。经济体制改革的深入为中国农村贫困地区发展带来了新的机遇,但由于农村经济发展总体上远远落后于城市,在发展过程中农村贫困地区与沿海发达城市之间的差距进一步拉大。为实现中国经济社会健康快速发展,在加速改革开放进程的同时,更要充分发挥各地优势,加快地区经济发展,促进全国经济布局合理化。

为加快少数民族地区以及革命老根据地、边疆地区和贫困地区经济发展,国家积极采取有效政策加以扶持,帮助"老少边穷"地区的人民群

---

① 中国政府网:《国务院关于积极实行农科教结合推动农村经济发展的通知》(http://www.gov.cn/zhengce/content/2016-10/20/content_5122214.htm)。

众尽快脱贫致富。1994年，国务院颁布《国家八七扶贫攻坚计划》，明确"从1994年到2000年，集中人力、物力、财力，动员社会各界力量，力争用7年左右时间，基本解决目前全国农村8000万贫困人口的温饱问题"[1]，这是新中国历史上第一个有明确目标、明确对象、明确措施和明确期限的扶贫开发行动纲领。这一纲领在1997年中国共产党第十五次代表大会上得到再次强调，党的十五大报告明确"国家从多方面采取措施，加大扶贫攻坚力度，到本世纪末基本解决农村贫困人口的温饱问题"[2]。

1986—1994年，中国扶贫开发工作成效显著，农村贫困人口数量减少了4500万人，平均每年减少近563万人。1994年年底，中国农村贫困人口仅占全国总人口的8.87%。但与此同时，随着扶贫开发工作的进一步深入，减贫难度也在不断加大。1994年之后，为完成扶贫攻坚阶段的基本目标，实现计划预期效果，中国政府出台了一系列针对性更强的政策和措施。

（一）战略任务与政策措施

第一，明确扶贫攻坚的主战场为中西部的深山区、石山区、荒漠区、高寒山区、黄土高原区、地方病高发区以及水库库区，这些地区多为革命老区和少数民族地区，其共同特征是地域偏远，交通不便，生态失调，经济发展缓慢，文化教育落后，人畜饮水困难，生产生活条件极为恶劣。

第二，确定解决贫困人口温饱问题的目标与相应标准，即到20世纪末绝大多数贫困户人均纯收入达到500元/年以上（按1990年的不变价格）。同时，要确保扶贫效果的稳定性和可持续性，促使其稳定解决温饱问题、减少返贫人口。

第三，明确扶贫开发的基本路径。主要包括以下五个方面：一是发展种植业、养殖业等农业生产；二是积极发展贫困地区乡镇企业；三是提高自然资源开发利用率，尤其是荒地、荒山、荒坡、荒滩、荒水等的开发利

---

[1] 人民网：《国务院关于印发国家八七扶贫攻坚计划的通知》（http://www.people.com.cn/item/flfgk/gwyfg/1994/112103199402.html）。

[2] 中国网：《高举邓小平理论伟大旗帜，把建设有中国特色社会主义事业全面推向二十一世纪——江泽民在中国共产党第十五次全国代表大会上的报告》（1997年9月12日）（http://www.china.com.cn/zyjy/2009-07/13/content_18122516.htm）。

用；四是帮助贫困地区劳动力转移就业；五是对于生态条件特别恶劣、自然资源特别贫瘠的地区，采取开发式移民进行扶贫。

第四，大幅增加扶贫投入。1994—2000年，中央政府通过发展资金、以工代赈资金和扶贫贴息贷款形式提供的扶贫资金累计达1130亿元，年均161.4亿元，比1986—1993年增加110亿元，增长2.1倍，其中财政扶贫资金年均增加55.3亿元，增长3.4倍。

第五，加强科技扶贫力度。通过制定战略规划、选派干部到贫困地区任职、安排"星火计划"科技扶贫贷款、实施科技扶贫示范项目（温饱工程）、支持农业产业化等措施，向贫困地区推广农业实用技术，提高贫困地区农民的农业技术水平和科技在贫困地区农业发展中的贡献率。

第六，动员社会力量进行社会扶贫。通过组织政府部门、科研院校和大中型企业与贫困地区的对口扶贫，东西协作扶贫以及鼓励非政府组织和国际机构参与扶贫等方式，动员社会力量和社会资源参与和支持扶贫事业，这一方面增加扶贫资源的投入，推进扶贫方式的创新；另一方面让更多的机构和相关人员了解和支持贫困地区，开展扶贫。据不完全统计，1994—2000年中国社会扶贫投入约300亿元。

第七，逐步调整扶贫对象，在扶贫中更加关注对贫困户的直接扶持。为了帮助贫困户增收、尽快摆脱贫困，1996年后中国农村扶贫资金的投入逐步向贫困农户倾斜，扶贫贷款的一半左右直接投向贫困农户。

（二）主要成效

第一，解决了5000多万农村贫困人口的温饱问题。这一时期，中国农村尚未解决温饱问题的贫困人口由1993年的8000万人减少到2000年的3000万人，贫困发生率从8.7%下降至3%左右。到2000年年底，国家"八七"扶贫攻坚目标基本实现。全国592个国定贫困县农民人均纯收入从1993年的483.7元增加到2000年的1338元，增长了176.6%。贫困县农民人均纯收入与全国平均水平的比值，从1993年的48.8%提高至2000年的59.4%。贫困县人均财政收入从1993年的70.15元增加到2000年的124.33元，增长了77.2%。

第二，贫困地区的基础设施条件和公共服务水平得到了较明显的改善。2000年，全国贫困县中通电村、通电话村、通邮村、通公路村和能饮用安全饮水村占贫困村总数的比重分别达到95.4%、72.2%、75.6%、91.9%和73.4%，都比1993年时有了较明显的提高。在公共服务方面，贫困地区科、教、文、卫水平都有大幅提高。

五 扶贫开发深化发展阶段（2001—2010年）

1978—2000年，经过20多年的对内经济社会制度改革、对外开放，中国社会生产力、综合国力和人民生活水平都有了显著提高。21世纪，中国进入全面建设小康社会、加快推进社会主义现代化建设的新阶段。国民经济平稳较快的发展、社会保障体系的逐步健全，为中国21世纪扶贫开发创造了有利环境和条件。这一时期，中国扶贫开发的主要任务除了尽快解决贫困人口温饱问题外，还要进一步提高贫困地区经济、社会、文化等各方面发展水平，为实现小康水平创造条件。2001年，中共中央、国务院颁布《中国农村扶贫开发纲要（2001—2010年）》（以下简称《纲要1》），对中国农村扶贫开发工作做出了全面部署和安排。

（一）战略任务与政策措施

第一，调整扶贫开发的阶段总体目标。《纲要1》确定的2001—2010年扶贫开发总的奋斗目标是："尽快解决少数贫困人口温饱问题，进一步改善贫困地区的基本生产生活条件，巩固温饱成果，提高贫困人口的生活质量和综合素质，加强贫困乡村的基础设施建设，改善生态环境，逐步改变贫困地区经济、社会、文化的落后状况，为达到小康水平创造条件。"[1] 相较《国家八七扶贫攻坚计划（1994—2000年）》中"解决温饱问题"的目标，扶贫工作重心开始由"量"向"质"转移。

第二，对贫困县和扶贫标准进行调整。2001年，中央将国家级贫困县改为国家扶贫开发重点县，而且在坚持1984年贫困标准的同时，又建立了农村最低生活保障制度，确定了农村最低生活保障标准。2007年，国务院发布了《关于在全国建立农村最低生活保障制度的通知》，明确建

---

[1] 中国政府网：《国务院关于印发中国农村扶贫开发纲要（2001—2010年）的通知》（http://www.gov.cn/zhengce/content/2016-09/23/content_5111138.htm）。

立农村最低生活保障制度的目标是："通过在全国范围建立农村最低生活保障制度，将符合条件的农村贫困人口全部纳入保障范围，稳定、持久、有效地解决全国农村贫困人口的温饱问题。"[①] 2010年，中国又发布了《国务院办公厅转发扶贫办等部门关于做好农村最低生活保障制度和扶贫开发政策有效衔接扩大试点工作意见的通知》，明确农村低保标准由县级以上地方人民政府按照能够维持当地农村居民全年基本生活所必需的吃饭、穿衣、用水、用电等费用确定，而扶贫标准以国家公布的扶贫标准为基准，各省（区、市）人民政府根据实际情况，自行确定本地扶贫标准[②]。两项政策的有效衔接，既能解决绝对贫困人口的温饱问题，又将各省（区、市）的区域差异考虑在内，为各地留下了一定程度的政策实施空间。

关于贫困标准值得一提的是，在此阶段，随着经济社会的快速发展，中国国民收入、社会消费水平、生活成本等方面都有了较大变化，考虑到与上述指标相适应，中国对贫困线标准进行了多次调整：2007年，贫困线标准调整为人均纯收入1067元；2008年，中国绝对贫困线标准为人均纯收入785元以下，低收入贫困线标准为人均纯收入786元—1067元；2009年，该标准提高到1196元[③]。农村最低生活保障制度与扶贫开发政策的衔接以及贫困线标准的调整也意味着中国扶贫标准已经不再仅仅从温饱角度来衡量贫困，而是开始从健康、教育、医疗、社会保障等多个角度进行衡量。

第三，完善扶贫开发战略、积极探索中国特色扶贫开发道路。这一阶段，中国继续坚持开发式扶贫方针："以经济建设为中心，引导贫困地区群众在国家必要的帮助和扶持下，以市场为导向，开发当地资源，发展商品生产，改善生产条件，走出一条符合实际的、有自己特色的发展道路。"[④] 在此基础上，《纲要1》进一步完善扶贫开发的基本方针与战略政策，并明确了此阶段扶贫开发的重点地区。《纲要1》将扶贫开发的基本

---

① 中国政府网：《关于在全国建立农村最低生活保障制度的通知》（http：//www.gov.cn/zhengce/content/2008-03/28/content_ 6245.htm）。
② 中国政府网：《国务院办公厅转发扶贫办等部门关于做好农村最低生活保障制度和扶贫开发政策有效衔接扩大试点工作意见的通知》（http：//www.gov.cn/zhengce/content/2010-05/11/content_ 6477.htm）。
③ 中国在贫困线之下还设置了收入更低的绝对贫困线。
④ 中国政府网：《国务院关于印发中国农村扶贫开发纲要（2001—2010年）的通知》（http：//www.gov.cn/zhengce/content/2016-09/23/content_ 5111138.htm）。

方针与战略概括为:"政府主导、自力更生、社会参与、综合开发、可持续发展。"[①] 重点扶贫地区是贫困人口集中的中西部少数民族地区、革命老区、边疆地区和特困地区[②];重点扶贫开发基本途径则是继续发展种养业[③]。坚持因地制宜发展种养业是贫困农户增加收入、脱贫致富最有效、最可靠的途径,这一点贯穿于1984年《中共中央、国务院关于帮助贫困地区尽快改变面貌的通知》、1994年《国务院印发关于国家八七扶贫攻坚计划的通知》、2011年《纲要1》,保持不变。

《纲要1》实施阶段的基本方针和战略比1984年以来强调的开发扶贫更为系统和全面,可以总结为以下五个方面。

一是《纲要1》强调综合开发,从多角度实现扶贫开发的多维度目标,而不是仅仅停留于"解决温饱问题"层面。《纲要1》中明确"要加强水利、交通、电力、通讯等基础设施建设、重视科技、教育、卫生、文化事业的发展,改善社区环境,提高生活质量,促进贫困地区经济、社会的协调发展和全面进步"[④]。2005年,中共中央、国务院发布《关于加快国家扶贫开发工作重点县"两免一补"实施步伐有关工作意见的通知》,明确对农村义务教育阶段贫困学生实行免书本费、免杂费、补助寄宿生生活费政策,并加快对国家扶贫开发工作重点县的实施步伐。2006年,中共中央、国务院印发《关于完善大中型水库移民后期扶持政策的意见》,以帮助水库移民脱贫致富,促进库区和移民安置区经济社会发展,保障新时期水利水电事业健康发展,构建社会主义和谐社会。同年,中共中央、国务院印发《关于进一步做好新时期广播电视村村通工作的通知》与《全民科学素质行动计划纲要(2006—2010—2020年)》,明确将"村村通"工作纳入扶贫攻坚计划且将农村妇女及西部欠发达地区、民族地区、贫困地区、革命老区农民科学文化素质的提高作为"全民科学素质行动"中的重点任务。

二是《纲要1》强调全社会共同参与,发挥社会主义政治优势,积极

[①] 中国政府网:《国务院关于印发中国农村扶贫开发纲要(2001—2010年)的通知》(http://www.gov.cn/zhengce/content/2016-09/23/content_5111138.htm)。

[②] 同上。

[③] 同上。

[④] 同上。

动员和组织社会各界,通过多种形式,支持贫困地区的开发建设。这一点在 2006 年修订的《农村五保供养工作条例》中也有所体现。1994 年的《农村五保供养工作条例》指出"五保供养是农村的集体福利事业。农村集体经济组织负责提供五保供养所需的经费和实物"[1],而 2006 年修订的条例中提出"国家鼓励社会组织和个人为农村五保供养对象和农村五保供养工作提供捐助和服务"[2]。

三是《纲要1》坚持可持续发展,强调在扶贫开发的同时必须与当地资源保护、生态建设相结合,实现资源、人口和环境的良性循环,提高贫困地区可持续发展的能力。2005 年,国务院扶贫办等联合印发《关于共同做好整村推进扶贫开发构建和谐文明新村工作的意见》,明确要"稳定解决贫困人口温饱,促进贫困村经济社会全面和谐发展,夯实贫困村协调文明发展的基础,建立和完善贫困村可持续发展的长效机制,增强贫困村自我发展的能力,为全面建设小康社会及构建社会主义和谐社会创造条件"[3]。

四是《纲要1》强调加强金融信贷支持在脱贫减贫中的"撬动"作用。2007 年,国务院办公厅在《关于积极发展现代农业扎实推进社会主义新农村建设若干意见有关政策措施的通知》中提出要继续深化农村信用社改革,尽快明确县域内各金融机构新增存款投放当地的比例,在发展农村小额信贷的同时,积极开展农村多种所有制金融组织的试点工作。2008 年,国务院办公厅《关于当前金融促进经济发展的若干意见》指出:要积极发展面向农户的小额信贷业务,增加扶贫贴息贷款投放规模[4]。

除了进一步提高农村扶贫开发工作在国家经济社会发展战略中的重要性之外,在具体政策和举措上,这一阶段延续"八七扶贫攻坚计划"时

---

[1] 中国政府网:1994 年《农村五保供养工作条例》(国务院令第 141 号) (http://www.ln.gov.cn/zfxx/fggz/gwyfg/200803/t20080331_ 176942.html)。

[2] 中国政府网:2006 年《农村五保供养工作条例》(国务院令第 456 号) (http://www.gov.cn/zwgk/2006-01/26/content_ 172438.htm)。

[3] 中国政府网:《关于共同做好整村推进扶贫开发构建和谐文明新村工作的意见》(国开办发〔2005〕62 号) (http://www.wenming.cn/ziliao/wenjian/jigou/guowuyuan/201203/t20120312_ 551282.shtml)。

[4] 中国政府网:《国务院办公厅关于当前金融促进经济发展的若干意见》(国办发〔2008〕126 号) (http://www.gov.cn/zwgk/2008-12/13/content_ 1177484.htm)。

期的扶贫开发政策和措施,并同时确定了农业产业化经营、整村推进、贫困地区劳动力转移培训、合作医疗、最低收入水平等多种扶贫方式,加上之前业已开展的移民扶贫、科技扶贫和社会扶贫,一起构成了该阶段农村扶贫开发的基本框架,同时也形成了"四个一批"扶贫攻坚计划的雏形[①]。

五是《纲要1》提出建立全国农村最低生活保障制度和新型农村合作医疗制度。2007年,国务院将家庭人均纯收入低于当地最低生活保障标准的农村贫困人口纳入低保,保障其基本生活。农村低保制度建立以后,中国积极开展农村低保制度和扶贫开发政策的有效衔接工作,在现有贫困户建档立卡和农村五保、农村低保档案管理系统的基础上,逐步完善农村低保和扶贫开发数据库,以确保信息互通,资源共享[②]。该数据库的建立更为之后的精准扶贫、精准脱贫战略实施奠定重要的信息基础。

因病致贫是农村贫困人口主要致贫原因之一。2003年,中国新型农村合作医疗(简称"新农合")开始进行试点工作。截至2007年,全国"新农合"参与率达75%,有效地缓解了因病致贫、因病返贫现象。农村低保制度和"新农合"制度的建立,为农村因丧失劳动能力、遭受意外事件和重大疾病而陷入贫困的农户,提供了重要的基本生活保障。

(二) 主要成效

这一时期,中国反贫困事业取得了长足的进展:农村贫困人口规模锐减,贫困县农民收入快速增长,贫困地区基础设施和公共服务水平明显提升。按照2008年贫困标准,2000—2010年,全国贫困人口从9422万人降至2688万人;按2010年标准(2010年价格农民人均纯收入2300元),2000—2010年,全国贫困人口减少了29657万人,年均减少2965.7万人,是1978年以来中国减贫速度最快的一个时期。另外,这十年间贫困县农民人均纯收入增长了1.57倍(未扣除物价因素),比同期全国平均水平

---

① "四个一批"扶贫攻坚于2015年提出,指的是通过扶持生产和就业发展一批,通过移民搬迁一批,通过低保政策兜底一批,通过医疗救助扶持一批。

② 中国政府网:《国务院办公厅转发扶贫办等部门关于做好农村最低生活保障制度和扶贫开发政策有效衔接扩大试点工作意见的通知》(http://www.gov.cn/zhengce/content/2010-05/11/content_6477.htm)。

高出6.5个百分点。

六 新时期扶贫开发与精准扶贫阶段（2011年以后）

随着扶贫工作的深入开展，脱贫攻坚的难度越来越大。为解决当前中国扶贫开发的现实难题，中央政府采取了一系列针对性更强的扶贫开发政策措施。具体而言，2010年以后的扶贫开发工作可以分为两个阶段：一是2011—2013年的扶贫开发；二是2014年至今的"精准扶贫"。

2011—2013年的扶贫开发工作，既包括新时期扶贫战略规划的制定，又包括对精准扶贫模式的摸索实践。2011年，中共中央、国务院发布了《中国农村扶贫开发纲要（2011—2020年）》（以下简称《纲要2》），明确深入推进扶贫开发是建设中国特色社会主义的重要任务，是全面建设小康社会、构建社会主义和谐社会的迫切需要。进入21世纪后的第二个十年，中国工业化、信息化、城镇化、市场化、国际化进程加快，即使遭遇2008年国际金融危机，国民经济仍然保持平稳较快发展，一跃成为世界第二大经济体。此时，中国扶贫开发已经从以解决温饱为主要任务的阶段转入巩固温饱成果、加快脱贫致富、改善生态环境、提高发展能力、缩小发展差距的新阶段。相较扶贫开发的深化发展阶段，这一阶段从目标任务、总体战略到具体政策措施方面都进行了调整和完善。

《纲要2》明确提出："建立健全扶贫对象识别机制，做好建档立卡工作，实行动态管理，确保扶贫对象得到有效扶持。"[①] 尽管此时尚未从国家层面提出"精准扶贫"的概念，但中国已经开始聚焦于更精细化的扶贫对象识别的问题，为后期精准扶贫工作奠定了基础。2013年11月，习近平总书记到湖南湘西考察时首次做出了"实事求是、因地制宜、分类指导、精准扶贫"的重要指示。2014年1月，中共中央办公厅详细规制了精准扶贫工作模式的顶层设计，推动了"精准扶贫"思想落地。2014年2月，国务院办公厅发布《关于落实中共中央国务院关于全面深化农村改革加快推进农业现代化若干意见有关政策措施分工的通知》，指出

[①] 中国政府网：《〈中国农村扶贫开发纲要（2011—2020年）〉印发》（http://www.gov.cn/jrzg/2011-12/01/content_2008462.htm）。

"着力创新扶贫开发工作机制,改进对国家扶贫开发工作重点县的考核办法,提高扶贫精准度"①,为后期精准扶贫开发工作机制的确立指明了方向。2014年3月,习近平总书记参加两会代表团审议时强调,要实施精准扶贫,瞄准扶贫对象,进行重点施策。精准扶贫理念得到进一步阐释。2015年1月,习近平总书记在云南调研时强调,要坚决打好扶贫开发攻坚战,加快民族地区经济社会发展。同年6月,习近平总书记在贵州省调研时指出,要科学谋划好"十三五"时期扶贫开发工作,确保贫困人口到2020年如期脱贫,并提出扶贫开发"贵在精准,重在精准,成败之举在于精准"。

(一)战略任务与政策措施

第一,这一阶段的总体目标为:到2020年,稳定实现扶贫对象"两不愁、三保障",即不愁吃、不愁穿,保障其义务教育、基本医疗和住房②。在扶贫措施方面,明确除了将扶贫开发作为贫困人口脱贫致富的主要途径之外,还将社会保障作为解决贫困人口温饱问题的基本手段。

第二,这一阶段扶贫任务更加细化、量化、具体化。《纲要2》将主要扶贫任务细化到基本农田和农田水利、特色优势产业、饮水安全、生产生活用电、交通、农村危房改造、教育、医疗卫生、公共文化、社会保障、人口和计划生育、林业和生态12个方面,并且提出了量化目标。比如,在医疗卫生方面,要求到2015年实现"每个乡镇有1所政府举办的卫生院、每个行政村有卫生室;新型农村合作医疗参合率稳定在90%以上……"。另外,这一阶段扶贫工作的主要对象为在扶贫标准以下具备劳动能力的农村人口,而非上一阶段的尚未解决温饱问题的所有贫困人口;在这一阶段扶贫工作中,更加注重连片特困地区、重点县和贫困村在教育、卫生、文化、就业、社会保障等民生工程方面以及基本公共服务均等化建设。

---

① 中国政府网:《国务院办公厅关于落实中共中央、国务院关于全面深化农村改革加快推进农业现代化若干意见有关政策措施分工的通知》(国办函〔2014〕31号)(http://www.gov.cn/gongbao/content/2014/content_ 2640856.htm)。

② 中国政府网:《〈中国农村扶贫开发纲要(2011—2020年)〉印发》(http://www.gov.cn/jrzg/2011 - 12/01/content_ 2008462.htm)。

第三，这一阶段中国提出开始构建"专项扶贫、行业扶贫与社会扶贫"的大扶贫格局。在三大扶贫中，专项扶贫即专项开发式扶贫，自1986年以来作为中国的一项重要创新和基本战略，一直在实施；社会扶贫，从20世纪80年代定点扶贫开始，到"八七"扶贫攻坚时期，尤其是1996年以后，也一直被作为政府主导的开发扶贫的一个重要补充在发挥积极作用；行业扶贫在《纲要2》中首次被作为与专项扶贫、社会扶贫并列的重要扶贫战略明确提出来，对于引导和促进行业部门的投资和项目向贫困地区倾斜，具有积极的意义[1]。

在《纲要2》中提出专项扶贫、行业扶贫、社会扶贫这三个基本扶贫方式之后，相关部门又相继出台了更为具体的政策措施，以有效保障总体政策和基本政策的贯彻落实。自2011年起，中国相继印发了《创新扶贫开发社会参与机制实施方案》《关于加强雨露计划支持农村贫困家庭新成长劳动力接受职业教育的意见》《全国扶贫开发信息化建设规划》《关于改革财政专项扶贫资金管理机制的意见》《关于印发实施光伏扶贫工程工作方案的通知》《关于支持农民工等人员返乡创业的意见》等方案、措施，为提高扶贫效果提供了有力的政策支撑。

第四，在《纲要2》实施阶段，中共中央办公厅、国务院办公厅于2014年印发了《关于创新机制扎实推进农村扶贫开发工作的意见》，提出要建立精准扶贫工作机制，将中国扶贫开发工作推进到"精准扶贫、精准脱贫"新时期[2]。中国贫困治理政策基本按照先"解决温饱"后"全面小康"、先"区域整体"后"精准突破"的逻辑思路部署，贫困治理的政策更加具体、目标更加明确、措施更加精准。这与中国经济社会发展阶段性特征相适应，更加符合中国农村贫困治理问题发展变化的实际[3]。

在此新时期、新时代，扶贫开发政策和措施针对性亦更强，"靶向"更为精准。如2014年《国家能源局、国务院扶贫办关于印发实施光伏扶

---

[1] 李培林等：《中国扶贫开发报告（2016）》（扶贫蓝皮书），社会科学文献出版社2016年版。

[2] 同上。

[3] 王介勇、陈玉福、严茂超：《我国精准扶贫政策及其创新路径研究》，《中国科学院院刊》2016年第3期。

贫工程工作方案的通知》①、2016 年人力资源社会保障部、财政部和国务院扶贫开发领导小组办公室《关于切实做好就业扶贫工作的指导意见》②、2017 年《关于加强和完善建档立卡贫困户等重点对象农村危房改造若干问题的通知》③ 等文件都体现出将相关政策、措施下沉到村、到户的精准理念。2017 年中共中央办公厅、国务院办公厅印发《关于支持深度贫困地区脱贫攻坚的实施意见》，指出要集中力量解决本区域内深度贫困问题，做实做细建档立卡，加强贫困人口精准识别和精准退出，实现动态管理，打牢精准基础④。

（二）主要成效

第一，农村享受扶贫政策的贫困人口增加，同时农村贫困人口数量减少。2011 年中国政府将贫困标准从原来的 1274 元提高到 2300 元（按 2010 年价格）⑤，农村低保标准与贫困标准之间距离拉大，这为开发式扶贫留出了必要的工作空间；同时使可以享受扶贫政策的农村人口增加了 1 亿人。按现行国家农村贫困标准，2010—2015 年，全国农村贫困人口从 1.66 亿人降至 5575 万人，5 年间共减少 1.1 亿人，年均减少约 2200 万人；农村贫困发生率从 17.2% 降至 5.7%，5 年间下降 11.5%。

第二，贫困地区农村居民收入增长速度高于全国平均水平。2015 年，贫困地区农村居民人均收入为 7653 元。2013 年以来，贫困地区农村居民收入年均名义增长 13.7%，比全国平均水平高出 2.9 个百分点。贫困地区农村居民收入与全国农村居民收入的差距不断缩小，2015 年贫困地区农村居民人均收入相当于全国农村居民人均收入的 67%。

第三，贫困地区生活条件、基础设施和基本公共服务明显改善，贫困

---

① 国务院扶贫开发领导小组办公室：《国家能源局 国务院扶贫办关于印发实施光伏扶贫工程工作方案的通知》（http://www.cpad.gov.cn/art/2014/11/3/art_46_59822.html）。
② 国务院扶贫开发领导小组办公室：《关于切实做好就业扶贫工作的指导意见》（人社部发〔2016〕119 号）（http://www.cpad.gov.cn/art/2016/12/13/art_46_56381.html）。
③ 中国住房和城乡建设部：《住房城乡建设部 财政部 国务院扶贫办关于加强和完善建档立卡贫困户等重点对象农村危房改造若干问题的通知》（建村〔2017〕192 号）（http://www.mohurd.gov.cn/wjfb/201709/t20170906_233201.html）。
④ 国务院扶贫开发领导小组办公室：《中办国办印发意见 支持深度贫困地区脱贫攻坚》（http://www.cpad.gov.cn/art/2017/11/27/art_46_73993.html）。
⑤ 该标准亦为现行贫困标准。

地区与全国平均水平的差距明显缩小。2015年，贫困地区农村居民每百户拥有汽车、洗衣机、电冰箱、移动电话、计算机分别为8.3辆、75.6台、67.9台、209部和13.2台，比2013年分别增加2.8辆、9.8台、36部和5.3台；与2013年相比，2015年贫困地区所在自然村道路硬化比重提高12.4个百分点；所在自然村上幼儿园便利比重提高5.4个百分点，所在自然村上小学便利比重提高2.5个百分点。

第四，贫困地区社会保障水平明显提高。2015年，农村低保标准从2011年的平均每人每月143元提高到265元；与2012年相比，农村特困人口集中和分散供养年人均标准分别增长48.4%和49.3%。这在一定程度上使得无法就业、无力脱贫的困难群众获得基本生活保障。

第五，易地搬迁和危房改造工程成效显著。2012年以来，中国政府累计安排中央预算内投资404亿元，撬动各类投资近1412亿元，搬迁贫困人口591万人；地方各级统筹中央和省级财政专项扶贫资金380亿元，搬迁贫困人口580多万人。易地搬迁有效地拓展了贫困地区的发展空间，建设了一大批安置住房和水、电、路、气、网等基础设施，提高了当地教育、卫生、文化等公共服务设施建设水平，大幅度改善了贫困地区生产生活条件，有力地推动了贫困地区人口脱贫、产业集聚和城镇化进程，产生了良好的经济、社会和生态效益。在农村危房改造工程中，中央补助标准从户均5000元提高到7500元，对贫困地区再增加1000元，帮助住房最危险、经济最贫困农户解决最基本的住房安全问题。截至2015年年底，全国累计安排1556.7亿元支持1997.4万个贫困农户完成危房改造①。

---

① 国家统计局住户调查办公室：《中国农村贫困监测报告2016》，中国统计出版社2017年版。

第 二 章

新时代中国精准扶贫

习近平总书记关于扶贫的重要论述,是新时代中国精准扶贫理念的主体;是以习近平同志为核心的党中央治国理政的新理念、新思想、新战略的重要组成部分;是中国特色社会主义进入新时代,为实现全面建成小康社会、实现中华民族伟大复兴中国梦、最终实现共同富裕的重要理论保障;是新时代历史条件下推进中国扶贫开发工作的基本方略与行动指南。

中国共产党和中国政府历来高度重视扶贫开发工作,而且在改革开放以后取得了令全世界瞩目的减贫成就。1982 年开始的"三西地区"扶贫计划是中国最早开展的有组织、有计划、大规模的减贫行动。在此之后,中国政府在全国范围内开始实施和推广有计划有组织的大规模开发式扶贫,先后出台了《国家八七扶贫攻坚计划(1994—2000 年)》《中国农村扶贫开发纲要(2001—2010 年)》《中国农村扶贫开发纲要(2011—2020 年)》等重要的中长期扶贫规划。1978—2017 年,中国累计减少贫困人口 7 亿[①]多人,占同期全球减贫总人口的 70% 以上,因此一举成为率先实现联合国千年发展目标的国家。而以精准扶贫、精准脱贫为基本方略的中国减贫模式和经验,为全球贫困治理贡献出了重要的中国力量[②]。

中国共产党第十八次全国代表大会以来,以习近平同志为核心的党中央把脱贫攻坚作为全面建成小康社会的底线目标和标志性指标,并纳入

[①] 按照世界银行在 1990 年发布的以 1985 年为价格基期计算的贫困标准,即极端贫困标准,为每人每天 1.01 美元,也就是大家熟知的"1 天 1 美元"标准,进行测算。

[②] 国务院扶贫办副主任陈志刚在 2017 年 5 月 26 日召开的"2017 年中国扶贫国际论坛"开幕式上作的主旨发言,中国发展门户网"2017 年中国扶贫国际论坛"专题(http://cn.chinagate.cn/news/2017-05/26/content_ 40899124. htm)。

"五位一体"的总体布局和"四个全面"战略布局。习近平总书记提出的精准扶贫、精准脱贫基本方略,将中国扶贫开发工作推进到一个全新阶段。党的十八届五中全会明确指出,到2020年中国现行标准下农村贫困人口实现脱贫,贫困县全部摘帽,解决区域性整体贫困。

2012—2018年,按现行每人每年2300元(2010年价格水平)的国家农村贫困标准测算,中国农村贫困人口已经从2012年的9899万人减少到2018年的1660万人,年均减贫1373万人,6年间累计脱贫规模达到8239万人;贫困发生率从2012年的10.2%下降到2018年的1.7%,贫困人口年均下降1.42个百分点,累计下降8.5个百分点[①]。中国精准扶贫、精准脱贫工作取得的这一显著成绩,为到2020年全面建成小康社会奠定了坚实的基础。

一 党的十八大以来习近平总书记关于扶贫的重要论述

自2013年习近平总书记首次提出"精准扶贫"概念以来,习近平总书记关于扶贫的重要论述伴随着中国精准扶贫、精准脱贫进程日趋完善、日益成熟,已成为中国扶贫工作,尤其是集中攻坚时期扶贫工作的重要行动指南。

(一)精准扶贫理念形成的历史背景

所有重大思想的产生、形成和发展无一例外都与时代变迁息息相关。习近平总书记关于扶贫的重要论述产生于中国全面建成小康社会、实现第一个百年奋斗目标的重大历史背景之中。2016年7月1日,习近平总书记在庆祝中国共产党成立95周年大会上指出:"坚持不忘初心、继续前进,就要统筹推进'五位一体'总体布局,协调推进'四个全面'战略布局,全力推进全面建成小康社会进程,不断把实现'两个一百年'奋斗目标推向前进。"[②]"十三五"时期是2020年全面建成小康社会的关键时期,其中最重要的一项任务,就是补齐"扶贫开发"这块"短板"。习近平总书记特别指出:"我们不能一边宣布实现了全面建成小康社会目标,另一边还有几千万人口生活在扶贫标准线以下。如果是那样,就既影

---

① 数据来自国家统计局(www.stats.gov.cn/tjsj/zxfb/201902/t20190215_1649231.html)。
② 新华网:《习近平在庆祝中国共产党成立95周年大会上的讲话》(http://www.xinhuanet.com/politics/2016-07/01/c.1119150660.htm)。

响人民群众对全面建成小康社会的满意度,也影响国际社会对全面建成小康社会的认可度。"[1] 打赢脱贫攻坚战,带领几千万贫困人口摆脱贫困,是有效巩固党的领导基础,充分体现社会主义优越性,引领全社会进入新时代高质量发展的重要途径。

精准扶贫理念产生于中国长期扶贫开发工作实践的历史背景之中。1982 年,中共中央批转《全国农村工作会议纪要》,在此之后连续六年印发以农村农业为主题的中央"一号文件",推进实施以家庭联产承包责任制为代表的农村经济改革。改革促发展,发展才能脱贫。1982 年 12 月 10 日,国务院提出"三西"农业建设计划,计划每年拨款专项资金 2 亿元,用 10 到 20 年的时间对"三西"地区,即甘肃河西、甘肃定西、宁夏西海固,进行扶贫攻坚。1986 年 1 月,中央首次提出国家贫困县标准[2]。同年 5 月 16 日,国务院贫困地区经济开发领导小组成立[3],并确定将老少边穷地区的脱贫攻坚工作列入第七个五年计划(1986—1990)。

1994 年 4 月,中国第一个全国重大扶贫开发纲领性文件《国家八七扶贫攻坚计划》[4] 公布实施。文件中提出,中国计划在 7 年(1994—2000

---

[1] 《在部分省区市扶贫攻坚与"十三五"时期经济社会发展座谈会上的讲话》(2015 年 6 月 18 日),人民网:《习近平关于协调推进"四个全面"战略布局论述摘编》(二)(http://jhsjk.people.cn/article/27793747)。

[2] 中央政府第一次确定了国家贫困县标准:以县为标准 1985 年人均纯收入低于 150 元的县和年人均纯收入低于 200 元的少数民族自治县;对民主革命时期做出过重大贡献,在海内外有较大影响的老区县,给予重点照顾,放宽到年人均纯收入 300 元。1994 年制定《国家八七扶贫攻坚计划》时,中央政府重新调整了国定贫困县的标准。具体标准是,以县为单位,凡是 1992 年年人均纯收入低于 400 元的县全部纳入国家贫困县扶持范围,凡是 1992 年年人均纯收入低于 700 元的原国定贫困县,一律退出国家扶持范围(根据当时的典型测算,凡是超过 700 元的县,90% 以上的贫困人口基本上解决温饱问题)。根据这个标准,列入《国家八七扶贫攻坚计划》的国家重点扶持的贫困县共有 592 个,分布在 27 个省、自治区、直辖市。国家重点扶持贫困县数量较多的省区是:云南(73 个)、陕西(50 个)、贵州(48 个)、四川(43 个)、甘肃(41 个),数量较少的省区是:广东(3 个)、浙江(3 个)、吉林(5 个)、海南(5 个)、西藏(5 个)。从集中连片的角度看,这些贫困县主要分布在 18 个贫困地区。

[3] 1993 年 12 月 28 日,国务院贫困地区经济开发领导小组更名为国务院扶贫开发领导小组。

[4] 《国家八七扶贫攻坚计划》(1994—2000)明确要求集中人力、物力、财力,用 7 年左右的时间,基本解决 8000 万农村贫困人口的温饱问题。至此,中国扶贫开发进入最艰难的攻坚阶段。文件中提出要继续坚持开发式扶贫方针,把有助于直接解决群众温饱问题的种植业、养殖业和以当地农副产品为原料的加工业作为扶贫开发的重点,认真抓好科教扶贫和计划生育工作,坚持到村入户,动员社会力量参与扶贫。此外,还制定了一系列重要措施,如加大扶贫投入,在集中连片的和重点贫困地区安排大型开发项目,组织沿海发达省、直辖市对口帮扶西部贫困县、区等。其中,突出特点是在强调以省为主扶贫工作责任制的同时,要求扶贫资金、权利、任务和责任"四个到省"。全国扶贫开发工作进程加快,其中,1997、1998 两年解决贫困人口温饱问题的人数均达到了 800 万人,成为 20 世纪 80 年代和 90 年代,中国解放农村贫困人口年度数量最高水平。

年)左右的时间内,基本解决8000万贫困人口的温饱问题。2001年,中央扶贫开发工作会议制定并颁布第二个全国扶贫开发纲领性文件——《中国农村扶贫开发纲要(2001—2010年)》[①]。文件提出本阶段中国扶贫开发工作的总目标是:"尽快解决少数贫困人口温饱问题,进一步改善贫困地区的基本生产生活条件,巩固温饱成果,提高贫困人口的生活质量和综合素质,加强贫困乡村的基础设施建设,改善生态环境,逐步改变贫困地区经济、社会、文化的落后状况,为达到小康水平创造条件。"这代表中国扶贫开发工作进入一个新阶段。2011年,《中国农村扶贫开发纲要(2011—2020年)》发布,纲要提出:"到2020年,稳定实现扶贫对象不愁吃、不愁穿,保障其义务教育、基本医疗和住房。贫困地区农民人均纯收入增长幅度高于全国平均水平,基本公共服务主要领域指标接近全国平均水平,扭转发展差距扩大趋势",为"实现到2020年全面建成小康社会奋斗目标"打下坚实的基础。纲要确立了新时期扶贫开发的"两不愁、三保障"基本目标,标志着中国开始了又一轮扶贫开发攻坚战。

党的十八大以来,中共中央把扶贫开发工作纳入"四个全面"战略布局,把扶贫攻坚作为实现第一个百年奋斗目标的重点任务。习近平总书记根据多年基层扶贫开发工作经验,加上多次深入贫困地区的实地调研,就中国扶贫开发工作提出了一系列重要观点,完成了重大理论创新。我们党长期领导人民减贫脱贫、消除贫困的历史进程,是习近平总书记关于扶贫的重要论述产生的重大历史背景之一。

新时代精准扶贫理念产生于中国经济改革、社会发展的重大历史变革中。1978年以后实施的大规模开发式扶贫,解决了全国7亿多农村贫困人口的基本温饱问题。扶贫开发前期,社会经济发展是消除贫困的主导力量。90年代,中国工业化进程加快,大规模农村剩余劳动力纷纷进城务工,劳动力从农业部门转移至工业和服务业部门,农民收入结构从单一化转变为多样化,来自第二产业、第三产业的收入增加速度显著,因此这一时期中国快速减贫成果得以持续。但是,受2008年国际金融危机的影响,

---

[①] 《中国农村扶贫开发纲要(2001—2010年)》对21世纪初的扶贫战略做出全面描述,明确提出了今后十年扶贫开发的奋斗目标、基本方针、重点对象以及主要政策措施。以此为标志,中国的扶贫开发工作进入了一个新阶段。

中国经济增长速度放缓，经济发展进入新常态阶段。在一定程度上，这就使得经济增长主导的减贫、脱贫力量被削弱，传统贫困治理方式遇到了挑战，减贫脱贫模式和方法亟待创新。与此同时，中国经济改革、社会转型也进入冲突多发期。贫富差距成为集聚社会矛盾、引发对抗情绪的爆发焦点。这一时期的社会变革、经济发展、外部环境冲击，都给扶贫开发工作带来了阻碍。另外，中国贫困人口分布特征、贫困人口结构、致贫因素地区差异等诸多现实特点，已经证明大水漫灌的输血式扶贫，不能解决所有贫困人口的脱贫难题。在摆脱贫困的历史进程中，最容易走的道路已经过去，我们现在所面临的是"最后一公里"，而其艰难程度也超过之前所有困难的总和。

"明者因时而变，知者随事而制"，在这一关键时期，减贫思维、贫困治理方法和策略都亟待创新。

党的十八大以后，在中国全面建成小康社会、实现第一个百年奋斗目标的重大历史时期，在中国扶贫开发工作伟大实践的历史进程中，在中国经济改革进程、社会发展历程的重大创新变革时期，精准扶贫理念顺应历史发展趋势，应运而生。2013年以来，根据中国新一轮脱贫攻坚战面临的基本现实贫情，结合社会发展特征和总体脱贫目标，党和中央确定了精准扶贫、精准脱贫的基本指导方略，创新性地提出精准扶贫治理体系，为中国在2020年实现所有贫困人口如期脱贫提供了重要的工作实施保障。

（二）习近平总书记关于扶贫的工作实践

伟大的思想来自伟大的实践。早在20世纪60年代，习近平总书记就已经开始进行农村扶贫工作实践。1969—1975年，习近平在陕西省延安市延川县文安驿公社梁家河村插队落户。这七年的农村插队生活成为习近平总书记扶贫工作的早期实践基础。20世纪80年代以后，习近平先后在河北正定，福建厦门、宁德、福州，浙江等多个地区主持工作，丰富的基层工作经验为习近平总书记关于扶贫的重要论述的萌芽提供了肥沃的实践土壤。党的十八大以来，习近平先后前往河北阜平、甘肃定西、海南琼海、湖南湘西、山东临沂、河南兰考、新疆喀什等贫困地区进行考察调研，在全面了解和分析中国贫困状况的基础上，以全局视角创新性地提出适合中国基本国情的精准扶贫战略。

2012年12月29—30日，习近平总书记在河北省阜平县进行扶贫开发工作考察和调研时，萌生了因地制宜、创新思路的扶贫思维。在此次考察中，习近平总书记指出："推进扶贫开发、推动经济社会发展，首先要有一个好思路、好路子。要坚持从实际出发，因地制宜，理清思路、完善规划、找准突破口"①；"要做到宜农则农、宜林则林、宜牧则牧，宜开发生态旅游，则搞生态旅游，真正把自身比较优势发挥好，使贫困地区发展扎实建立在自身有利条件的基础之上"②。这被视为习近平总书记关于扶贫的重要论述的萌芽③。

2013年2月2日，习近平总书记在甘肃定西和临夏考察时强调："扶贫要找准发展路子、苦干实干"④。对贫困地区开展的实地考察活动，进一步推动了精准扶贫理论萌生以后从"星星之火"到聚焦壮大的发展进程。

2013年11月3日，习近平总书记在湖南省湘西州十八洞村考察时首次提出"精准扶贫"概念。习近平总书记特别强调："扶贫要实事求是，因地制宜。要精准扶贫，切记喊口号，也不要定好高骛远的目标"。二十多天以后，2013年11月26日，习近平总书记在山东省菏泽市调研，他进一步指出：抓扶贫开发，有三个需要注意的地方。第一，发展是脱贫致富的第一要务，要因地制宜找准路子；第二，就业、教育、医疗、文化、住房保障是农村基本公共服务体系，要成为困难群众基本生活的安全网；第三，教育是脱贫致富的根本之策，要成为斩断贫困代际传递的利刃⑤。由此，因地制宜通过发展脱贫、健全农村基本公共服务体系、提高农村义务教育水平，这三方面成为精准扶贫工作的重要方向，并且在之后的扶贫工作中得到了初步明确。

---

① 《在河北省阜平县考察扶贫开发工作时的讲话》（2012年12月29—30日），载习近平《做焦裕禄式的县委书记》，中央文献出版社2015年版。

② 同上。

③ 2015年11月27日，习近平在中央扶贫开发工作会议上讲到："2012年，我在阜平调研时提出了扶贫开发要坚持因地制宜、科学规划、分类指导、因势利导的思路。总结各地实践和探索，好路子好机制的核心就是精准扶贫、精准脱贫，做到扶持对象精准、项目安排精准、资金使用精准、措施到户精准、因村派人精准、脱贫成效精准。这是贯彻实事求是思想路线的必然要求。"

④ 人民网：《习近平的"扶贫"牵挂》（http：//politics.people.com.cn/n/2014/1018/c1001-25861312.html）。

⑤ 《同菏泽市及县区主要负责同志座谈时的讲话》（2013年11月26日），载习近平《做焦裕禄式的县委书记》，中央文献出版社2015年版。

2014年1月26日，习近平总书记在内蒙古阿尔山市进行扶贫调研。2014年4月28日，习近平总书记前往新疆喀什地区进行调研。习近平总书记曾说："不了解农村，不了解贫困地区，不了解农民尤其是贫困农民，就不会真正了解中国，就不能真正懂得中国，更不可能治理好中国。"[①] 为了解到贫困地区的真实情况，"看真贫、扶真贫、真扶贫"[②]，习近平总书记对贫困地区进行了连续、深度调研，为精准扶贫的形成提供了丰富的现实背景，为精准扶贫工作提供了准确的政策实施方向。

2014年3月7日，习近平总书记在参加十二届全国人大二次会议贵州代表团审议时，特别提出："精准扶贫，就是要对扶贫对象实行精细化管理，对扶贫资源实行精确化配置，对扶贫对象实行精准化扶持，确保扶贫资源真正用在扶贫对象身上、真正用在贫困地区。"[③] 这一论述从顶层设计的高度，阐述了精准扶贫的基本含义：扶贫对象精细化管理、扶贫资源精确化配置、扶贫对象精准化扶贫，而这一切都是为了使扶贫资源得到更合理、更有效、更充分的利用，使扶贫对象得到直接帮扶。

党的十八大以来，习近平总书记的一系列贫困地区考察调研活动成为精准扶贫理念提出和形成的现实基础。精准扶贫创新性地提出"精准"的基本指导方向，特别将扶贫重点从宏观区域精准地转向贫困家庭，以及每一位贫困人员。在20世纪80年代的大规模扶贫开发阶段，国家重点扶贫对象主要聚焦于县级贫困区域。2001年开始实施的扶贫开发整村推进工作，重点扶贫对象从贫困县进一步明确至15万个贫困村。2011年中国划定14个集中连片特困地区[④]实施重点扶贫，这仍然是以区域单位为扶

---

① 《在参加十二届全国人大二次会议贵州代表团审议时的讲话》，人民网：《习近平：坚决打赢脱贫攻坚战》（http://jhsjk.people.cn/article/29626301）。

② 同上。

③ 同上。

④ 根据《中国农村扶贫开发纲要（2011—2020年）》提出的按照"集中连片、突出重点、全国统筹、区划完整"的原则，以2007—2009年的人均县域国内生产总值、人均县域财政一般预算收入、县域农民人均纯收入等与贫困程度高度相关的指标为基本依据，考虑到革命老区、民族地区、边疆地区加大扶持力度的要求，国家在全国共划分了11个集中连片特殊困难地区，加上已明确实施特殊扶持政策的西藏、四省藏区、新疆南疆四地州，共14个片区，680个县，作为新阶段扶贫攻坚的主战场。这14个连片特困地区是：六盘山区、秦巴山区、武陵山区、乌蒙山区、滇桂黔石漠化区、滇西边境山区、大兴安岭南麓山区、燕山—太行山区、吕梁山区、大别山区、罗霄山区、西藏、四省藏区、新疆南疆四地州。

贫对象开展的系列扶贫开发工作。而 2013 年提出的精准扶贫则是"措施到户",直接将所有贫困人群纳入扶贫政策体系中,一步到位将扶贫政策传递到贫困人群手中。

(三)精准扶贫理念的确立与完善

1. 精准扶贫理念的确立和形成

经过中央和地方的实践探索,习近平总书记关于扶贫的重要论述首先以国家文件的形式不断完善,然后通过全国推进的形式继续实践。在此阶段,精准扶贫、精准脱贫理念得到进一步明确,成为国家扶贫开发工作的基本方略。

2013 年 12 月 28 日,中共中央办公厅、国务院办公厅印发《关于创新机制扎实推进农村扶贫开发工作的意见》(中办发〔2013〕25 号)(以下简称《意见》),将习近平总书记等中央领导同志关于扶贫开发工作的重要指示,以及精准扶贫理念落实到工作中。《意见》明确提出要建立精准扶贫工作机制,特别提出要通过集中解决贫困地区村级道路畅通、饮水安全、电力保障等十项重点扶贫开发工作,全面推进贫困地区脱贫进程。这是精准扶贫理念在国家政策层面的落实,也是理论与实践的高度融合。

在此之后,2014 年 4 月 2 日,国务院扶贫办印发《扶贫开发建档立卡工作方案》(国开办发〔2014〕24 号),要求以建档立卡的形式对全国所有贫困户和贫困村开展精准识别工作,目标是在年底前建立全国贫困户、贫困村、贫困县和连片特困地区电子信息档案,并完成《扶贫手册》的建立和发放。同年 5 月 12 日,国务院扶贫办、中央农办、民政部、人力资源和社会保障部、国家统计局、共青团中央、中国残联七部门联合制定并印发《建立精准扶贫工作机制实施方案》(国开办发〔2014〕30 号),提出通过建档立卡与信息化建设等六项重点工作的推进,完成对贫困户、贫困村的精准识别、精准帮扶、精准管理、精准考核,实现资源优化配置以及长效工作机制构建的目标,落实精准扶贫的具体实施程序和工作安排。同年 6 月 12 日,国务院扶贫办印发《扶贫开发建档立卡指标体系》(国开办发〔2014〕36 号),进一步明确指标、规范程序,为完成建档立卡工作提供了具体实施指标。同年 12 月 11 日,中共中央组织部、国务院扶贫办印发《关于改进贫困县党政领导班子和领导干部经济社会发展实绩考核工作的意见》（组通字〔2014〕43号），建立了贫困地区以精准扶贫成效为主要考核目标的评估制度保障。

以上系列政策文件的出台，为精准扶贫理念的落实提供了工作方向、工作路径和完整流程，成为下一阶段扶贫攻坚的现实基础。精准扶贫正式成为国家扶贫开发工作的基本方略，并通过一系列的政策文件、工作会议不断聚焦和丰富完善。

2. 精准扶贫理念的丰富和完善

在此阶段，精准扶贫政策应用的关键步骤完全形成：即"六个精准"的核心要义、"五个一批"的基础工具；同时确立了"扶持谁""谁来扶""怎么扶""如何退"这四个主要核心问题的政策实施路径。

2015年2月13日，习近平总书记在主持召开陕甘宁革命老区脱贫致富座谈会，参会的有来自陕西、甘肃、宁夏的24位市县委书记。会上讨论了县域经济发展、扶贫开发、深化改革与法治建设、党建四个方面的重要问题。习近平总书记指出："加快老区脱贫致富步伐，必须真抓实干，贯彻精准扶贫要求，做到目标明确、任务明确、责任明确、举措明确，精准发力，扶真贫、真扶贫，把钱真正用到刀刃上，真正发挥拔穷根的作用。"[1]

2015年6月18日，习近平总书记在贵州召开部分省区市党委主要负责同志座谈会上进一步指出："扶贫开发贵在精准，重在精准，成败之举在于精准。各地都要在扶持对象精准、项目安排精准、资金使用精准、措施到户精准、因村派人（第一书记）精准、脱贫成效精准上想出办法，出实招、见真效。……要因地制宜研究实施'四个一批'的扶贫攻坚行动计划，即通过扶持生产发展一批，通过移民搬迁安置一批，通过低保政策兜底一批，通过医疗救助扶持一批，实现贫困人口精准脱贫。"[2] 习近平总书记的这一讲话将精准扶贫开发政策进一步归纳为"六个精准"和"四个一批"。

2015年10月16日，习近平总书记在"2015减贫与发展高层论坛"

---

[1] 《在陕甘宁革命老区脱贫致富座谈会上的讲话》（2015年2月13日），人民网：《习近平谈打赢脱贫攻坚战：要真扶贫、扶真贫、真脱贫》（http://jhsjk.people.cn/article/30311485）。

[2] 《在部分省区市扶贫攻坚与"十三五"时期经济社会发展座谈会上的讲话（节选）》（2015年6月18日），新华网：《"平语"近人——关于扶贫工作，习近平这样说》（http://www.xinhuanet.com/politics/2015-10/19/c_128333096.htm）。

发表题为《携手消除贫困，促进共同发展》的演讲，他在演讲中特别指出："现在，中国在扶贫攻坚工作中采取的重要举措，就是实施精准扶贫方略，找到'贫根'，对症下药，靶向治疗。我们坚持中国制度的优势，构建省市县乡村五级一起抓扶贫，层层落实责任制的治理格局。我们注重抓六个精准，即扶持对象精准、项目安排精准、资金使用精准、措施到户精准、因村派人精准、脱贫成效精准，确保各项政策好处落到扶贫对象身上。我们坚持分类施策，因人因地施策，因贫困原因施策，因贫困类型施策，通过扶持生产和就业发展一批，通过易地搬迁安置一批，通过生态保护脱贫一批，通过教育扶贫脱贫一批，通过低保政策兜底一批。我们广泛动员全社会力量，支持和鼓励全社会采取灵活多样的形式参与扶贫。"①习近平总书记将精准扶贫进一步丰富、完善，形成众所周知的"六个精准"和"五个一批"，它们最终成为精准扶贫的核心要义和基础工具。

2015年11月27—28日，中央扶贫开发工作会议召开。习近平总书记在会议上发表了重要讲话，系统性地阐述了精准扶贫的政策实施框架、工具、路径和保障措施。精准扶贫工作体系的完整框架成功构建。

习近平总书记在讲话中强调，脱贫攻坚的冲锋号已经吹响，中国在"十三五"期间要完成："到2020年稳定实现农村贫困人口不愁吃、不愁穿，农村贫困人口义务教育、基本医疗、住房安全有保障；同时实现贫困地区农民人均可支配收入增长幅度高于全国平均水平、基本公共服务主要领域指标接近全国平均水平"②的脱贫攻坚目标。"十三五"时期是脱贫攻坚冲刺阶段，需要更大的决心、更明确的思路、更精准的举措，以及超常规的力度，才能完成这一目标，保证"现行标准下农村贫困人口实现脱贫，贫困县全部摘帽，解决区域性整体贫困"。总书记在讲话中还指出："坚持精准扶贫、精准脱贫，关键是要找准路子、构建好的体制机制，在精准施策上出实招、在精准推进上下实功、在精准落地上见实效。其中，必须要解决'扶持谁''谁来扶''怎么扶''如何退'这四个主要核心问题。解决'扶持谁'的问题，需要确保把真正的贫困人口弄清

---

① 《携手消除贫困，促进共同发展》（2015年10月16日），《十八大以来重要文献选编》（中），中央文献出版社2016年版。

② 《在中央扶贫开发工作会议上的讲话》（2015年11月27日），《十八大以来重要文献选编》（下），中央文献出版社2018年版。

楚，把贫困人口、贫困程度、致贫原因等搞清楚，以便做到因户施策、因人施策；解决好'谁来扶'的问题，需要加快形成中央统筹、省（自治区、直辖市）负总责、市（地）县抓落实的扶贫开发工作机制，做到分工明确、责任清晰、任务到人、考核到位；解决好'怎么扶'的问题，需要按照贫困地区和贫困人口的具体情况，实施'五个一批'工程；解决'如何退'的问题。还要设定时间表，实现有序退出，实行严格评估，按照摘帽标准验收。要实行逐户销号，做到脱贫到人"[1]。需要注意的是，在"扶持谁""谁来扶""怎么扶""如何退"中，全过程都要做到精准。

2016年7月20日，习近平总书记在宁夏主持召开东西部扶贫协作座谈会并发表重要讲话。他强调，东西都扶贫协作和对口支援，是推动区域协调、协同发展，共同发展的大战略，习近平总书记还多次主持召开中共中央政治局会议、中央全面深化改革领导小组会议、中央财经领导小组会议，研究做出扶贫工作的重大决策。此外，在每年中央经济工作会议和全国两会上，习近平总书记都对脱贫攻坚做出重要指示。

中国政府相继出台系列政策文件，形成了完整的脱贫攻坚政策体系。2015年11月29日，中共中央、国务院颁布指导脱贫攻坚的纲要性文件——《中共中央 国务院关于打赢脱贫攻坚战的决定》。2016年11月23日，国务院印发《"十三五"脱贫攻坚规划》。随后，中办、国办相继出台11个配套文件，中央和国家机关各部门出台一百多个政策文件、实施方案，全国各地也出台和完善了"1+N"的脱贫攻坚系列文件，创造性地提出了若干针对性的脱贫攻坚措施，形成了完整的脱贫攻坚政策结构体系。

（四）习近平总书记关于扶贫的重要论述的创新与发展

精准扶贫理念形成之后，一直保持着与时俱进，不断创新的现实特性。2015年新发展理念的提出，为精准扶贫的创新又提供了新的时代背景。新发展推动精准扶贫，这一事实本身就体现了习近平总书记关于扶贫的一系列重要论述时刻保持着理论新鲜度的基本性质。脱贫攻坚实践中必

---

[1] 《在中央扶贫开发工作会议上的讲话》（2015年11月27日），《十八大以来重要文献选编》（下），中央文献出版社2018年版。

须全面贯彻新发展理念,这已经成为中国新时期脱贫攻坚战略的理论基石:"以'四个全面'战略布局为中心,切实贯彻创新、协调、绿色、开放、共享的发展理念,以精准扶贫、精准脱贫为基本方略,坚持扶贫开发与经济社会发展相互促进,坚持精准帮扶与集中连片特殊困难地区开发紧密结合,坚持扶贫开发与生态保护并重,坚持扶贫开发与社会保障有效衔接,采取超常规举措,拿出过硬办法,举全党全社会之力,坚决打赢脱贫攻坚战。"①

2015年10月29日,习近平总书记在党的十八届五中全会第二次全体会议上,第一次正式系统地阐述了创新、协调、绿色、开放、共享的新发展理念。精准扶贫紧跟新的理论创新,开拓性地将脱贫纳入新发展理念体系框架中。

2016年1月18日,习近平总书记在省部级主要领导干部学习贯彻党的十八届五中全会精神专题研讨班上发表了重要讲话,讨论了四个重大现实和理论问题,包括:如何从历史和现实角度看当前中国经济发展新常态;如何从理论和宏观角度深入理解新发展理念;如何进一步推动供给侧结构性改革;以及各级领导干部如何认识和行动,把新发展理念落到实处。在谈到"如何从理论和宏观角度深入理解新发展理念"时,习近平总书记提到:"落实共享发展理念,'十三五'时期的任务和措施有很多,归结起来就是两个层面的事。一是充分调动人民群众的积极性、主动性、创造性,举全民之力推进中国特色社会主义事业,不断把'蛋糕'做大。二是把不断做大的'蛋糕'分好,让社会主义制度的优越性得到更充分体现,让人民群众有更多获得感。要扩大中等收入阶层,逐步形成橄榄型分配格局。特别要加大对困难群众的帮扶力度,坚决打赢农村贫困人口脱贫攻坚战。落实共享发展是一门大学问,要做好从顶层设计到'最后一公里'落地的工作,在实践中不断取得新成效"②。实施精准扶贫、精准脱贫战略,打赢农村贫困人口脱贫攻坚战成为中国"十三五"时期落实新发展理念的重要现实任务。

---

① 国家行政学院编写组:《中国精准脱贫攻坚十讲》,人民出版社2016年第1版。
② 《在省部级主要领导干部学习贯彻党的十八届五中全会精神专题研讨班上的讲话》(2016年1月18日),《人民日报》2016年5月10日第2版。

创新发展为脱贫攻坚战提供了强大的内生动力。创新是引领发展的第一推动力，是助力脱贫攻坚，形成脱贫致富内生动力的源泉。扶贫开发从"大水漫灌"到"精准滴灌"，是扶贫开发路径创新；扶贫资金从"多头分散"到"多条渠道进水、一个龙头出水"，是扶贫资源融合创新；从"输血式扶贫"到"扶贫先扶智，增强贫困人口自我发展能力"，是扶贫开发工作的思维方式创新；贫困地区党员领导干部考核内容从侧重考核地区生产总值到考核减贫脱贫成效，是扶贫考评体系创新。精准扶贫理念的不断创新，与其创新本质遥相呼应，成为创新精神的重要体现。

协调发展推动贫困地区走上健康可持续道路。协调是持续发展的内在要求，协调发展是带动贫困地区走向共同富裕的重要标志。只要还有贫困地区，还有贫困人口没有实现脱贫，就还没有全面建成小康社会。以新型工业化为基本动力，协调四化发展，协调区域城乡发展，是解决贫困地区基本发展难题，解决区域性整体贫困难题的重要途径。

绿色发展为贫困地区的永续发展提供可能。绿色发展是脱贫攻坚的重要抓手，也是最重要的扶贫理念。扶贫开发不能以牺牲地区生态环境为代价，"保护生态就是保护生产力，绿水青山就是金山银山"。从长期视角看，贫困地区良好的生态环境将成为未来发展的重要资本。

开放发展助力贫困地区走向繁荣。习近平总书记指出："人类的历史就是在开放中发展的。任何一个民族的发展都不能只靠本民族的力量。只有处于开放交流之中，经常与外界保持经济文化的吐纳关系，才能得到发展，这是历史的规律。"贫困地区走向开放是促进经济发展的重要手段。政府主导，社会力量共同参与的精准扶贫是全社会合力脱贫攻坚的标志性代表。

共享发展是社会主义的本质要求，是党的重要使命。消除贫困、改善民生、逐步实现共同富裕，是社会主义的本质要求。共享发展理念阐述了"发展为了谁"的问题。共享理念聚焦于社会公平，目的是为了实现"共同富裕"。脱贫攻坚正是为了贫困人口实现富裕。脱贫攻坚依靠精准战略，因人因地施策，充分体现了共享发展的理念。在共享发展理念的指引下，可以更好地完成实施精准扶贫战略，摆脱贫困，进而实现全面建成小康社会的重要任务。

二 精准扶贫工作实施的基本框架

党的十八大以来,以习近平同志为核心的党中央把脱贫攻坚作为全面建成小康社会的底线目标和标志性指标,纳入"五位一体"的总体布局和"四个全面"战略布局。《关于创新机制扎实推进农村扶贫开发工作的意见》《中共中央国务院关于打赢脱贫攻坚战的决定》《"十三五"脱贫攻坚规划》等重要政策文件先后发布,全力部署精准扶贫、精准脱贫战略,"六个精准""五个一批"等核心要义、政策工具也相继推出。2013—2017年,精准扶贫理论从提出到日趋成熟,已经形成一个完整的综合扶贫生态体系。"四梁八柱"性质的顶层设计框架构建完成,相关部门职责确立、地方党员干部考核评估机制更新,一系列创新模式和路径推动着脱贫攻坚向"2020年中国现行标准下农村贫困人口实现脱贫,贫困县全部摘帽,消除区域性整体贫困"的重要目标快速前进。

从精准扶贫理论的总体框架上看,精准扶贫、精准脱贫就是要在坚守共同富裕根本原则的前提下,面对全面建成小康社会的现实基础和要求,解决"扶持谁""谁来扶""怎么扶""如何退"等关键问题,通过把握"六个精准"的核心要义、实施"五个一批"基础工具,引入"东西部协作""七个强化""五点经验"等战略创新经验,完成"真扶贫""真脱贫"的本质目标。

(一)坚守"共同富裕"根本原则

"共同富裕"的根本原则是精准扶贫产生的理论渊源。共同富裕是中国特色社会主义的本质要求,中国必须坚持走共同富裕道路。习近平总书记指出:"消除贫困、改善民生、实现共同富裕,是社会主义的本质要求。"[①] 习近平总书记还指出:"贫穷不是社会主义。如果贫困地区长期贫困,面貌长期得不到改变,群众生活长期得不到明显提高,那就没有体现

---

① 《在河北省阜平县考察扶贫开发工作时的讲话》(2012年12月29—30日),载习近平《做焦裕禄式的县委书记》,中央文献出版社2015年版,第15页。

中国社会主义制度的优越性,那也不是社会主义。"① 共同富裕,是中国特色减贫道路的根本原则和目标,也是社会主义制度区别于其他制度的本质和核心特征。带领贫困地区、贫困人口脱贫致富,使发展的成果惠及更广泛的人群,是中国共产党坚持全心全意为人民服务的重要体现,也是党和各级政府的主要职责。

自新中国成立以来,党和政府始终把解放生产力、发展生产力,促进发展、消除贫困作为党的重要核心工作来抓。改革开放以来,中国先后通过大规模开发式扶贫,有计划的扶贫攻坚等重要举措,基本解决了贫困人口的温饱问题。党的十八大以来,中国进入脱贫攻坚的关键阶段,精准扶贫以精细化思维贯穿扶贫开发工作的整个实施过程,因地制宜、因人施策,为每一个贫困人口找出适宜的脱贫致富之路,最终实现共同富裕。

精准扶贫的共同富裕原则与马克思主义一脉相承。马克思、恩格斯指出,在未来社会"生产将以所有人的富裕为目的"。邓小平同志明确提出,社会主义的本质,是解放生产力,发展生产力,消灭剥削,消除两极分化,最终达到共同富裕。党的十八届五中全会鲜明提出要坚持以人民为中心的发展思想,把增进人民福祉、促进人的全面发展、朝着共同富裕方向稳步前进作为经济发展的出发点和落脚点②。习近平总书记在党的十九大报告中指出,新时代是全国各族人民团结奋斗、不断创造美好生活、逐步实现全体人民共同富裕的时代。坚持实施精准扶贫战略,缩小贫富差距,为实现共同富裕提供了时代路径。

(二) 认识"全面建成小康社会"现实基础

"全面建成小康社会"是精准扶贫产生的现实基础。习近平总书记在不同场合多次提出全面建成小康,一定要做好扶贫开发工作。2012年12月,习近平总书记在河北阜平考察时提出:"全面建成小康社会,最艰巨最繁重的任务在农村、特别是在贫困地区。没有农村的小康,特别是没有

---

① 《在党的十八届二中全会第二次全体会议上的讲话》(2013年2月28日),中国共产党新闻网:《〈习近平扶贫论述摘编〉(一):决胜脱贫攻坚,共享全面小康》(http://theory.people.com.cn/n1/2018/0913/c421125-30290544.html)。

② 《不断开拓当代中国马克思主义政治经济学新境界》(2015年11月23日),《十八大以来重要文献选编》(下),中央文献出版社2018年版。

贫困地区的小康，就没有全面建成小康社会。大家要深刻理解这句话的含义。因此，要提高对做好扶贫开发工作重要性的认识，增强做好扶贫开发工作的责任感和使命感。"①"小康不小康、关键看老乡"更是口语化地阐述了中国要实现第一个百年奋斗目标、全面建成小康社会，就必须先做好扶贫工作。贫困地区是全面建成小康社会的最大"短板"②。如果现有的几千万农村贫困人口生活水平没有明显提高，全面建成小康社会也不能让人信服。要"把农村贫困人口脱贫作为全面建成小康社会的基本标志，强调实施精准扶贫、精准脱贫，以更大决心、更精准思路、更有力措施，采取超常举措，实施脱贫攻坚工程"③。

根据"全面建成小康社会"的现实基础，习近平总书记要求中央及地方各级党员领导干部，要"带着深厚感情做好扶贫开发工作，把扶贫开发工作抓紧抓紧再抓紧、做实做实再做实，真正使贫困地区群众不断得到真实惠"④，全力推动贫困地区、贫困人口脱贫致富。目前中国扶贫开发工作已经进入啃硬骨头、攻坚拔寨的冲刺阶段。实施精准扶贫、精准脱贫战略，打赢脱贫攻坚战，让贫困地区群众与全国人民共享全面建成小康社会的发展成果，到2020年确保中国现行标准下农村贫困人口实现脱贫、贫困县全部摘帽、解决区域性整体贫困，确保贫困地区人民同全国人民一道进入全面小康社会。

（三）把握"六个精准"核心要义

精准扶贫的核心要义是坚持精准方略、坚持精细化理念，具体落地到实际工作中，就是要坚持实施"六个精准"，即扶持对象精准、项目安排精准、资金使用精准、措施到户精准、因村派人精准、脱贫成效精准。

---

① 《在河北省阜平县考察扶贫开发工作时的讲话》（2012年12月29—30日），载习近平《做焦裕禄式的县委书记》，中央文献出版社2015年版。
② 《在部分省区市扶贫攻坚与"十三五"时期经济社会发展座谈会上的讲话（节选）》（2015年6月18日），中国共产党新闻网：《〈习近平扶贫论述摘编〉（一）：决胜脱贫攻坚，共享全面小康》（http://theory.people.com.cn/n1/2018/0913/c421125-30290544.html）。
③ 《以新的发展理念引领发展，夺取全面建成小康社会决胜阶段的伟大胜利》（2015年10月29日），《十八大以来重要文献选编》（中），中央文献出版社2016年版。
④ 《在参加十二届全国人大二次会议贵州代表团审议时的讲话》，中国共产党新闻网：《习近平：坚决打赢脱贫攻坚战》（http://cpc.people.com.cn/xuexi/n1/2017/1103/c385474-29626301.html）。

2014年3月7日，习近平总书记在参加十二届全国人大二次会议贵州代表团审议时，提出："精准扶贫，就是要对扶贫对象实行精细化管理，对扶贫资源实行精确化配置，对扶贫对象实行精准化扶持，确保扶贫资源真正用在扶贫对象身上、真正用在贫困地区。"精准扶贫在形成过程中，就已经明晰精细化管理的理念，确定扶贫对象管理精细化、资源配置精确化，从提高资源配置效率角度确立了精准扶贫战略细化准则。

2014年5月12日，国务院扶贫办、中央农办、民政部、人力资源和社会保障部、国家统计局、共青团中央、中国残联七部门联合制定并印发《建立精准扶贫工作机制实施方案》（国开办发〔2014〕30号），提出要对贫困户、贫困村进行精准识别、精准帮扶、精准管理、精准考核，落实精准扶贫的具体实施程序和工作安排。

2015年6月18日，习近平总书记在贵州召开部分省区市党委主要负责同志座谈会上进一步强调"精准"的意义："扶贫开发贵在精准，重在精准，成败之举在于精准。各地都要在扶持对象精准、项目安排精准、资金使用精准、措施到户精准、因村派人（第一书记）精准、脱贫成效精准上想出办法，出实招、见真效。"2015年10月16日，习近平总书记在"2015减贫与发展高层论坛"发表题为《携手消除贫困，促进共同发展》的演讲中特别指出："现在，中国在扶贫攻坚工作中采取的重要举措，就是实施精准扶贫方略……我们注重抓六个精准，即扶持对象精准、项目安排精准、资金使用精准、措施到户精准、因村派人精准、脱贫成效精准，确保各项政策好处落到扶贫对象身上。"[①] 精准扶贫理念的核心要义被明确地总结为"六个精准"。

1. 扶持对象精准

精准识别贫困人口，是因户施策、因人施策的重要前提。扶贫对象精准识别解决了中国扶贫开发过程中工作落实到每一位贫困人员的问题。在中国实施精准扶贫战略之前，扶贫对象是宏观意义上的贫困县、贫困村、贫困户，极少有直接针对每一位贫困人员的脱贫帮扶实施机制。同时，中

[①] 《携手消除贫困，促进共同发展》（2015年10月16日），《十八大以来重要文献选编》（中），中央文献出版社2016年版。

国贫困人口总数的推算是依据人口抽样调查①得出的,并没有直接落实在每个人身上。一直以来,贫困人口在全国的具体分布并没有翔实的数据予以支撑。2013年12月28日,中共中央办公厅、国务院办公厅印发《关于创新机制扎实推进农村扶贫开发工作的意见》(中办发〔2013〕25号),明确提出建立精准扶贫工作机制,由国家制定统一的扶贫对象识别办法,基于扶贫开发与农村最低生活保障制度联合效用,依据"县为单位、规模控制、分级负责、精准识别、动态管理"原则,"对每个贫困村、贫困户建档立卡,建设全国扶贫信息网络系统"。2014年4月2日,国务院扶贫办起草并印发了《扶贫开发建档立卡工作方案》(国开办发〔2014〕24号),提出全国贫困户、贫困村、贫困县和连片特困地区建档立卡工作的具体实施方法、步骤、时间安排,对贫困户和贫困村实施精准识别,对贫困县和连片特困地区进行监测和评估,为精准扶贫工作奠定基础。2014年5月12日,国务院扶贫办、中央农办、民政部、人力资源和社会保障部、国家统计局、共青团中央、中国残联七部门联合制定并印发《建立精准扶贫工作机制实施方案》(国开办发〔2014〕30号),提出对贫困户、贫困村进行精准识别、精准帮扶、精准管理、精准考核。该实施方案中明确提出:精准识别是"通过申请评议、公示公告、抽检核查、信息录入等步骤,将贫困户和贫困村有效识别出来,并建档立卡"。精准帮扶是"对识别出来的贫困户和贫困村,深入分析致贫原因,落实帮扶责任人,逐村逐户制定帮扶计划,集中力量予以扶持"。精准管理是"对扶贫对象进行全方位、全过程的监测,建立全国扶贫信息网络系统,实时反映帮扶情况,实现扶贫对象的有进有出,动态管理,为扶贫开发工作提供决策支持"。精准考核是"对贫困户和贫困村识别、帮扶、管理的成效,以及对贫困县开展扶贫工作情况的量化考核,奖优罚劣,保证各项扶贫政策落到实处"。2014年6月12日,国务院扶贫办印发《扶贫开发建档立卡指标体系》(国开办发〔2014〕36号),提出扶贫开发建档立卡指标体系,包括《贫困户登记表》《贫困村登记表》《贫困县登记表》,以

---

① 精准识别、建档立卡之前,中国农村贫困人口规模来自国家统计局的抽样调查数据。根据国家统计局2014年国民经济和社会发展统计公报,2014年,抽样调查中人均消费支出或人均纯收入低于2800元贫困线的贫困人口占样本中的比例为7.2%(总样本量为7万户),用样本比例乘以当年全国农村总人口,估算得到全国农村贫困人口7017万人。

及各表对应指标说明,为完成建档立卡工作提供了实施指标。

2014年4—10月,中国先后组织80万人深入农村贫困地区进行精准识别及建档立卡工作,全国共识别贫困村12.8万个,识别出全国贫困人口8962万人。精准识别贫困人口解决了"扶贫对象精准"的问题,为中国实施和完成精准扶贫、精准脱贫战略奠定了工作基础。

2. 项目安排精准

项目安排精准,要求在扶贫开发工作中必须根据贫困地区差异化现实,因地制宜、因户施策、因人施策,发展本地区(本村)特色产业项目。"大水漫灌"式的扶贫开发以贫困地区整体贫困特征为主要考虑因素,安排地区脱贫项目,不能解决扶贫项目运行过程中可能遇到的"水土不服"问题,也不能解决扶贫项目市场价值实现难题,更多的工作是集中在项目指导和发放中。这就在一定程度上增加了扶贫项目失败的可能性,造成了资源浪费。"六个精准"中的项目安排精准,以解决具体贫困人员的贫困问题为导向,即以贫困人口的实际情况为基本出发点,充分考虑市场需求和项目价值实现,确保项目可行、可用、可脱贫。全国建档立卡数据显示,中国贫困户主要致贫原因是疾病、缺资金、缺技术、缺劳力。其中,有42.1%的贫困户因病致贫,其余三项致贫原因的比例分别占到35.5%、22.4%、16.8%[1]。在精准识别的基础之上,结合当地发展特征、发展阶段,针对不同贫困人群的致贫因素,安排相应的扶持项目,最终可以实现对贫困人群的有效帮扶。

3. 资金使用精准

基于精准识别贫困人群的建档立卡数据,在使用及管理扶贫资金时,可以确保更加精准和有效。1997年7月15日,国务院办公厅印发《国家扶贫资金管理办法》(国办发〔1997〕24号),提出中国扶贫资金使用过程中,实施扶贫项目对象是贫困户,实施方法是"按照集中连片的贫困区域统一规划,统一评估,一次批准,分年实施,分期投入",资金分配主要依据"贫困人口数量、贫困程度、扶贫资金使用效益,以及地方配套资金落实比例"。2011年11月7日,财政部、国家发展改革委、国务

---

[1] 汪三贵、刘未:《"六个精准"是精准扶贫的本质要求——习近平精准扶贫系列论述探析》,《毛泽东邓小平理论研究》2016年第1期。

院扶贫办联合出台《财政专项扶贫资金管理办法》（财农〔2011〕412号）基本上延续了之前扶贫资金使用、管理的相关规定。2013年12月28日，中共中央办公厅、国务院办公厅印发的《关于创新机制扎实推进农村扶贫开发工作的意见》（中办发〔2013〕25号）提出，将要对财政专项扶贫资金管理机制进行改革，要求项目资金"到村到户"，使扶贫资金直接用于扶贫对象，同时项目审批权限在原则上直接到县级。2017年3月13日，财政部、扶贫办、国家发展改革委、国家民委、农业部、林业局联合印发《中央财政专项扶贫资金管理办法》（财农〔2017〕8号），对扶贫资金的精准使用做出了明确的规定："坚持资金使用精准，在精准识别贫困人口的基础上，把资金使用与建档立卡结果相衔接，与脱贫成效相挂钩，切实使资金惠及贫困人口。"以上多项文件代表了扶贫资金使用和管理制度的演变，在精准扶贫、精准脱贫战略框架下，精准识别为扶贫资金的更加精准、有效使用提供了重要前提。

4. 措施到户精准

措施到户精准主要是针对贫困户的致贫原因、具体需求所提出的"量身定制"帮扶措施。措施到户精准要求精准扶贫必须精准施策，"因人因地施策，因贫困原因施策，因贫困类型施策"①。通过对症下药、精准滴灌、靶向治疗，从根本上实现"拔穷根""治穷病"。以往的扶贫开发聚焦于实施普惠性扶贫项目、扶贫措施，很少有差异化方案。但一般来说，大部分贫困人口的致贫因素是多重叠加的，有自然地理环境条件恶劣造成的区域整体性贫困，也有家庭、个人的因病致贫、因学致贫、意外事故致贫等。在制定精准帮扶措施时，"措施到户精准"要求同时考虑到整体性致贫因素和个体差异性，实施差别化、动态化帮扶措施，"一村一策、一户一法"，帮扶到户、到人，做到"扶真贫、真扶贫"。

5. 因村派人精准

因村派人精准将脱贫责任落实到人，实现"分工明确、责任清晰、任务到人、考核到位"②，以驻村帮扶、第一书记等工作机制形式解决

---

① 《在部分省区市扶贫攻坚与"十三五"时期经济社会发展座谈会上的讲话》（2015年6月18日），人民网：《习近平：坚决打赢脱贫攻坚战》（http://jhsjk.people.cn/article/29626301）。

② 《在中央扶贫开发工作会议上的讲话》（2015年11月27日），《十八大以来重要文献选编》（下），中央文献出版社2018年版。

"谁来扶"的问题。2013年12月28日,中共中央办公厅、国务院办公厅印发的《关于创新机制扎实推进农村扶贫开发工作的意见》(中办发〔2013〕25号)首次提出要建立长期化、制度化的"驻村工作队(组)",确保"每个贫困村都有驻村工作队(组),每个贫困户都有帮扶责任人"。2015年4月29日,中共中央组织部、中央农村工作领导小组办公室、国务院扶贫开发领导小组办公室印发《关于做好选派机关优秀干部到村任第一书记工作的通知》(组通字〔2015〕24号),提出选派驻村第一书记。第一书记在精准扶贫工作中,需要能够深入推动精准扶贫政策落实、带领开展贫困户精准识别和建档立卡工作、制定和实施本地及本村贫困人口脱贫计划、落实扶贫项目、选准发展路子,培养长期发展项目。截至2017年年底,全国累计向贫困村选派"第一书记"43.5万名,驻村干部278万人次。因村派人精准,一方面增强了村级组织贫困治理能力,另一方面也巩固了贫困村基层党组织建设力量,是"六个精准"的重要组织支撑。

6. 脱贫成效精准

本阶段精准扶贫的目标是:现行标准下2020年全部农村贫困人口实现脱贫,贫困县全部摘帽,消除区域性整体贫困。脱贫成效精准对扶贫效果提出明确要求,要求扶贫成效可评估、脱贫成果可考核,防止贫困人口"被脱贫",出现"数字扶贫"的情况。这就为实现"真扶贫""扶真贫"保驾护航。自2014年起,全国范围内共计有8000多万建档立卡贫困人口的贫困状况、脱贫效果需要进一步核查和评估。2015年11月27日,习近平总书记在中央扶贫开发工作会议上强调,对贫困县摘帽要严格评估,不能造假脱贫,也不能降低标准、为摘帽而摘帽。要"严格脱贫验收办法,明确摘帽标准和程序,确保摘帽结果经得起检验"[①]。对建档立卡贫困户,要实行"逐户销号",做到"脱贫到人"。2017年2月21日,习近平总书记在主持十八届中央政治局第三十九次集体学习时强调,精准扶贫、精准脱贫要"防止形式主义",要"扶真贫、真扶贫",要做到"扶贫工作必须务实,脱贫过程必须扎实,脱贫结果必须真实,让脱贫成效真

---

① 《在中央扶贫开发工作会议上的讲话》(2015年11月27日),《十八大以来重要文献选编》(下),中央文献出版社2018年版,第44—45页。

正获得群众认可、经得起实践和历史检验"①。

(四) 实施"五个一批"基础工具

2014年10月,中国完成精准扶贫建档立卡、数据全国并网工作。全国建档立卡数据为下一步的"分类施策,因人因地施策,因贫困原因施策,因贫困类型施策"提供了基本的信息保障。全国建档立卡数据显示,中国贫困户致贫原因并不是单一的,而是多维、多重因素综合作用,其中最主要的致贫因素是因病、缺资金、缺技术、缺劳力。因此,在工作中就需要分类施策,使用多样化的政策工具,利用政策工具的组合作用,解决如何因人因地施策、因贫困原因施策、因贫困类型施策的核心问题。

精准扶贫理论为此提供了明确、具体、可行的实施方法和政策工具。2015年6月18日,习近平总书记在贵州召开部分省区市党委主要负责同志座谈会上提出:"扶贫开发……要因地制宜研究实施'四个一批'的扶贫攻坚行动计划,即通过扶持生产发展一批,通过移民搬迁安置一批,通过低保政策兜底一批,通过医疗救助扶持一批,实现贫困人口精准脱贫。"2015年10月16日,习近平总书记在"2015减贫与发展高层论坛"发表题为《携手消除贫困,促进共同发展》的演讲,将之前的"四个一批"进一步扩展,形成"五个一批",即:"坚持分类施策,因人因地施策,因贫困原因施策,因贫困类型施策,通过扶持生产和就业发展一批,通过易地搬迁安置一批,通过生态保护脱贫一批,通过教育扶贫脱贫一批,通过低保政策兜底一批。"②"五个一批"解决了精准扶贫、精准脱贫的核心问题之———"怎么扶",成为精准扶贫的重要基础工具。"五个一批"一般简化为:发展生产脱贫一批、易地搬迁脱贫一批、生态补偿脱贫一批、发展教育脱贫一批、社会保障兜底一批。

1. 发展生产脱贫一批

发展生产脱贫一批,是依照贫困人口的具体情况,引导和支持所有具有劳动能力的人,依靠自己的双手开创美好明天。对那些有劳动能力、有

---

① 《在十八届中央政治局第三十九次集体学习时的讲话》(2017年2月21日),人民网:《习近平谈打赢脱贫攻坚战:要真扶贫、扶真贫、真脱贫》(http://jhsjk.people.cn/article/30311485)。

② 《携手消除贫困,促进共同发展》(2015年10月16日),《十八大以来重要文献选编》(中),中央文献出版社2016年版,第720页。

耕地，而缺投入资金、缺产业项目、缺专业技能的贫困人口，立足本地资源，通过扶持发展特色产业，实现就地脱贫。要引导和支持贫困地区贫困人口实现外地劳务输出、本地就业和创业。发展生产脱贫一批，脱贫攻坚的重点在改善生产生活条件，提高当地基础设施建设水平，推动公共服务水平提升，等等。

2. 易地搬迁脱贫一批

易地搬迁脱贫一批，是对那些生存条件恶劣、自然灾害频发的贫困地区，基础设施建设成本高，不易实现通水、通路、通电，生产条件不易满足，很难就地脱贫，就需要实施易地搬迁脱贫。易地搬迁工作是一个系统性工程，需要整合资源、确定补助标准、制定配套政策，解决财政资金问题。还要做全面规划、给出适宜搬迁规模和搬迁步骤，确定搬迁目标和任务，建设搬迁安置点等，这一系列工作都需要依照详细的规划，有步骤、有计划、有组织地统一安排和实施。更要注意的是，一定要全面考虑本地资源条件与环境承载能力的匹配程度，科学确定搬迁安置地点。特别要想方设法为搬迁人口创造就业机会，保障稳定收入，并提供市民身份转换机制，让搬迁群众与当地群众享受到同等的基本公共服务，确保搬得出、稳得住、能致富。在易地搬迁过程中，尤其要尊重群众意愿，坚持群众自愿原则，加强思想引导，不搞强迫命令。

2011年《中国农村扶贫开发纲要（2011—2020）》中提出："对生存条件恶劣地区扶贫对象实行易地扶贫搬迁。引导其他移民搬迁项目优先在符合条件的贫困地区实施，加强与易地扶贫搬迁项目的衔接，共同促进改善贫困群众的生产生活环境。"根据《中国农村扶贫开发纲要（2011—2020）》的总体要求，2012年7月，国家发展改革委员会制定《易地扶贫搬迁"十二五"规划》，对中国2011—2015年的易地扶贫搬迁工作做出了详尽的统筹和安排。2015年12月，国家发展改革委员会、国务院扶贫办、财政部、国土资源部、中国人民银行联合印发《"十三五"时期易地扶贫搬迁工作方案》，确定了中国进入"十三五"期间，实施精准扶贫战略背景下易地扶贫搬迁工作的行动指南。该方案提出总目标为："在五年时间内，对'一方水土养不起一方人'地方建档立卡贫困人口实施易地扶贫搬迁，力争'十三五'期间完成近1000万人口搬迁任务，到2020年，搬迁对象生产生活条件明显改善，享有便利可及的基本公共服务，收入水平明显提升,迁出区生态环境有效改善,与全国人民一道同步进入全面小康社会。"方案提出了集中安置和分散安置两种类型的安置方式,对搬迁建设内容、建设标准、补助标准、资金筹措渠道、信贷资金运作等关键环节做出了明确规定,并制定了相关政策保障、职责分工、监督考核等工作机制。2016年9月20日,经国务院批准,国家发展改革委出台《全国"十三五"易地扶贫搬迁规划》(发改地区〔2016〕2022号),进一步对中国脱贫攻坚时期的易地扶贫搬迁提出了新的要求和任务,计划在"十三五"时期共投资约9500亿元完成981万建档立卡搬迁人口的易地搬迁工作。其中,从地区分布看,搬迁人口大多位于西部地区,西部12省(区、市)建档立卡搬迁人口约664万人,占67.7%;中部6省建档立卡搬迁人口约296万人,占30.2%;东部河北、吉林、山东、福建4省建档立卡搬迁人口约21万人,占2.1%。从政策区域看,搬迁人口主要分布在集中连片特殊困难地区县和国家扶贫开发工作重点县,其搬迁人口合计占总搬迁人口的72%。该规划同样为贫困人口搬迁后的脱贫发展提供了"五个一批"的任务目标,即发展特色农林业脱贫一批,发展劳务经济脱贫一批,发展现代服务业脱贫一批,资产收益扶贫脱贫一批,社会保障兜底脱贫一批,解决搬迁人口稳定脱贫难题,确保"搬得出、稳得住、能脱贫"。

3. 生态补偿脱贫一批

生态补偿脱贫一批,是指有的贫困地区生存条件比较差,不宜进行系统性开发,只能做生态保护和修复。在这些贫困地区,不能使用开发式扶贫模式,而需要走生态保护和环境治理之路,从中寻找出脱贫致富的新模式。中国部分贫困地区本身就是重点生态功能区,或者是自然保护区。这些地区普遍受自然条件、生态环境限制,不仅不能扩大开发力度,反而要更加注意生态保护,脱贫攻坚压力更大。生态补偿脱贫一批,为这些地区的脱贫攻坚提供了创新性路径,将生态和脱贫二者有机结合起来,尝试限制开发下的社会经济发展新道路。

2013年9月7日,习近平总书记在哈萨克斯坦纳扎尔巴耶夫大学发表题为《弘扬人民友谊共创美好未来》的重要演讲,他在演讲中提出:"我们既要绿水青山,也要金山银山。宁要绿水青山,不要金山银山,而且绿水青山就是金山银山。"① 这充分展现了习近平总书记对生态环境在经济发展中的重要作用的高度重视。2015年11月29日,中共中央、国务院颁布《中共中央国务院关于打赢脱贫攻坚战的决定》,提出在生态环境保护方面,要坚持"扶贫开发与生态保护并重"的总体指导思想,坚持"保护生态,实现绿色发展。牢固树立绿水青山就是金山银山的理念,把生态保护放在优先位置,扶贫开发不能以牺牲生态为代价,探索生态脱贫新路子,让贫困人口从生态建设与修复中得到更多实惠"的基本原则。2018年6月15日,中共中央、国务院印发《关于打赢脱贫攻坚战三年行动的指导意见》,对中国生态扶贫做出了最新指示,强调要"创新机制,加大贫困地区生态保护修复力度,实现生态改善和脱贫双赢"。同时提出"到2020年在有劳动能力的贫困人口中新增选聘生态护林员、草管员岗位40万个"。并进一步创新生态保护补偿机制,提出"鼓励纳入碳排放权交易市场的重点排放单位购买贫困地区林业碳汇"。这是对退耕还林还草、贫困人口就地转成护林员、"合作社+管护+贫困户"模式等传统生态补偿制度的新尝试。

4. 发展教育脱贫一批

"治贫先治愚,扶贫必扶智。"教育是阻断贫困代际传递的根本手段。发展教育脱贫一批,就是采取超常规政策举措,精确瞄准教育最薄弱领域和最贫困群体,实现"人人有学上、个个有技能、家家有希望、县县有帮扶",促进教育强民、技能富民、就业安民,坚决打赢教育脱贫攻坚战。

党的十八大以来,习近平总书记在多个场合强调了教育脱贫的重要作用。2012年12月,习近平总书记在河北省阜平县考察扶贫开发工作时指出,教育是扶贫根本之策。习近平总书记在讲话中强调:"治贫先治愚。要把下一代的教育工作做好,特别是要注重山区贫困地区下一代的成长。下一代要过上好生活,首先要有文化,这样将来他们的发展就完全不同。义务教育一定要搞好,让孩子们受到好的教育,不要让孩子们输在起跑线上。古人有'家贫子读书'的传统。把贫困地区孩子培养出来,这才是

---

① 新华网:《习近平在纳扎尔巴耶夫大学的演讲(全文)》(http://www.xinhuanet.com/world/2013-09/08/c_117273079.htm)。

根本的扶贫之策"①。2015年3月8日，习近平总书记在参加十二届全国人大三次会议广西代表团审议时又一次强调，教育在脱贫攻坚中起到阻断贫困代际传递的重要作用。习近平总书记提出："要帮助贫困地区群众提高身体素质、文化素质、就业能力，努力阻止因病致贫、因病返贫，打开孩子们通过学习成长、青壮年通过多渠道就业改变命运的扎实通道，坚决阻止贫困现象代际传递。②"2015年9月9日，习近平总书记在给"国培计划（二〇一四）"北师大贵州研修班培训教师们的回信中提到："扶贫必扶智。让贫困地区的孩子们接受良好教育，是扶贫开发的重要任务，也是阻断贫困代际传递的重要途径。"③2016年9月9日，习近平总书记在北京市八一学校考察时，从社会公平角度阐述了教育精准脱贫的重要作用。习近平总书记谈道："教育公平是社会公平的重要基础，要不断促进教育发展成果更多更公平惠及全体人民，以教育公平促进社会公平正义……要推进教育精准脱贫，重点帮助贫困人口子女接受教育，阻断贫困代际传递，让每一个孩子都对自己有信心、对未来有希望。"④

2016年12月16日，教育部、国家发展改革委、民政部、财政部、人力资源社会保障部、国务院扶贫办六部门联合印发《教育脱贫攻坚"十三五"规划》（教发〔2016〕18号），这是中国第一个教育脱贫五年规划，同时也是中国在"十三五"时期实施教育脱贫工作的行动纲领和指南。规划提出了教育脱贫的五项重点任务，包括：第一，夯实教育脱贫根基（学前教育和义务教育阶段）；第二，提升教育脱贫能力（中等职业教育和职业培训）；第三，拓宽教育脱贫通道（普通高中教育、高等教育）；第四，拓展教育脱贫空间（高校定点扶贫、对口支援）；第五，集聚教育脱贫力量（精神动力、财政支持、教育帮扶、信息技术、社会力量）构建教育脱贫大格局。到目前为止，中国教育部门已采取20项教育

---

① 《在河北省阜平县考察扶贫开发工作时的讲话》（2012年12月29—30日），载习近平《做焦裕禄式的县委书记》，中央文献出版社2015年版，第24页。
② 《习近平李克强张德江俞正声刘云山王岐山张高丽分别参加全国人大会议一些代表团审议》，《人民日报》2015年3月9日第1版。
③ 《习近平给"国培计划（二〇一四）"北师大贵州研修班参训教师的回信》（2015年9月9日），《人民日报》2015年9月10日第1版。
④ 《习近平在北京市八一学校考察时强调全面贯彻落实党的教育方针努力把我国基础教育越办越好》，《人民日报》2016年9月10日第1版。

扶贫举措,积极发展贫困地区的学前教育、巩固提高义务教育、推广普及高中阶段教育,实现了对贫困地区的全覆盖①。这些举措从义务教育普及、基础设施建设、师资力量培养、民族地区发展、高等教育资助等多个方面组成了教育脱贫攻坚的重要支撑力量。

5. 社会保障兜底一批

社会保障兜底一批是针对贫困人口中完全或部分丧失劳动能力的贫困人群提出的扶贫保障措施,社会保障兜底扶贫是脱贫攻坚的基本防线。2015年年底,在全国7000多万贫困人口中,有2000—2500万人完全丧失或部分丧失劳动能力,这些贫困人口必须要国家社会保障来兜底。在脱贫攻坚战中要确保这些贫困人群病有所医、残有所助、生活有兜底,要通过最低生活保障及其他政策措施,确保基本生活有保障,实现脱贫②。

2015年11月29日,中共中央、国务院颁布《中共中央国务院关于打赢脱贫攻坚战的决定》提出,对完全或部分丧失劳动能力的贫困人口实行社保政策兜底脱贫。主要政策实施方向有:完善农村最低生活保障制度,对符合农村低保申请条件的家庭,应扶尽扶、应保尽保;加大临时救助制度在贫困地区的落实力度;完善城乡居民基本养老保险制度等。2016年2月17日,国务院印发《关于进一步健全特困人员救助供养制度的意见》(国发〔2016〕14号);2016年9月17日,《国务院办公厅转发民政部等部门关于做好农村最低生活保障制度与扶贫开发政策有效衔接指导意见的通知》(国办发〔2016〕70号)印发;2016年12月2日,国务院发布《关于印发"十三五"脱贫攻坚规划的通知》(国发〔2016〕64号);

---

① 这20项教育扶贫政策包括:学前教育三年行动计划,全面改善贫困地区义务教育薄弱学校基本办学条件,农村义务教育阶段学生营养改善计划,学前教育资助政策,义务教育"两免一补"(免学杂费、免教科书费、寄宿生生活补助),普通高中学生资助政策,中等职业教育免学费、补助生活费政策,高等教育学生资助政策,西藏15年免费教育和新疆南疆四地州14年免费教育,教育援藏、援疆政策,新疆与内地省市中小学"千校手拉手"活动,四川藏区"9+3"免费教育计划,内地民族班政策,少数民族预科班和少数民族高层次骨干人才培养计划,职业教育团队式对口支援,面向贫困地区定向招生专项计划,对新疆、西藏高校开展团队式对口支援,直属高校定点扶贫,《国家贫困地区儿童发展规划(2014—2020年)》《乡村教师支持计划(2015—2020年)》。

② 《在中央经济工作会议上的讲话》(2017年12月18日),人民网:《习近平谈精准扶贫:找准症结把准脉,开对药方拔"穷根"》(http://jhsjk.people.cn/article/30299933)。

2017年9月13日，民政部、国务院扶贫办发布《关于进一步加强农村最低生活保障制度与扶贫开发政策有效衔接的通知》，这一系列政策措施对"社会保障兜底一批"提供了强有力的政策支撑。

三 习近平总书记关于扶贫的重要论述的时代价值

党的十八大以来，以习近平同志为核心的党中央高度重视扶贫开发工作，将其摆在治国理政的突出位置，并作为全面建成小康社会的底线任务纳入"五位一体"总体布局和"四个全面"战略布局，全面实施精准扶贫精准脱贫方略。砥砺奋进六年以来，在习近平总书记扶贫重要论述的指导下，多项扶贫政策措施得到精准落实，脱贫攻坚取得决定性进展，8000多万贫困人口已经实现稳定脱贫，贫困发生率从12%下降到2%以下，为中国特色社会主义进入新时代做出重要贡献。习近平总书记关于扶贫的重要论述是中国特色社会主义理论创新的成果，是习近平新时代中国特色社会主义思想的重要组成部分。打赢决胜全面建成小康社会背景下的脱贫攻坚战，必须深入贯彻党的十九大精神，始终用习近平总书记关于扶贫的重要论述指导脱贫攻坚实践，并最终实现夺取新时代中国特色社会主义伟大胜利。

党的十九大报告中明确提出，中国发展新的历史方位就是进入了新时代。承前启后、继往开来的新时代是决胜全面建成小康社会、进而全面建设社会主义现代化强国的时代。新时代中国社会的主要矛盾已经从人民日益增长的物质文化需要同落后的社会生产之间的矛盾转化为人民日益增长的美好生活需要和不平衡不充分的发展之间的矛盾[①]。目前，中国已经稳定解决了温饱问题，总体上实现小康，不久将全面建成小康社会。在这一关键时期，必须深入贯彻以人民为中心的发展思想，坚持深入开展脱贫攻坚，保证全体人民在共建共享发展中有更多获得感，不断促进人的全面发展、全体人民共同富裕。

---

① 1981年，党的十一届六中全会通过的《关于建国以来党的若干历史问题的决议》指出，在社会主义改造基本完成以后，中国所要解决的主要矛盾，是人民日益增长的物质文化需要同落后的社会生产之间的矛盾。

2017—2020 年，是中国全面建成小康社会的重要决胜期。涉及 3000 多万农村贫困人口的脱贫攻坚战，是决胜全面建成小康社会三大攻坚战之一。党的十九大报告中明确指出：要"坚决打赢脱贫攻坚战。让贫困人口和贫困地区同全国一道进入全面小康社会是我们党的庄严承诺。要动员全党全国全社会力量，坚持精准扶贫、精准脱贫，坚持中央统筹省负总责市县抓落实的工作机制，强化党政一把手负总责的责任制，坚持大扶贫格局，注重扶贫同扶志、扶智相结合，深入实施东西部扶贫协作，重点攻克深度贫困地区脱贫任务，确保到 2020 年中国现行标准下农村贫困人口实现脱贫，贫困县全部摘帽，解决区域性整体贫困，做到脱真贫、真脱贫"。

在新时代中国特色社会主义发展的战略框架下，中国对扶贫开发工作也做出了新的安排和部署。2017 年年底中国尚有 3000 多万农村贫困人口，其中大部分是因病致贫、因残致贫，而且这些贫困人口多分布于深度贫困地区，脱贫难度非常大。因此，在 2020 年要确保所有贫困人口实现脱贫，任务十分艰巨。这也是新时代精准扶贫、脱贫攻坚的新特征。面对这些困难和挑战，下一阶段扶贫工作的安排和部署，第一，要集中全党全国全社会力量，全民参与；第二，仍然要继续坚持精准施策，从精准扶贫到精准脱贫；第三，坚持收入增长与精准扶贫相结合；第四，提高东部帮扶协作，重点聚焦深度贫困地区脱贫攻坚；第五，实施严格考核，做到"脱真贫""真脱贫"。在这些新的安排和部署下，一定能够攻克贫困治理的难中之难、坚中之坚，确保坚决打赢脱贫攻坚战。

新时代背景下如何攻克深度贫困难题，《意见》中提出了详尽的政策措施。深度贫困地区的脱贫攻坚由长期根本改善措施，"立竿见影"措施，以及专项政策支持措施三部分构成。一方面要加快深度贫困地区通路、通水、通电、通网等生产基础设施建设，从根本上为地区发展提供亟须的生产条件。另一方面，要解决"三区三州"深度贫困地区群众目前所面临的疾病防治困难，同时落实边民脱贫政策和措施。与此同时，需要从资金政策、土地政策、人员选派等方面对深度贫困地区继续实施倾斜政策和措施，保障深度贫困地区人民群众与全国人民一道进入全面小康社会。

四 习近平总书记关于扶贫的重要论述的历史意义

党的十八大以来，习近平总书记从决胜全面建成小康社会，实现第一个百年奋斗目标出发，站在中华民族伟大复兴中国梦的全局高度，将脱贫攻坚摆在重要的战略地位，创新性地提出了精准扶贫，成为中国最重要的减贫脱贫指导思想。新时代精准扶贫是在坚守共同富裕根本原则的前提下，通过实践"六个精准"核心要义、实施"五个一批"基础工具，以战略创新经验完成"真扶贫""真脱贫"的本质目标。中国自实施精准扶贫战略以来，年均减贫1000万人以上，贫困发生率年均下降1.4个百分点以上。截至2018年11月，全国832个贫困县中已有153个贫困县成功实现脱贫摘帽。精准扶贫、精准脱贫基本方略，为中国减贫脱贫事业做出重大的贡献，具有伟大而深刻的历史意义。

第一，习近平总书记关于扶贫的重要论述是对马克思主义的继承和创新，是马克思主义中国化的最新成果。精准扶贫遵循贫困治理的科学规律，基于贫困地区、贫困人口的差异化致贫因素，因地制宜、因户施策、因人施策，充分体现了马克思主义世界观、方法论，是马克思主义的新时代继承和创新。

第二，习近平总书记关于扶贫的重要论述是习近平新时代中国特色社会主义思想的重要组成部分。党的十八大以来，以习近平同志为核心的党中央，将马克思主义理论和中国社会主义实践相结合，创新性地提出了新时代中国需要如何坚持和发展中国特色社会主义，确立了习近平新时代中国特色社会主义思想理论体系。

第三，习近平总书记关于扶贫的重要论述是改革开放以来中国贫困治理体系的重大创新。由于贫困整体状况，经济发展水平，历史条件等多方面的原因，中国传统贫困治理体系以地区（贫困县）为对象主体，贫困治理政策实施表现为自上而下、多结构层次的特征。精准扶贫提出的贫困治理创新体系以个体的贫困人口为对象主体，将传统多结构层次打通为扁平化的、直接惠及贫困个体的精准施策，从根本上改善了扶贫效果。

第四，习近平总书记关于扶贫的重要论述为中国贫困治理实践提供了重要的思想指引。中国脱贫攻坚工作实现了重大的历史飞跃，并且成为国际贫困治理中的重要力量。精准扶贫也为全球减贫理论贡献了重要的理论价值和指导意义。

第三章

扶贫开发形势分析

一 改革开放以来中国扶贫开发工作进程

自 1978 年改革开放以来，中国就开启了全国范围内有计划、有组织的大规模扶贫开发进程。1980 年，中央设立财政专项资金——"支援经济不发达地区发展资金"，用于支持革命老区、少数民族地区、边远地区以及贫困地区经济发展。1978—1985 年，中国扶贫工作重点是通过经济体制改革，解放生产力，发展生产力，解决农村贫困人口的基本温饱问题。1982 年，"三西"扶贫攻坚计划开始实施。如图 3-1 所示，按照 1978 年贫困标准，全国农村贫困人口从 1978 年的 2.5 亿人减少至 1985 年

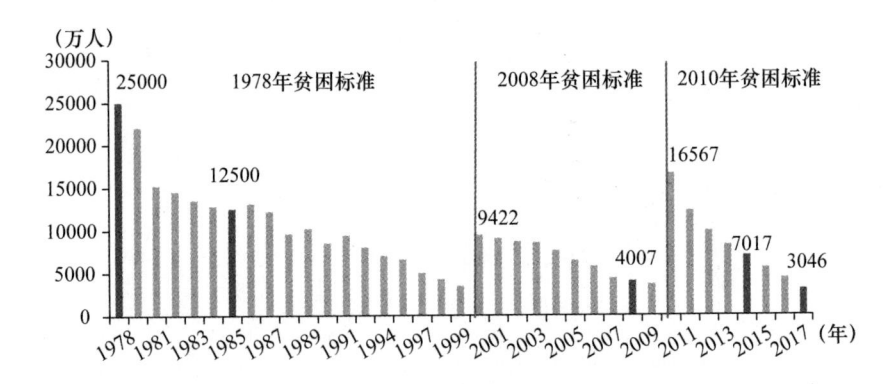

图 3-1 1978—2017 年中国贫困人口规模（不同贫困标准）

资料来源：国家统计局住户调查办公室《中国农村贫困监测报告》（2017），国家统计局新闻公报《2017 年全国农村贫困人口明显减少贫困地区农村居民收入加快增长》，2018 年 2 月 1 日。

的1.25亿人，年均减贫1786万人；贫困发生率从1978年的30.7%下降至1985年的14.8%[①]。

1986—2011年，中国一直持续开展有组织、有计划的大规模扶贫开发工作。1986年，中央政府将老少边穷地区的脱贫攻坚工作列入"七五"计划。1994年，中国第一个全国重大扶贫开发纲领性文件《国家八七扶贫攻坚计划》公布实施。2001年，中央扶贫开发工作会议制定并颁布了另一个重要的扶贫开发文件——《中国农村扶贫开发纲要（2001—2010年）》。按照1978年贫困标准，1986—2007年，全国农村贫困人口从1986年的1.31亿人下降到2007年的1479万人，贫困发生率从1986年的15.5%下降至2007年的1.6%[②]。

2008年，党的十七届三中全会《中共中央关于推进农村改革发展若干重大问题的决定》提出实行新的扶贫标准，将所有农村低收入人口纳入扶贫政策范围之内。2008年贫困标准为人均1196元，当年扶贫人口规模达到4007万人。按照2008年标准推算，2000年中国农村贫困人口规模为9422万人，贫困发生率为10.2%；2010年全国农村贫困人口减少至2688万人，贫困发生率降至2.8%。从2000年到2010年，累计减贫6734万人，贫困发生率下降7.4个百分点（见图3-1）。

2011年，《中国农村扶贫开发纲要（2011—2020年）》发布，将2010年人均收入2300元确定为新的扶贫标准。按照2010年贫困标准，2010年中国农村贫困人口达到16567万人，贫困发生率17.2%。2011年，贫困人口规模减至12238万人，贫困发生率降至12.7%，一年内减贫规模达到4329万人，贫困发生率下降4.5个百分点（见图3-1）。

党的十八大以来，中共中央把扶贫开发工作纳入"四个全面"战略布局，把扶贫攻坚列为实现第一个百年奋斗目标的重点工作。精准扶贫成为中国新时期扶贫开发工作的指导思想。党的十八届五中全会提出："到2020年中国现行标准下农村贫困人口实现脱贫，贫困县全部摘帽，解决区域性整体贫困。"2015年，《中共中央国务院关于打赢脱贫攻坚战的决

[①] 国家统计局住户调查办公室：《中国农村贫困监测报告》（2017），中国统计出版社2017年版。

[②] 崔红志：《乡村振兴与精准脱贫的进展、问题与实施路径——"乡村振兴战略与精准脱贫研讨会暨第十四届全国社科农经协作网络大会"会议综述》，《中国农村经济》2018年第9期。

定》进一步将脱贫攻坚总目标确定为："到2020年，稳定实现农村贫困人口不愁吃、不愁穿、义务教育、基本医疗和住房安全有保障。实现贫困地区农民人均可支配收入增长幅度高于全国平均水平，基本公共服务主要领域指标接近全国平均水平。确保中国现行标准下农村贫困人口实现脱贫，贫困县全部摘帽，解决区域性整体贫困。"自从中国实施精准扶贫战略以来，全国农村贫困人口规模从2012年的9899万人下降到2017年的3046万人，已经实现年均减贫1370.6万人；贫困发生率从10.2%下降到3.1%[1]。2019年2月统计局发布的最新数据显示：2018年年末，全国农村贫困人口规模已经下降到1660万人，贫困发生率下降至1.7%[2]。

纵观改革开放四十多年以来的中国扶贫进程，扶贫开发工作进展步伐巨大，反贫困事业取得了令全世界瞩目的成就。农村贫困人口规模大幅减少，到目前为止，中国已经基本消除"1978年标准"和"2008年标准"下的农村贫困人口。按照2010年贫困标准测算，中国自1978年以来累计减贫达7.4亿人[3]（见表3-1）。农村贫困人口生活得到极大改善，收入实现稳步提高；农村贫困地区基础设施建设水平大幅提升，公路"村村通"比例快速上升；农村公共服务水平显著提高。

表3-1　　　　根据现行贫困标准衡量的全国农村贫困状况

年份	贫困人口规模（万人）	贫困发生率（%）
1978	77039	97.5
1980	76542	96.2
1985	66101	78.3
1990	65849	73.5
1995	55463	60.5
2000	46224	49.8

---

[1] 2017年农村贫困情况数据来自于2018年2月1日国家统计局新闻公报《2017年全国农村贫困人口明显减少 贫困地区农村居民收入加快增长》（https://www.stats.gov.cn/tjsj/zxfb/201802/t20180201_1579703.html）。

[2] 来自于国家统计局2019年2月15日公布的统计数据（https://www.stats.gov.cn/tjsj/zxfb/201902/t20190215_1649231.html）。

[3] 国家统计局住户调查办公室：《中国农村贫困监测报告》（2017），中国统计出版社2017年版。

续表

年份	贫困人口规模（万人）	贫困发生率（%）
2005	28662	30.2
2010	16567	17.2
2011	12238	12.7
2012	9899	10.2
2013	8249	8.5
2014	7017	7.2
2015	5575	5.7
2016	4335	4.5
2017	3046	3.1
2018	1660	1.7

资料来源：国家统计局住户调查办公室《中国农村贫困监测报告》(2017)，国家统计局发布的报告《扶贫开发成就举世瞩目脱贫攻坚取得决定性进展——改革开放40年经济社会发展成就系列报告之五》以及国家统计局2019年2月15日统计数据发布新闻（网址：www.stats.gov.cn/tjsj/zxfb/201902/t20190215_1649231.html）。

二　新时代中国扶贫开发形势

党的十九大明确提出精准脱贫是决胜全面建成小康社会的三大攻坚战之一，要坚决打赢脱贫攻坚战，让贫困人口和贫困地区同全国一道进入全面小康社会。2017年年底，中国还有3000多万农村贫困人口尚未脱贫，从致贫原因看，因病致贫、因残致贫的比例最高，因病、因残致贫人口分别占贫困总人口的42.3%和14.4%；从贫困人口地域分布看，贫困人口集中程度比较高，有一半的农村贫困人口集中在14个连片特困地区；从贫困程度来看，中国处于深度贫困地区，贫困发生率超过18%的贫困县有110个，贫困发生率超过20%的贫困村有16000多个，其中以西藏、四省藏区、南疆四地州①和四川凉山州、云南怒江州、甘肃临夏州（简称

---

① 注：2016年以前为"南疆三地州"，包括新疆维吾尔自治区的喀什、和田地区及克孜勒苏柯尔克孜自治州。2017年开始，增加阿克苏地区，改为"南疆四地州"，即包括新疆维吾尔自治区的喀什、和田、阿克苏地区以及克孜勒苏柯尔克孜自治州。

"三区三州")为深度贫困地区代表。这些未脱贫地区大多是"最难啃的硬骨头"。为了如期完成全面脱贫任务，首先需要从多个视角了解和认识当前中国农村扶贫开发工作面临的基本形势。

来自国家统计局的数据显示：从贫困人口规模和贫困发生率来看，按现行国家农村贫困标准测算，2017年年底，全国农村贫困总人口为3046万人，贫困发生率为3.1%。全国贫困地区农村贫困人口为1900万人，占总贫困人口的62.4%，贫困发生率为7.2%。其中，14个连片特困地区农村贫困人口为1540万人，占总贫困人口的50.6%，贫困发生率为7.4%。截至2017年年底，中国贫困地区自然村通电接近全覆盖，通宽带的自然村达到71%。贫困地区农户生活条件、农村基础设施建设水平以及基本公共服务水平都已经得到极大提升。

（一）中国农村贫困状况

1. 2017年全国农村贫困人口总体概况

2011年，根据《中国农村扶贫开发纲要（2011—2020）》规定的"两不愁、三保障"扶贫开发工作目标，中国开始实行每人每年2300元（2010年不变价）的农村扶贫标准，即现行国家农村贫困标准，也称2010年国家农村贫困标准。

实施精准扶贫战略以来，从2014年到2017年，全国农村贫困人口共减少3971万人，贫困发生率下降4.1个百分点[①]。按照现行国家农村贫困标准，2017年年底，全国农村贫困人口为3046万人，比上年年底减少1289万人；贫困发生率为3.1%，比上年下降1.4个百分点。从贫困人口分布区域看，目前中国农村贫困人口中有50%以上集中在西部地区[②]。2017年年底，西部地区贫困人口为1634万人，贫困发生率为5.6%；中部地区贫困人口为1112万人，贫困发生率为3.4%；东部地区贫困人口为300万人，贫困发生率下降到1%以下，只有0.8%（见表3-2）。

---

① 2014年年末，全国农村贫困人口为7017万人，贫困发生率为7.2%。
② 东部地区：包括北京、天津、河北、辽宁、上海、江苏、浙江、福建、山东、广东、海南11省（直辖市）。中部地区：包括山西、吉林、黑龙江、安徽、江西、河南、湖北、湖南8省。西部地区：包括内蒙古、广西、重庆、四川、贵州、云南、西藏、陕西、甘肃、青海、宁夏、新疆12省（直辖市、自治区）。

表 3-2　　2016 年和 2017 年全国农村贫困人口区域分布情况

年份	东部 贫困人口规模（万人）	东部 贫困发生率（%）	中部 贫困人口规模（万人）	中部 贫困发生率（%）	西部 贫困人口规模（万人）	西部 贫困发生率（%）
2016	490	1.4	1594	4.9	2251	7.8
2017	300	0.8	1112	3.4	1634	5.6

资料来源：国家统计局住户调查办公室《中国农村贫困监测报告》（2017），以及国家统计局发布的报告《扶贫开发成就举世瞩目脱贫攻坚取得决定性进展——改革开放 40 年经济社会发展成就系列报告之五》。

另外，相比上一年，西部 12 省（直辖市、自治区）贫困人口比例有所上升，从 2016 年的 51.9% 上升至 2017 年的 53.6%。而东部、中部贫困人口所占比例分别从 2016 年的 11.3% 和 36.8% 下降至 2017 年的 9.8% 和 36.5%[1]。

2. 2017 年全国各省农村贫困人口基本概况

从 2017 年全国各省农村贫困人口规模变化的情况来看[2][3]，与 2016 年相比，2017 年全国农村脱贫人口达到 1289 万人，占 2016 年全国农村总贫困人口的 29.7%。2017 年，北京、天津、上海、江苏、浙江、广东、福建 7 个省市的农村人口贫困发生率已经降到 0.5% 以下，不再公布贫困人口数据。在公布数据的 24 个省区中，山西、吉林等 12 个省区 2017 年脱贫人口比率低于全国平均水平，而河北、内蒙古等 12 个省区脱贫人口比率高于全国平均水平，其中山东、重庆脱贫人口比率最高，均在 53% 以上。从贫困发生率来看：2017 年，河北、内蒙古等 11 个省区的贫困发生率都在 3.1%（2017 年全国农村贫困发生率）以下；新疆、甘肃、贵州 3 省区贫困发生率排在全国前三位，分别为 9.9%、9.7% 和 8.5%（见表 3-3）。

---

[1] 资料来源：国家统计局住户调查办公室《中国农村贫困监测报告》（2017），国家统计局报告《扶贫开发成就举世瞩目 脱贫攻坚取得决定性进展——改革开放 40 年经济社会发展成就系列报告之五》。

[2] 国家统计局住户调查办公室：《中国农村贫困监测报告》（2017），中国统计出版社 2017 年版。

[3] 国家统计局住户调查办公室：《中国农村贫困监测报告》（2018），中国统计出版社 2018 年版。

表3-3　　2017年中国农村贫困人口规模和脱贫基本状况

	贫困人口规模（万人）	本年度脱贫人口规模（万人）	本年度脱贫人口占上一年总贫困人口比例（%）	贫困发生率（%）
全国	3046	1289	29.7	3.1
河北	124	64	34.0	2.2
山西	133	53	28.5	5.5
内蒙古	37	16	30.2	2.7
辽宁	39	20	33.9	1.7
吉林	41	16	28.1	2.7
黑龙江	50	19	27.5	2.7
安徽	158	79	33.3	3.0
江西	107	48	31.0	3.0
山东	60	80	57.1	0.8
河南	277	94	25.3	3.4
湖北	114	62	35.2	2.8
湖南	232	111	32.4	4.1
广西	246	95	27.9	5.7
海南	23	9	28.1	3.9
重庆	21	24	53.3	0.9
四川	212	94	30.7	3.1
贵州	295	107	26.6	8.5
云南	279	94	25.2	7.5
西藏	20	14	41.2	7.9
陕西	169	57	25.2	6.3
甘肃	200	62	23.7	9.7
青海	23	8	25.8	6.0
宁夏	19	11	36.7	4.5
新疆	113	34	23.1	9.9

资料来源：国家统计局住户调查办公室《中国农村贫困监测报告》（2018）。

3. 2017年全国农村贫困人口群体分布状况

来自国家统计局住户收支与生活状况调查数据显示：2017年中国农村贫困人口中老年人和儿童贫困发生率相对其他组别比较高。从贫困人口群体分布状况来看，0—20岁组别、61—80岁组别、81岁以上组别贫困发生率都在3.5%以上（见表3-4）。另外，从受教育程度分组来看，在全国农村贫困人群中，受教育程度越高的群组，贫困发生率越低，群体贫困发生率与受教育程度成反比。其中，户主为初中受教育程度的群组，贫困发生率仅为2.1%，低于当年全国农村贫困发生率，而户主受教育程度低于初中水平的群组，贫困发生率均高于全国平均水平。

表3-4　　　　　　　　2017年分年龄段农村贫困发生率

年龄分组	贫困发生率（%）
0—20岁	3.7
21—40岁	3.2
41—60岁	2.0
61—80岁	4.3
81岁以上	4.5

资料来源：国家统计局住户调查办公室《中国农村贫困监测报告》（2018）。

从身体健康程度分组来看，在全国农村贫困人群中，身体健康程度越高的群组，贫困发生率越低，群体贫困发生率与身体健康程度呈反比。其中，身体健康群组，贫困发生率为2.9%，略低于当年全国农村贫困发生率。

（二）中国贫困地区贫困状况

1986年，中国按照以1984年农民人均纯收入200元为标准，共确定331个国家级贫困县。1994年《国家八七扶贫攻坚计划》启动以后，中国按照1992年农民人均纯收入700元为基本标准，重新确定了592个国家级贫困县。2001年《中国农村扶贫开发纲要（2001—2010）》出台后，中国将国家级贫困县改称为国家扶贫开发工作重点县，此后保持国家扶贫开发工作重点县名单数量不变，实行动态调整制，全国国家扶贫开发工作重点县仍是592个。2011年《中国农村扶贫开发纲要（2011—2020年）》提出将集中连片特困地区作为扶贫攻坚主战场，将包括片区县和扶贫开发工作重点县在内的共832个县确定为贫困地区。

2017年，中国贫困地区包括集中连片特困地区680个县（其中有440个县是国家扶贫开发工作重点县）和片区外的国家扶贫开发工作重点县

152个，共832个县①，覆盖全国22个省（自治区、直辖市），行政区划面积464万平方千米，占全国行政区划总面积的48%；户籍人口3.05亿人，为全国总人口的22.2%。

1. 2017年中国贫困地区贫困人口基本情况

2017年，中国贫困地区农村贫困人口1900万人，比2016年减少754万人，占当年全国农村脱贫人口的58.5%；贫困发生率从2016年的10.1%减少到2017年的7.2%，下降2.9个百分点。其中，集中连片特困地区农村贫困人口1540万人，全年脱贫642万人；贫困发生率从2016年的10.5%减少到2017年的7.4%，下降3.1个百分点，下降幅度高于贫困地区整体水平。

从人口规模上看，贫困地区总户籍人口约为全国总人口的20%，而贫困人口占全国农村贫困总人口的比重高达60%以上。因此贫困地区，特别是集中连片特困地区和片区外的国家扶贫开发工作重点县是接下来三年脱贫攻坚的重点区域，见表3-5。

表3-5　　　2016年和2017年贫困地区贫困人口基本情况

年份	贫困人口（万人） 全国	贫困人口（万人） 贫困地区	贫困地区占比（%）	贫困发生率（%） 全国	贫困发生率（%） 贫困地区
2016	4335	2654	61.2	4.5	10.1
2017	3046	1900	62.4	3.1	7.2

资料来源：国家统计局住户调查办公室《中国农村贫困监测报告》（2017），以及国家统计局发布的报告《扶贫开发成就举世瞩目脱贫攻坚取得决定性进展——改革开放40年经济社会发展成就系列报告之五》。

2017年，中国贫困地区农村贫困人口主要分布在云南、贵州、甘肃、河南、湖南、安徽等省。表3-6中对贫困地区832个县的贫困人口数量按省份加总，将22个省份依据贫困人口规模进行排序，并对各省占贫困地区贫困人口比重进行计算，包括累计值。从表3-6中可以发现：2017年，中国贫困地区农村贫困人口在200万人以上的省有2个，分别为云南

---

① 另外，2017年中央政府将新疆阿克苏地区也纳入贫困监测范围。

和贵州；贫困人口在 200 万人以下、100 万人以上的省有 6 个，分别为：甘肃、河南、湖南、安徽、四川、陕西。另外，云南、贵州、甘肃、河南、湖南 5 个省贫困人口总数占全国贫困地区总贫困人口的 50% 以上。从贫困发生率来看，只有甘肃和云南的贫困发生率在 10% 以上。从这个数据判断，目前中国贫困地区贫困人口规模较大、同时贫困发生率较高的省就是云南和甘肃。

表 3-6　　　　　2017 年贫困地区农村贫困人口基本情况

	贫困人口 规模（万人）	占贫困地区总贫困人口比重（%）	比重累计（%）	贫困发生率（%）
云南	264	13.89	13.89	10.2
贵州	252	13.26	27.16	8.7
甘肃	175	9.21	36.37	10.8
河南	158	8.32	44.68	5.2
湖南	139	7.32	52.00	7.0
安徽	108	5.68	57.68	5.5
四川	103	5.42	63.11	6.1
陕西	102	5.37	68.47	7.7
河北	97	5.11	73.58	7.0
湖北	79	4.16	77.74	6.5
广西	77	4.05	81.79	7.5
江西	71	3.74	85.53	5.9
新疆	67	3.53	89.05	8.7
山西	49	2.58	91.63	8.6
黑龙江	38	2.00	93.63	7.0
内蒙古	34	1.79	95.42	4.8
青海	23	1.21	96.63	6.0
西藏	20	1.05	97.68	7.9
重庆	17	0.89	98.58	2.0
宁夏	13	0.68	99.26	6.5
吉林	8	0.42	99.68	6.8
海南	6	0.32	100	8.1
合计	1900	100	—	7.2

资料来源：国家统计局住户调查办公室《中国农村贫困监测报告》（2018）。

2. 2017年中国集中连片特困地区贫困人口基本情况

在中国贫困地区的832个县中,14个连片特困地区(六盘山区、秦巴山区、武陵山区、乌蒙山区、滇桂黔石漠化区、滇西边境山区、大兴安岭南麓山区、燕山—太行山区、吕梁山区、大别山区、罗霄山区、西藏区、四省藏区、南疆四地州①)覆盖其中的680个县。连片特困地区中包括440个国家扶贫开发工作重点县,占连片特困地区680个县的65%。2017年全国连片特困地区农村贫困人口为1540万人,全年脱贫642万人;贫困发生率7.4%。表3-7按贫困人口规模排序列出了2017年全国14个连片特困地区农村贫困人口的基本情况。2017年,14个连片特困地区中只有滇桂黔石漠化区的贫困人口规模超过200万人,是贫困人口最多的连片特困地区;乌蒙山区、武陵山区、大别山区、秦巴山区、六盘山区、滇西边境山区6个连片特困区贫困人口规模仍在100万人以上。另外,滇桂黔石漠化区、乌蒙山区、武陵山区、大别山区4个片区贫困人口之和达到片区总贫困人口的50.71%。2017年,14个连片特困地区贫困发生率的平均值达到7.4%,乌蒙山区、四省藏区、滇西边境山区、南疆四地州的贫困发生率超过9%。贫困发生率最低的片区是罗霄山区,当年贫困发生率为5%。

表3-7　2017年全国14个连片特困地区农村贫困人口基本情况

片区	贫困人口规模(万人)	贫困发生率(%)
滇桂黔石漠化区	221	8.4
乌蒙山区	199	9.9
武陵山区	188	6.4
大别山区	173	5.3
秦巴山区	172	6.1
六盘山区	152	8.8
滇西边境山区	115	9.3
燕山—太行山区	71	7.9
南疆四地州	64	9.1

① 2016年及以前为南疆三地州。

续表

片区	贫困人口规模（万人）	贫困发生率（%）
四省藏区	51	9.5
罗霄山区	49	5.0
大兴安岭南麓山区	35	6.6
吕梁山区	29	8.4
西藏区	20	7.9
全部片区合计	1540	7.4

注：南疆四地州在2016年及以前为南疆三地州。

资料来源：国家统计局住户调查办公室《中国农村贫困监测报告》(2018)。

3. 2017年中国贫困地区农户生活条件、农村基础设施和公共服务基本情况

党的十八大以来，中央和地方政府不断增大投入，提高农村地区的水、电、路、网"四通"基础设施建设，以及教育、文化、卫生等基础公共服务建设水平。国家统计局发布的报告《扶贫开发成就举世瞩目脱贫攻坚取得决定性进展——改革开放40年经济社会发展成就系列报告之五》显示：目前中国贫困地区农户生活条件、农村基础设施建设水平以及基本公共服务水平都已经得到极大提升。

（1）贫困地区农户生活条件基本情况。从农户居住条件、居住环境来看，2017年，中国贫困地区有58.1%的农户居住在钢筋混凝土房或砖混材料房，有33.2%的农户使用卫生厕所，有94.5%的农村居民有可以独用的厕所，有35.3%的农户使用清洁能源。从农户饮水安全方面来看，2017年中国贫困地区有89.2%的农户饮水无困难，有43.7%的农户使用经过净化处理的自来水，有70.1%的农户使用管道供水。从农户耐用消费品拥有数量看，2017年中国贫困地区每百户电冰箱拥有量达到78.9台，每百户洗衣机拥有量为83.5台，每百户计算机拥有量为16.8台，每百户汽车拥有量达到13.1辆。

（2）贫困地区农村基础设施条件基本状况。2017年，中国贫困地区自然村通电比重基本上实现了100%；通电话的自然村比重达到98.5%，通有线电视信号的自然村比重为86.5%，通宽带的自然村

比重为71.0%。从交通道路设施方面看，2017年中国贫困地区村内主干道路面经过硬化处理的自然村比重达到81.1%，通客运班车的自然村比重为51.2%。

（3）贫困地区农村公共服务基本情况。在教育文化方面，2017年中国贫困地区农村居民16岁以上家庭成员均未完成初中教育的农户比重为15.2%，贫困地区中有84.7%的农户所在自然村上幼儿园便利，有88.0%的农户所在自然村上小学便利；89.2%的贫困地区行政村拥有文化活动室。在医疗卫生方面，2017年中国贫困地区农村拥有合法行医证的医生或卫生员的行政村比重达到92.0%。有92.2%的农户所在自然村建有卫生站，有28.4%的行政村拥有畜禽集中饲养区，有1.4%的农户所在自然村垃圾能集中处理。

（三）贫困县"脱贫摘帽"工作进展

党的十八届五中全会提出："到2020年中国现行标准下农村贫困人口实现脱贫，贫困县全部摘帽，解决区域性整体贫困。"[①]《中共中央国务院关于打赢脱贫攻坚战的决定》、党的十九大报告、《中共中央国务院关于打赢脱贫攻坚战三年行动的指导意见》等重要文件先后都对"到2020年贫困县全部摘帽"的脱贫目标做了多次强调。

2016年4月27日，中共中央办公厅、国务院办公厅印发了《关于建立贫困退出机制的意见》，对贫困县退出标准和程序做了明确规定[②]。意见提出：贫困发生率是贫困县退出的主要衡量标准。提出退出申请的贫困县，贫困发生率必须在2%以下（西部地区为3%以下）。整个退出程序主要包括申请、评估、批准三个阶段。申请阶段，首先由县级扶贫开发领导小组提出申请，然后由市级扶贫开发领导小组初审，随后交由省级扶贫开发领导小组核查，确定后进行社会公示。公示无异议，最后由各省（自治区、直辖市）扶贫开发领导小组审定，再向国务院扶贫开发领导小组报告。评估阶段主要由国务院扶贫开发领导小组组织进行。专项评估检

---

① 中国政府网：《中国共产党第十八届中央委员会第五次全体会议公报》（http：//www.gov.cn/xinwen/2015-10/29/content_2955802.htm）。

② 中国政府网：《中共中央办公厅 国务院办公厅印发〈关于建立贫困退出机制的意见〉》（http：//www.gov.cn/zhengce/2016-04/28/content_5068878.htm）。

查由国务院扶贫开发领导小组组织，主要评估参与者是中央和国家机关有关部门，以及相关力量。通过评估，符合退出条件的贫困县，最终由省级政府正式批准退出。

2016年，全国共有9个省（区、市）向国务院扶贫开发领导小组提出28个贫困县退出申请。2017年2月25日、2月27日，江西省井冈山市、河南省兰考县分别由省级政府正式批准退出，成为中国首批退出的贫困县。2017年11月，河北省望都县、海兴县、南皮县，江西省吉安县，河南省滑县，重庆市万州区、黔江区、武隆区、丰都县、秀山土家族苗族自治县，四川省南部县、广安市广安区，贵州省赤水市，西藏自治区拉萨市城关区、昌都市卡若区、林芝市巴宜区、山南市乃东区、亚东县，青海省河南蒙古族自治县、同德县、都兰县，新疆维吾尔自治区巴里坤哈萨克自治县、民丰县、察布查尔锡伯自治县、托里县、青河县共9省（区）26个贫困县通过国家专项评估，由省级政府正式批准退出，成为中国打响脱贫攻坚战以来第二批宣布脱贫摘帽的贫困县。

2017年，全国共有20个省（区、市）125个贫困县提出退出申请。2017年9月30日，国务院扶贫办印发《贫困县退出专项评估检查实施办法（试行）》，提出贫困县退出专项评估检查工作中的实地评估检查需要交由第三方评估机构进行，同时，提出了贫困县退出专项评估检查指标。贫困县退出专项评估检查主要指标仍然是综合贫困发生率，参考指标包括脱贫人口错退率、贫困人口漏评率和群众认可度[①]。其中，贫困县综合贫困发生率低于2%（西部地区低于3%），同意退出；高于2%（西部地区高于3%），当年不予退出。另外，贫困县脱贫人口错退率高于2%，或贫困人口漏评率高于2%，或群众认可度低于90%的，必须由所在省省级扶贫领导小组组织整改，然后由国务院扶贫开发领导小组复查。

2017年，国务院扶贫开发领导小组分两批对125个贫困县进行专项评估检查。2017年6月初，第一批包括四川省北川羌族自治县等11个省

---

① 综合贫困发生率，指建档立卡未脱贫人口、错退人口、漏评人口三项之和，占申请退出贫困县的农业户籍人口的比重。脱贫人口错退率，指抽样错退人口数占抽样脱贫人口数的比重。贫困人口漏评率，指调查核实的漏评人口数占抽查村未建档立卡农业户籍人口的比重。群众认可度，指认可人数占调查总人数的比重。

（区、市）的40个县专项评估检查正式开始。当月月底，第二批包括河北省平山县等9省（区）85县专项评估检查正式启动。2018年8月17日，国务院扶贫办宣布四川省北川羌族自治县等40个贫困县①符合退出条件。10月17日，河北省平山县等85个贫困县②也通过了专项评估。2017年申请退出的20个省（区、市）125个贫困县全部脱贫。

截至2018年11月，全国832个贫困县中已有153个贫困县成功实现脱贫摘帽。到2020年要如期完成所有贫困县退出的任务，还有679个贫困县待脱贫摘帽。

2018年6月15日，《中共中央国务院关于打赢脱贫攻坚战三年行动的指导意见》提出，对贫困县退出专项评估检查方式进行调整：从2018年起贫困县退出专项评估检查由各省统一组织，根据本地情况制定检查方案，并对退出贫困县的质量负责。中央以督查巡查小组的方式对退出结果进行抽查。

2018年申请退出的270多个贫困县，退出专项评估检查将由各省省政府组织评估工作，2019年4月前完成省内评估，6月前完成中央抽查评估工作。

---

① 2017年实现脱贫摘帽的第一批11个省（区、市）的40个贫困县包括：四川省的北川羌族自治县、沐川县、嘉陵区、仪陇县、巴州区、汶川县、理县、茂县、马尔康市、泸定县10个县区市，江西省的瑞金市、万安县、永新县、广昌县、上饶县、横峰县6个县市，黑龙江省的甘南县、富裕县、饶河县、抚远县、望奎县5个县，湖南省的茶陵县、炎陵县、石门县、桂东县、中方县5个县，山西省的右玉县、吉县、中阳县3个县，河南省的新县、沈丘县、新蔡县3个县，重庆市的开州区、云阳县、巫山县3个县区，湖北省的红安县、神农架林区2个县区，内蒙古自治区林西县，安徽省岳西县，广西壮族自治区龙州县。

② 2017年实现脱贫摘帽的第二批9个省（区）的85个贫困县包括：河北省（11个）：平山县、青龙满族自治县、魏县、平乡县、威县、易县、平泉县、盐山县、武邑县、饶阳县、阜城县；贵州省（14个）：桐梓县、凤冈县、湄潭县、习水县、西秀区、平坝区、黔西县、碧江区、万山区、江口县、玉屏侗族自治县、兴仁县、瓮安县、龙里县；云南省（15个）：寻甸回族彝族自治县、罗平县、玉龙纳西族自治县、宁洱哈尼族彝族自治县、云县、牟定县、姚安县、石屏县、勐海县、祥云县、宾川县、巍山彝族回族自治县、洱源县、鹤庆县、芒市；西藏自治区（25个）：林周县、当雄县、尼木县、曲水县、堆龙德庆区、达孜县、墨竹工卡县、类乌齐县、丁青县、桑日县、琼结县、曲松县、洛扎县、加查县、错那县、白朗县、康马县、定结县、吉隆县、聂拉木县、比如县、噶尔县、工布江达县、米林县、波密县；陕西省（4个）：延长县、佛坪县、横山区、定边县；甘肃省（6个）：皋兰县、崆峒区、正宁县、两当县、临夏市、合作市；青海省（7个）：平安区、循化撒拉族自治县、刚察县、格尔木市、德令哈市、乌兰县、天峻县；宁夏回族自治区（1个）：盐池县；新疆维吾尔自治区（2个）：尼勒克县、吉木乃县。

三 新时代中国扶贫开发面临的挑战

2018年6月,《中共中央国务院关于打赢脱贫攻坚战三年行动的指导意见》将中国未来三年内脱贫攻坚任务明确为:通过"五个一批"工程,因地制宜、综合实策,确保到2020年现行标准下农村贫困人口实现脱贫,消除绝对贫困;确保贫困县全部摘帽,解决区域性整体贫困。对贫困地区脱贫目标主要包括两方面:第一是贫困地区农民人均可支配收入增长幅度高于全国平均水平;第二是贫困地区基本公共服务领域主要指标[①],包括道路、电力、住房、饮水、村容村貌、义务教育、低保等多方面指标水平,要接近全国平均水平。另外,特别强调了贫困地区,集中连片特困地区和革命老区、民族地区、边疆地区,深度贫困地区的脱贫目标。

确保未来三年内脱贫攻坚任务如期完成,是党和政府对国际社会和全国人民做出的庄严承诺,是决胜全面建成小康社会战略目标必须完成的任务。从目前中国扶贫开发形势出发,未来三年内如期完成脱贫攻坚任务,面临的挑战主要包括:深度贫困地区脱贫任务特别艰巨;全国范围内脱贫人口规模还比较大,需要加快脱贫进程,同时要注意脱贫质量,降低返贫率;贫困地区的基本公共服务建设水平亟待提升;实际工作中出现扶贫超标,带来的"悬崖效应"和"福利陷阱"现象;2020年之前,600多个贫困县退出,随之而来的集中评估任务重、工程量巨大。这些都是2020年中国如期完成脱贫攻坚目标面临的主要挑战。

(一)"三区三州"等深度贫困地区脱贫困境

未来几年内,深度贫困问题将是制约中国能否如期实现脱贫攻坚目标的一个重要因素。由于历史、自然条件等原因,长期以来中国一直有相对贫困程度特别高的地区,如老、少、边、穷地区都属于深度贫困地区。当前一般意义上的深度贫困难题是指贫困程度特别高,脱贫难度大,不易通

---

① 主要指标具体要求包括:贫困地区具备条件的乡镇和建制村通硬化路,贫困村全部实现通动力电,全面解决贫困人口住房和饮水安全问题,贫困村达到人居环境干净整洁的基本要求,切实解决义务教育学生因贫失学辍学问题,基本养老保险和基本医疗保险、大病保险实现贫困人口全覆盖,最低生活保障实现应保尽保。

过常规措施实现脱贫的问题。这通常表现为深度贫困地区群众和深度贫困人群面临的生活、生产困境。其中，深度贫困地区以西藏、四省藏区、南疆四地州和四川凉山州、云南怒江州、甘肃临夏州（简称"三区三州"）[①]为主要代表，另外包括贫困发生率超过18%的贫困县、贫困发生率超过20%的贫困村。深度贫困人群以残疾人、孤寡老人、长期患病者等"无业可扶、无力脱贫"的贫困人口为群体代表。中国深度贫困地区大多集革命老区、民族地区、边疆地区于一体，生存条件相对恶劣，自然灾害多发、资源匮乏、经济基础弱，脱贫攻坚难度最大。

截至2017年年底，中国处于深度贫困地区，贫困发生率超过18%的贫困县有110个，贫困发生率超过20%的贫困村有16700多个。2018年3月，全国各省从贫困人口规模、贫困发生率、脱贫难度等因素出发，综合评估自然条件、产业基础、教育医疗住房"三保障"等情况，完成深度贫困县认定工作，全国共认定深度贫困县334个，贫困发生率都在11.3%以上。这些深度贫困地区具有一些基本的共同特征，如贫困发生率高于全国及区域内其他地区；贫困人口人均收入水平、可支配收入水平位于全国农村人均收入分组中的最低组别；地区人均住户、教育、医疗等基础公共服务水平相对比较低，脱贫实现难度最大。而造成深度贫困的原因，主要包括以下四类：第一，地理位置、自然条件差，不能共享到全国经济发展的成果，在一定程度上是被经济发展遗忘的角落；第二，生产方式相对落后，劳动人口多从事第一产业，现代工业发展滞后；第三，劳动人口受教育程度相对比较低，无法从事专业技术高的产业；第四，深度贫困地区受民族特性、宗教影响比较深，劳动人口生活方式与现代生活方式有一定距离。总体上来看，深度贫困地区由于其特殊的历史、地理、自然特性，造成致贫因素复杂、脱贫难度大的问题，已成为中国脱贫攻坚战中的"难中之难""坚中之坚"。

（二）需要加快脱贫进程，更要注意脱贫质量

近年来，经过实施精准扶贫战略"五个一批"工程，即通过发展生

[①] 根据全国建档立卡数据统计，截至2016年年底，中国深度贫困地区"三区三州"的24个市州、209个县，贫困人口规模为318.54万人，贫困发生率16.7%，其中，有146个贫困县（占"三区三州"总行政区县的69.9%）的贫困发生率高于10%。

产脱贫一批，易地搬迁脱贫一批，生态补偿脱贫一批，发展教育脱贫一批，社会保障兜底一批，中国贫困发生率从2012年的10.2%降至2017年的3.1%。虽然贫困发生率大幅下降，但由于中国贫困人口基数大，2017—2020年，中国尚有3046万农村贫困人口亟待脱贫，其中全国贫困地区农村贫困人口占总贫困人口的62.4%，14个连片特困地区农村贫困人口占总贫困人口的50.6%。这些未脱贫人口，地域分布相对集中，脱贫难度也相对较大。全国贫困地区必须加快脱贫进程才能在2020年如期完成脱贫任务。

根据《中国扶贫开发报告》（2017）的测算，如果2017—2020年全国各省份均以其2014—2016年的平均脱贫率完成扶贫工作，持续到2020年，全国农村贫困率将下降至1.9%，从全国层面看，已实现了脱贫目标。如果以各省在2014—2016年的年平均脱贫人口规模测算，到2020年，全国所有省份都能实现脱贫目标。但是南疆三地州和吕梁山区两个集中连片特困地区，都无法按期完成脱贫任务。从《中国扶贫开发报告》（2017）的测算结果可见，如果要在2020年保证全国各省份、集中连片特困地区都如期实现脱贫目标，必须要在现有脱贫率的基础上加快脱贫速度、提高脱贫人口规模。

除了未脱贫人口规模大、集中程度高、脱贫难度大以外，有些地区还面临已脱贫人口返贫的问题。2018年8月，来自国务院扶贫开发领导小组办公室的数据显示，2016年中国脱贫后返贫的人口规模达到60万人，而2017年返贫人口为20万人。如何实现稳定脱贫稳定不返贫，是精准扶贫、精准脱贫攻坚成果是否能经得起历史检验的重要环节。

脱贫不返贫，一方面需要提高脱贫工作质量，实现"真脱贫"；另一方面要探寻建立可持续的脱贫机制。从当地基本情况出发，贯彻实施"六个精准"的核心要义，因地制宜使用"五个一批"工具。通过发展生产脱贫的，要对当地扶贫产业使用的相关技术和面临的市场规模和容量进行有效评估，制定预防措施，防止产业盲目发展、破坏正常市场发展环境等情况。通过易地搬迁脱贫的，要注意搬迁以后贫困人口的可持续就业问题，确保"搬得出、稳得住、能致富"。通过生态补偿脱贫的，要牢固树立绿色发展理念，从绿水青山中实现金山银山，创新生态脱贫路径，实现以生态为核心，多途径持续稳定脱贫的效果。发展教育脱贫，本身就是建立可持续脱贫机制的重要组成部分，提高未来人口内生脱贫能力。社会保障兜底，要注意从制度形式角度，保障丧失劳动能力贫困人口的基本生活，巩固现有脱贫效果。坚守精准扶贫的核心要义，综合应用多种脱贫工具，实现可持续脱贫机制，做到稳定脱贫不返贫。

（三）贫困地区基本公共服务建设短板问题

基本公共服务是由政府主导、保障全体公民生存和发展基本需要、与经济社会发展水平相适应的公共服务。全国基本公共服务均等化的核心是促进机会均等，而实现基本公共服务均等化对维护社会公平正义、增进人民福祉、增强广大群众获得感都具有重要意义。

目前中国贫困地区基本公共服务在建设规模、服务质量方面都存在一定程度的问题，是贫困地区脱贫攻坚以及经济社会发展的明显短板。长期以来，中国存在城乡资源配置不均衡、基础设施建设力度不足、部分地区和部分困难群体无法获得高质量公共服务机会等突出问题。特别是，贫困地区由于历史原因、自然条件差、地理位置偏僻等因素导致了经济发展滞后，基本公共服务建设水平低甚至缺位，这成为打赢脱贫攻坚战的不利因素。

目前中国贫困地区基本公共服务均等化进程仍然面临诸多困难：首先是地方财政资金不足，公共服务均等化水平低。贫困地区大多属于经济基础弱，本地财政困难的地区，难以提供有效的、符合标准的农村公共服务。因此造成城乡区域之间、贫困地区与全国平均水平之间的巨大差距。其次是贫困地区基本公共服务项目不完整。根据《"十三五"推进基本公共服务均等化规划》推出的国家基本公共服务清单，中国目前需要提供的基本公共服务共包括公共教育、劳动就业创业、社会保险、医疗卫生、社会服务、住房保障、公共文化体育、残疾人服务八个领域，总计81项基本公共服务项目。中国贫困地区不仅存在基本公共服务水平低的情况，还存在部分项目缺位的情况。最后是贫困地区基础设施建设滞后与设施利用不足并存。中国的贫困地区大部分位置偏僻、交通不便利，所以一般情况下，在基础设施建设中，工程施工难度比较大、成本相对比较高，形成了贫困地区基础设施建设滞后的局面。与此同时，部分贫困地区人口居住聚集程度比较低，基础设施利用效率不高。因而出现贫困地区基础设施建设滞后与设施利用不足并存的现象。

2018年6月发布的《中共中央 国务院关于打赢脱贫攻坚战三年行动的指导意见》，特别提出了贫困地区基本公共服务主要领域指标，包括：交通道路方面，要求"贫困地区具备条件的乡镇和建制村通硬化路"；电力能源方面，要求"贫困村全部实现通动力电"；住房和饮水等居住条件方面，要求"全面解决贫困人口住房和饮水安全问题，贫困村达到人居环境干净整洁的基本要求"；教育、医疗、低保方面，要求"切实解决义务教育学生因贫失学辍学问题，基本养老保险和基本医疗保险、大病保险实现贫困人口全覆盖，最低生活保障实现应保尽保"。该意见通过具体指标的方式，为贫困地区公共服务发展方向和水平制定了可量化的脱贫标准。

要打赢脱贫攻坚战必须要积极推进贫困地区基本公共服务均等化进程，保障和改善贫困地区民生，确保到2020年，稳定实现农村贫困人口不愁吃、不愁穿，义务教育、基本医疗和住房安全有保障。

（四）工作中出现扶贫"超标"问题

中国现行的扶贫标准可归纳为"两不愁、三保障"，即"确保贫困人口不愁吃、不愁穿；保障贫困家庭孩子接受九年义务教育，确保有学上、上得起学；保障贫困人口基本医疗需求，确保大病和慢性病得到有效救治和保障；保障贫困人口基本居住条件，确保住上安全住房"。中国明确规定的"两不愁、三保障"扶贫标准，是确保贫困人口的基本生存条件得到保证，满足接受基本教育、基本医疗和基本居住条件。因此，需要让所有民众认识到，"贫困"不是发家致富的手段，也不是好逸恶劳的安全港。但是在实际扶贫工作中，这一认识可能出现了一些偏差。当前脱贫攻坚已经成为地方政府的首要工作，为了如期，甚至在最短时间内完成脱贫目标，一些地方政府在制定本地脱贫计划时，提高了扶贫标准，或者不同部门从多个方面都采取了扶贫措施和施惠手段，于是地方上一些贫困户在短时间内获得了丰厚的经济收益，出现扶贫"超标"现象。加上一些贫困户坐等"送小康"，引起了当地居民的一些非议。需要强调的是，扶贫的意义在于对低收入群体的帮扶，过高的扶贫标准，无偿积极地送资金、给产业等，会使得一些贫困群众坐等帮扶，对贫困人口内生脱贫能力的培养无益。同时，一些地区追求扶贫工作成果速效，更愿意使用直接给钱给物进行帮扶的工作手段，忽视以奖代补、以工代赈等能够培养内生脱贫动力的工作手段，也在一定程度上促生了"福利陷阱"的形成。

扶贫"超标"，一方面会造成本地贫困户和非贫困户之间的竞相争夺贫困户名额的矛盾，另一方面也给当地财政带来更大的负担。对于贫困地区扶贫标准认定方面，中央多次强调，一定要依据本地财政力量，量力而行，尽力而为。对于有条件的地区，在财政可负担的前提下，即使提高扶贫标准也要避免形成"福利陷阱"。

（五）贫困县退出任务工程巨大

截至2018年11月，全国832个贫困县中已有153个贫困县成功实现脱贫摘帽，到2020年要如期完成所有贫困县退出的任务，还有679个贫困县待脱贫。根据各省制定的贫困县脱贫摘帽计划，2018年全国需要完成约270个贫困县的脱贫摘帽任务、2019年需要完成约330个贫困县的脱贫摘帽任务、2020年需要完成最后70多个贫困县脱贫摘帽任务。由于审核评估工作需要一年左右，这就意味着中国需要在2—3年内，完成600多个贫困县的退出评估任务。

以2017年第一批40个贫困县退出的实地评估检查工作为例，此次评估涉及1000多个行政村。根据国务院扶贫开发领导小组给出的信息，此次评估工作，是经过公开招标，由北京师范大学、中国农业大学、江西财经大学、中国社会科学院4家单位牵头，共组织19家参与机构、1400多名调查评估人员，历时一个月左右。评估过程中一共抽查1158个行政村，实地调查农户6.3万户（其中排查约2万户、问卷调查4.3万户）。40个贫困县平均每个县抽查29个行政村、1580户。其中，抽查行政村的类型包括贫困村和非贫困村，贫困村为755个，非贫困村403个。根据2017年国务院扶贫开发领导小组的实际评估工作量，可以推测600多个贫困县的实地评估工作，将会是一项浩大的工程。

为此，2018年6月《中共中央 国务院关于打赢脱贫攻坚战三年行动的指导意见》提出要改进贫困县退出专项评估检查工作机制，从2018年起，原来由国务院扶贫开发领导小组组织的贫困县退出专项评估检查，改由各省（自治区、直辖市）执行。各省级政府对省内贫困县检查方案、退出质量负责。中央结合脱贫攻坚督查巡查工作，对各省评估检查的贫困县按照20%比例进行抽查评估,以确保贫困县退出质量。从工作量上计算,各省在3年内一共需要完成679个贫困县的专项评估工作,国务院扶贫开发领导小组需要完成136个贫困县的抽查评估工作。从工作总量上看,未来2—3年,中国贫困县的退出评估任务工作量将非常巨大,这也成为中国如期完成脱贫攻坚目标面临的挑战之一。

第 四 章

贫困监测与精准识别

一 贫困标准与贫困监测

（一）贫困内涵与贫困类型

贫困是一个复杂、广受争论的社会现象，贫困产生的原因繁杂多变，涉及社会经济文化的方方面面。贫困含义以及贫困度量问题，一直是学术界关注的重要领域。经济学关于贫困问题的论述可以追溯到亚当·斯密、马尔萨斯、李斯特以及马克思等人的著述中。但是，他们并未对贫困定义进行明晰界定，更未明确贫困划分标准。经济学家对贫困的定义最早是从"收入"以及"满足人的基本生存需求"这两个角度进行界定。1901年，英国学者朗特里出版了一本贫困研究的专著《贫困：关于乡村生活的研究》。朗特里提出，贫困就是个人或家庭的总收入水平不能获取维持身体正常功能所需要的最低生活必需品[1]。此外，朗特里还使用绝对消费方法制定出20世纪初的英国贫困线。在20世纪60年代以后，美国社会保障局经济学家莫莉·欧桑斯基在朗特里贫困概念基础上，给出美国贫困基本设定标准，即"以购买美国农业部食品计划所包含食物费用的3倍"为基本贫困线[2]。1969年，这一标准成为美国官方贫困统计定义。20世纪70年代，经济学家对贫困的认识从"饥饿"拓展到"个人生存发展能力不足"。1976年，世界银行经济学家阿鲁瓦利亚提出，人的基本需求除了

---

[1] Seebohm Rowntree, *Poverty: A Study of Town Life*, London: Macmillan, 1963.
[2] Orshansky M., "Children of the Poor", *Social Security Bulletin*, Vol. 26, No. 7, 1963.

食物之外，还应该包括健康、营养、教育、住房、卫生、清洁水等内容[1]。因此，贫困不仅指食物匮乏，还应该包括个体生存发展条件的不足。基本生存发展条件，可以使用由婴儿死亡率指数、1岁平均预期寿命指数、识字率三个核心指标所组成的生命素质指数（PQLI：Physical Quality of Life Index）进行测量[2]。20世纪90年代，贫困定义从经济范畴进一步扩展到个人参与社会活动等相关领域。1991年，经济学家阿马蒂亚·森认为，贫困不能用个人占有经济资源的多寡程度进行衡量，而要以人们取得经济收入、社会地位和其他生活条件的能力来测定[3]。如果一个人利用其个人能力而不能达到幸福感、自尊等方面的基本满足状态时，即为贫困。1999年，阿马蒂亚·森又将"能力缺乏"推广到"权利剥夺"，他认为一切贫困都是个体基本行为能力的被剥夺[4]。泰勒也认为，贫困包括社会排斥，是个体和群体被拒绝获得充分参与经济和社会生活服务的权利[5]。贫困不仅是关于贫困个体自身状况，同样也包括贫困群体面临的困境——社会排斥。基于此类多维视角对贫困的认识，联合国开发计划署（UNDP）在2000年《全球贫困问题报告》中提出：贫困是指缺乏人类发展最基本的机会和选择——长寿、健康和体面的生活，自由、社会地位、自尊和他人尊重。世界银行也在2000年将贫困定义从物质匮乏、低水平教育和健康，扩展到风险、不能表达自身需求，以及缺乏影响力。至此，20世纪以来人们对贫困的认识也经历了"收入不足"—"消费和收入不足"—"缺乏生存能力"—"社会权利被剥夺"的发展阶段。

基于不同的贫困内涵，选择收入、消费或者福利标准，可以将贫困划分为绝对贫困与相对贫困、客观贫困与主观贫困。

---

[1] Ahluwalia, "Income Distribution and Development: Some Stylized Facts", *American Economic Review*, Vol. 66, No. 2, 1976.

[2] Morris, *Measuring the Condition of the World's Poor: The Physical Quality-of-life Index*, New York: Pergamon Press for the Overseas Development Council, 1979. Morris and McAlpin, *Measuring the Condition of Lndia's Poor: The Physical Quality-of-life Index*, New Delhi, India: Promilla, 1982.

[3] Sen A., "Capability and Well-Being", *Quality of Life*, 1991.

[4] Sen A., *Development as Freedom*, Oxford University Press, 1999. Taylor, 1999.

[5] Taylor P., "Democratizing Cities: Habitat's Global Campaign on Urban Governance", *Habitat Debate*, Vol. 5, No. 4, 1999.

1. 绝对贫困与相对贫困

绝对贫困，是指个人缺乏最基本的生存手段，没有能力支付基本生活必需品。美国经济学家雷诺兹认为，如果一个家庭没有足够的收入可以使家庭成员拥有最起码的生活水准，那么可以认为这个家庭处于绝对贫困状态[1]。一般使用能够满足个体每天最少单位热量的食品需求量、消费品或者基本生活资料来确定。使用绝对贫困概念，在实际应用中存在一些问题。例如，很难设定适用于所有地区的精确、统一的最低食品需求线。其次，非食品支出的购买组合也存在相当大的随意性，不能设定表征最低基本生活资料的"一篮子"商品。相对贫困概念的提出在一定程度上解决了上述难题。

相对贫困，是指个体是否贫困不仅取决于其本身拥有的收入或消费水平，更取决于该个体在社会收入或消费排序中所处的位置[2]。例如，如果使用收入标准，相对贫困线是根据全社会收入分布，选取收入平均值、中间值或者最低组别收入进行确定[3]。汤森德对相对贫困概念进行了进一步的发展和延伸。他从多维角度衡量贫困状态，如将饮食、住房、健康、娱乐和社会活动等更具有社会属性的因素考虑在内[4]。

2. 客观贫困与主观贫困

客观贫困，是指贫困状态可以被外在指标进行量化评价。主观贫困是指使用主观概念对贫困状况进行自我评估和测定。主观贫困测量的理论依据主要来源于相关研究中贫困个体经历、感情、态度等主观因素与贫困状况的联系[5]。普拉格认为，主观贫困是一种从当事人自身角度去衡量贫困状态的标准[6]。科恰诺则在 2016 年提出，经济学家们在注重客观贫困的同时也应该注重主观贫困，因为无论是客观贫困还是主观贫困都会对未来

---

[1] Reynolds, Lloyd George, *Microeconomics: Analysis and Policy*, Homewood, 1976.

[2] Galbraith, *The Affluent Society*, Boston, MA: Houghton-Mifflin, 1958.

[3] Fuchs, *The Concept of Poverty*, Washington, DC: The Chamber of Commerce of the United States, 1965.

[4] Peter Townsend, *Poverty in the United Kingdom: A Survey of Household Resources and Standards of Living*, University of California Press, 1979.

[5] Holman, *Poverty Explanations of Social Deprivation*, London: Martion, 1978.

[6] Robert Flik, Bernard van Praag, "Subective Poverty Line Definitions", *De Economist*, Vol. 139, 1991.

经济发展产生负面影响①。

从主观贫困概念出发，对贫困进行测量的标准被称为主观贫困线。戈德哈特等较早使用主观贫困线对贫困状况进行测度，他根据被调查者的一些主观感受确定了主观贫困线②。主观贫困线最大的问题在于，不能使用统一、确定的贫困标准适用于所有贫困现象，而且可能带有研究者的主观想法③。

（二）贫困标准线测算

国际贫困标准是指由世界银行发布的"一天一美元"贫困线，分为：绝对贫困线和一般贫困线。其中，1990年，世界银行开始公布绝对贫困线，经过1994年、2008年、2015年三次调整；2008年，世界银行开始公布一般贫困线，2015年调整了一次。1990年，世界银行根据12个全球最贫穷国家的贫困标准，制定了每人每天生活费用1.01美元（1985年购买力平价）的绝对贫困线。1994年、2008年、2015年分别调整至1.08美元（1993年购买力平价）、1.25美元（2005年购买力平价）、1.9美元（2011年购买力平价）。2008年，世界银行根据75个发展中国家的贫困标准中位数，制定了2美元（2005年购买力平价）的一般贫困线。2015年该标准调整至3.1美元（2011年购买力平价）。

中国界定贫困的标准与世界银行基本一致，而且贫困标准计算方法也是在世界银行所提出的方法基础上再结合中国实际情况形成的。以中国现行贫困标准测算为例，贫困线的基本测算主要分为三步④：一是确定基本食物需求（见表4-1）⑤。按2014年农户出售和购买综合平均价计算，上述基本食品需要每人每天3.924元，再加上必需的食用油、调味品等，为每人每天4.104元，一年就是1498元。

---

① Koczan, Zsoka, "Being Poor, Feeling Poorer: Inequality, Poverty and Poverty Perceptions in the Western Balkans", *IMF Working Paper*, No. 16, 2016.

② Goedhart, Theo, Victor Halberstadt, Arie Kapteyn, and Bernard Van Praag, "The Poverty Line: Concept and Measurement", *The Journal of Human Resources*, Vol. 12, No. 4, 1977.

③ 左停、杨雨鑫：《重塑贫困认知：主观贫困研究框架及其对当前中国反贫困的启示》，《贵州社会科学》2013年第9期。

④ 鲜祖德、王萍萍、吴伟：《中国农村贫困标准与贫困监测》，《统计研究》2016年第9期。

⑤ 基本食物需求是满足每天2100大卡热量以维持人体基本需要的食物支出。

表 4-1　1985 年和 2014 年农村居民基本食品消费支出需求

项目		单位	1985 年	2014 年
综合平均价	粮食（原粮）	元/千克	0.43	2.48
	蔬菜	元/千克	0.2	2.96
	猪肉	元/千克	3.44	18.39
	鸡蛋	元/千克	2.52	9.53
基本食品消费所需支出	每天 1 斤商品粮	元	0.288	1.653
	每天 1 斤蔬菜	元	0.098	1.478
	每天 1 两肉或者 1 个鸡蛋	元	0.174	0.794
	合计	元	0.561	3.924

资料来源：鲜祖德、王萍萍、吴伟：《中国农村贫困标准与贫困监测》，《统计研究》2016 年第 9 期。

二是确定最低非食物需求线，在此基础上测算低贫困线。低贫困线由基本食物需求线和最低非食物需求线共同决定。其中最低非食物需求指的是基本衣着和取暖等非食物需求，这些需求的重要性在某种程度上甚至高于食物需求。因此，低贫困线代表的是基本温饱水平。

三是确定较高非食物需求线，基于此测算高贫困线，也就是中国现行贫困标准。高贫困线由基本食物需求线和较高非食物需求线共同决定，其中较高非食物需求线指的是必要的吃穿、教育、健康、交通通信等非食物需求，此类需求与食物需求具有同等重要性，可以说代表着稳定温饱水平。

综上所述，中国现行贫困标准测算是通过住户调查，计算满足人们基本生活必需的食物需求，再建立食物需求模型，推导出非食物需求线（包括最低非食物需求线和较高食物需求线），最后测算得出贫困线，也就是食物需求与非食物需求之和。

（三）中国农村贫困标准及贫困人口规模

自改革开放以来，中国先后采用过三个贫困标准，分别是 "1978 年标准" "2008 年标准" 和 "2010 年标准"。"1978 年标准" 指的是按 1978 年价格每人每年 100 元。"1978 年标准" 属低贫困标准，其中食物支出比重约为85%，只能勉强满足人们的基本生存需求。而"2008年标准"实际上指的是按2000年价格每人每年865元，按照2000年不变价，2001年农村贫困标准为每人每年872元。这个贫困标准相较之前有较大提升，属于基本温饱标准，在保证果腹的基础上适当扩展了非食物部分，且其中食物支出比重下降了25%，降至60%。"2010年标准"，即现行农村贫困标准。按2010价格每人每年2300元，考虑到通货膨胀，按2011年价格计算每人每年2536元；按2015年价格每人每年为2855元，这是结合"两不愁，三保障"测定的基本稳定温饱标准，即在义务教育、基本医疗和住房安全有保障（三保障）的基础上，每天消费1斤米面、1斤蔬菜和1两肉或1个鸡蛋，获得每天2100大卡热量和60克左右的蛋白质，用以满足人们基本温饱、维持生活需要的最低标准。在实际测算过程中，对高寒地区采用1.1倍贫困线。

综上可知，中国贫困标准从"1978年标准"到"2008年标准"，再到现行的"2010年标准"，贫困测度也从单维转向多维。从1978年贫困测度的以食品需要为主，到增加更大比例的非食品需要，直至现行贫困测度包括住房、医疗、教育等需求以及一些非收入和消费支出。中国当前贫困标准按购买力平价计算略高于世界银行贫困标准。从图4-1可以看出1978—2015年中国贫困标准的变化，B与D点分别为扶贫标准的调整点。从A点至B点，扶贫标准提高了247元，增幅39.52%，贫困人口同时也增加了5820万人；从C点至D点，扶贫标准提高了1262元，增幅99.06%，贫困人口同时也增加了9512万人。尽管由于贫困标准的调整使得中国贫困人口规模出现较大起伏，但在使用同一标准期间，由于根据"农村贫困人口生活消费价格指数"对贫困标准进行了年度调整，期间不同年份不同数值代表了同一种生活水平，因此年度间是可比的。而且由于扶贫力度的加大，随着扶贫标准逐次提高，贫困人口规模降速增大。具体地，1985—2000年，即"1978年标准"期间，贫困人口从1.25亿人降至3209万人，年均减少8.6%；2001—2010年，即"2008年标准"期间，贫困人口从9029万人降至2688万人，年均减少12.6%；2011—2015年，即"2010年标准"期间，贫困人口从1.22亿人降至5575万人，年均减少 17.8%①。

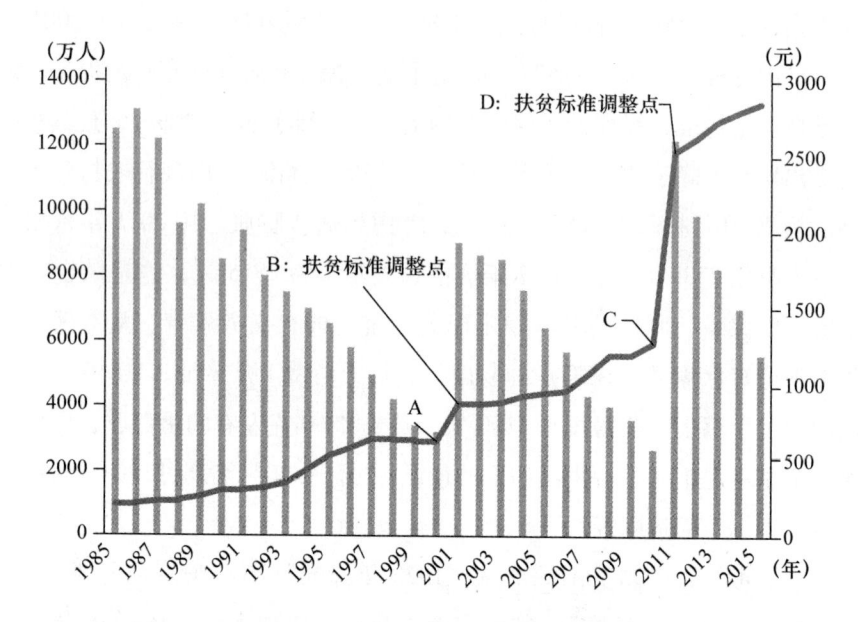

图 4-1 1985—2014 年中国农村扶贫标准与贫困人口规模

资料来源：鲜祖德、王萍萍、吴伟：《中国农村贫困标准与贫困监测》，《统计研究》2016 年第 9 期。

二 精准识别

精准扶贫包括精准识别、精准帮扶、精准管理和精准考核四个方面。其中，精准识别是其他三方面工作保质保量完成的基础。只有精确瞄准需要被扶助的贫困人员，了解其贫困状况，明晰其致贫原因，才能实现扶贫资源效用最大化。同时，实现精准识别后，基于贫困人员数字化信息，之后的精准帮扶、精准管理和精准考核工作将会事半功倍。

（一）中国扶贫瞄准机制的演变

中国扶贫瞄准经历了县域瞄准到村级瞄准再到当前的到户到人瞄准，这样一个瞄准精准度逐渐提高的变迁过程。1986 年，中国确定了首批 331

① 鲜祖德、王萍萍、吴伟：《中国农村贫困标准与贫困监测》，《统计研究》2016 年第 9 期。

个国家级贫困县，尽管1994年对贫困县进行了调整，但仍然是进行县级瞄准，即实行的是区域瞄准机制。在这个阶段选择县级区域瞄准也是符合当时中国的经济社会发展状况，这一方式可以凭借相对较低的投入获得较好的扶贫效果，缺点是把其他区域（非贫困县）的贫困人员完全排除在扶助范围之外。

而实际上截至2000年，中国50%的绝对贫困人口都分布在非国家级贫困县中，这些贫困人口不能获得针对国家级贫困县的政策支持。2000年之后，中国开始对贫困瞄准制度进行调整。在坚持国家级贫困县认定的同时，开始进行贫困村识别工作，即扶贫的"整村推进"工程。截至2002年，中国共确定148051个贫困村，分布在1861个县，这代表着非贫困县的贫困村贫困人口也被识别出来并且被纳入国家扶助范围。

2015年，中国开始实施精准扶贫"建档立卡"工作，通过精准核实贫困人员相关信息，全面掌握贫困户贫困状态，完成贫困人口精准识别目标。扶贫瞄准从区域直接到户、到人，政府部门对全国所有贫困人员进行贫困成因分析和归类，对不同贫困程度、致贫成因，实施差异化的扶贫措施，实现"精准滴灌"。精准识别，从根本上提高了扶贫效果。

（二）精准识别的政策实践

中国精准识别是通过纵向与横向识别相结合的方式来实现精确识别贫困对象的一种判断机制。其中，纵向识别方法主要指扶贫指标的分配是从省级—市县—乡镇—村，从上到下一级一级分配的过程；而横向识别主要是指当扶贫指标分配到村之后，由村两委组织村民采取民主评议的方式确定贫困对象。一般而言，在村民提交贫困户申请之后，村两委将组织村民进行民主评议，再因地制宜形成具体标准确定贫困户。各地基于贫困精准识别的目标，结合自身实际与可操作性，采用不同方法对贫困人员进行识别。比如，说贵州省制定了"一看房、二看粮、三看劳力强不强、四看有无读书郎"的"四看法"精准识别体系，甘肃省的"9871"识别法，宁夏回族自治区的十步法，云南省的"七评法"，安徽省的"六看六必问"识别方法，等等。

尽管各地精准识别方法存在一定差异，但均具备以下三个特点，同时也是现行精准识别机制与以往识别机制的不同之处。

（1）加强了公示制度的应用。公示制度早已应用于基层事务当中，但贫困户识别方面应用较少，且以往公示内容也比较少，不如当前详细和具体。详细而全面的贫困户信息公示，是实现群众监督的必经之路，只有如此才能杜绝一些"特别关照"的情况发生，从而确保精准识别的公正公平和准确。

（2）加强建档立卡工作。建档立卡工作为贫困户信息资料的完备性和连续性奠定了基础，同样对保证扶贫对象识别的精准性起到了重要作用。

（3）加强驻村工作队和外派第一书记的作用。驻村工作队和外派第一书记非本乡镇和村委成员，不具备本乡镇干部和村委成员先入为主的偏见和人情关系，经过长期驻村后对村里贫困状况的了解可能更为客观。

（三）精准识别的实践困境及原因阐释

由于扶贫对象个体经济情况、财产收入等各种信息难以精准统计与核实，加之中国贫困人口总量庞大，实现精准到个人的识别复杂程度可想而知。经过近几年发展，各地区先后探索出适合自身发展、可操作性强的贫困识别方法或机制，大大提升了扶贫效果。但是，由于全国各地经济发展水平不一，尤其是信息技术在农村农业领域应用相对落后，相较发达国家，中国的贫困精准识别方法和实践还存在一些不足。

首先，农户家庭情况难以核准，可能致使结果偏差。由于农户财产收入指标难以量化与核准，很难按照统一的标准将不同农户进行比较。同时，由于贫困户申请者的经济财产状况往往以实物体现，而实物不仅存在量的差别还存在质的问题，很难判定是否有人存在谎报和瞒报的情况。而且，现行精准识别的一个先天缺陷是其识别的对象数量是从上到下分配的，而不是根据所有对象的真实情况所确定的识别标准。因此，即便识别方法再精准，但如果对象集合不准确，那么结果势必有偏差。

其次，当前贫困户的精准识别方法重定性，轻定量。当前识别方法以定性方法为主，如观察、询问等，定量分析应用比较少。

再次，民主评议环节趋于形式化，可能导致识别不精准。对贫困户申请者进行入户考察后将会进行民主评议。民主评议的目标之一是在一定程度上修正贫困户的考核结果，当下主要采用民主投票的方式。但由于中国农村长期以来的熟人社会规则，投票结果可能有失公允。此外，如果与贫困户申请者人情关系较弱的村民参与度逐渐降低，也会有违民主评议公平的初衷。

最后，当前精准识别标准存在重经济而轻道德的问题。中国各省扶贫指标主要是依据全国农民人均纯收入2300元/年的标准来确定的，但大量事实表明，部分贫困户的经济状况主要与其较低的道德水平、消极的思想状态有关，寻常扶贫方式很难使其发生改变。针对这部分群体，应当重点采用精神扶贫和文化扶贫进行帮扶。但是当前精准识别工作并没有将道德标准纳入考核指标体系中，这显然在一定程度上降低了识别精度，提高了扶贫成本。

（四）完善现行贫困人口精准识别的对策建议

第一，整合多维数据，强化信息基础。信息越是全面，对贫困户状态的掌握越是精准。为此，建议充分发挥大数据技术、云计算平台等信息技术手段在扶贫领域的应用。同时，还要加强不同部门之间关于贫困户数据的互通，以构建更加全面和立体的贫困户信息系统。基于此，进一步对所收集的数据进行深度挖掘，构建科学合理的模型，以精确判定不同申请者的真实情况。

第二，创新扶贫政策，将贫困识别动态化。由于中国地域辽阔，农村贫困人员分布范围较广，而各地区经济社会发展情况不一，贫困状况差异较大。因此，精准扶贫相关政策的实施必须因地制宜，这就要求中央政府在做好顶层设计的基础上给予地方政府灵活制定相应政策的空间。只有赋予地方政府足够的机动权力，省却不必要的烦琐程序，才能保证扶贫相关工作的时效性，确保贫困识别的动态性。

第三，强化定量应用，提高贫困识别精准度。在强化信息技术应用的基础上需要加强定量方法在精准识别方面的应用，进一步提高贫困识别精准程度。一方面，可以引入概率分布等方法预测贫困人口分布的波动区间，以精密分析目标人群，而非仅仅通过全国贫困线标准一刀切；另一方面，可以借助相关计量分析方法、计算机仿真技术等对目标人群的贫困程度进行测量。但是，这些方法的应用同样也对扶贫队伍提出了更高的要求，技术最终还要依靠人才来运用。因此，需加强扶贫队伍建设，充分发挥先进技术和方法的作用。

第四，注重道德标准在贫困识别标准中的应用。长期以来，中国贫困识别标准侧重于经济层面，在帮扶内容上同样以经济帮扶为主，忽视了道德水平和自身素质对贫困者脱贫的重要影响。而部分贫困者无法脱贫的主要原因是好逸恶劳、不思进取。如果不将这些道德标准纳入贫困识别体系，在扶贫过程中可能会出现"药不对症"的情况，既增加了扶贫成本，又无益于扶贫效果。

案例篇

样本模式与发展路径

第五章

河北省涞源县精准扶贫调研报告

河北省涞源县是国家扶贫开发工作"三合一"（国家新十年扶贫开发、太行山—燕山连片特困地区、河北省环首都扶贫攻坚示范区）重点县，农村贫困一直是阻碍涞源县经济发展的重大问题。自中国改革开放以来，涞源县就实施了有计划的扶贫开发工作，农村贫困人口大幅减少，扶贫工作取得了较为明显的成效。但截至2017年，涞源县尚未实现脱贫摘帽。如何切实加快涞源县脱贫步伐，在新时期、新形势下完成既定脱贫攻坚任务，立足长远实现稳定脱贫，都是涞源县亟待解决的问题。2017年4月，课题组对涞源县进行了实地调研，总结了涞源县贫困特点，剖析了涞源县精准扶贫创新模式，提出了推动涞源县扶贫开发工作的对策建议。

一 涞源县基本情况

河北省保定市涞源县既是革命老区，又是国家扶贫开发工作"三合一"重点县。全县总面积为2448平方千米，共辖8镇9乡1个办事处，285个行政村，总人口为27万人。

（一）区位交通

涞源县地处河北、山西两省之间，保定、张家口、大同三市交界地，东界涞水县、易县，南临唐县、顺平县、阜平县，西接山西省灵丘县，北邻张家口市蔚县。张石高速、京原铁路、108、112、207国道等交通干线贯穿全县。涞源县同时毗邻京津、雄安两大经济圈，是东联京津冀、西出晋陕蒙的桥头堡和咽喉要道。

（二）自然禀赋

涞源县位于河北省保定市西北部太行山北端深山区，主要地形为山地，全县平均海拔在1000米以上，最高点为犁华尖，海拔2144米；涞源县城处于涞源盆地中心，平均海拔800—900米。涞源县属温带半干旱半湿润气候区，季风气候显著。春季平均气温9.0℃，平均降水量64.6毫米，占全年降水量的12%；平均日照总时数783.5小时，占全年日照总时数的28%。无霜期短，仅120天，耕地面积较少，且土地贫瘠，多为山坡次地。泉域总面积1062平方千米，已查明山泉102处。境内三条主要河流，全长123.45千米。矿产资源丰富，历史底蕴深厚，旅游资源独特。

（三）经济社会发展状况

涞源县地处山区，耕地少、局部地区严重缺水，经济基础薄弱，同时远离大、中型城市，经济社会发展相对缓慢，人民生活水平较低。2018年全县地区生产总值完成60.6亿元，同比增长2.4%；规模以上工业增加值为4.8亿元，同比增长4.6%；全部财政收入为11.89亿元，同比增长6.1%，一般公共预算收入为8.1亿元，同比增长5.2%；固定资产投资同比增长8.8%；社会消费品零售总额同比增长10.2%。

二 涞源县扶贫状况

（一）贫困情况

截至2018年1月，涞源县贫困户数量为17045户，贫困人口为34129人。其中一般贫困人口为19320人，占全县贫困人口总数的比例为56.61%；低保贫困人口为12760人，占比37.39%；五保贫困人口为2049人，占比6%[①]。相较2016年而言全县脱贫工作成绩斐然[②]，但贫困状况依然较为严峻。下文使用全国扶贫开发信息系统涞源县2018年数据，

---

① 资料来源：全国扶贫开发信息系统涞源县数据。
② 截至2016年年底，涞源县贫困人口18300户、43526人，贫困发生率达22.4%。

共34129例样本,对该县贫困人口的基本特征进行分析①。

从空间分布来看,涞源县共辖8镇9乡,每个乡镇均有贫困人口分布。从绝对数上来说,县城北部的东团堡乡贫困人口最多,超过5000人;南部的白石山镇贫困人口最少,为406人(如图5-1)。

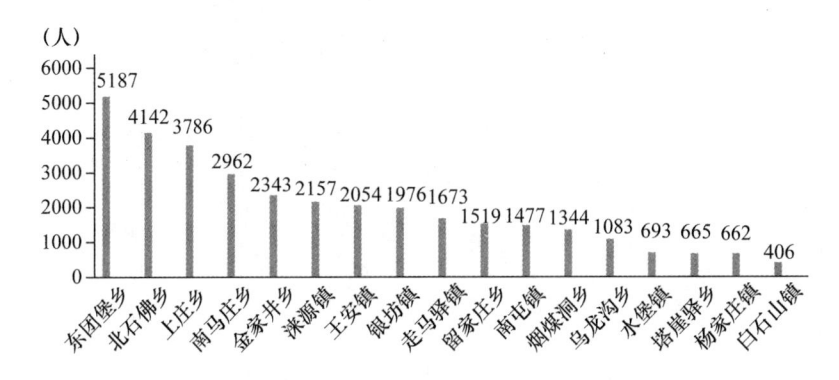

图5-1 涞源县贫困人口空间分布

资料来源：涞源县扶贫开发办公室。

从贫困人口年龄构成情况来看,34129名贫困人口平均年龄为52岁。其中,60岁(含)以上的贫困人口占全部贫困人口的比重达到46.78%,这部分贫困人员大都不具备劳动能力,需要财政进行兜底;50(含)—60岁的贫困人口占全部贫困人口的比重为14.32%;40(含)—50岁的贫困人口占全部贫困人口的比重为12.23%。50(含)—60岁和40(含)—50岁组别的贫困人员是扶贫的主要对象,大都具有基本劳动能力,可以通过产业帮扶、易地搬迁和转移支付等扶贫措施组合实现脱贫。40岁以下的贫困人口占全部贫困人口的比重为26.67%,这一组别的贫困人员劳动能力较强,依靠产业帮扶就可以实现较好的脱贫效果(如图5-2)。

从贫困人口文化程度构成情况来看,受教育程度与贫困发生几率呈反方向变动。纳入文化程度统计的贫困人口为29124人,其中,文盲或半文盲占统计样本的比例达到20.05%。文盲或半文盲贫困人口获得现代信息

---

① 资料来源：涞源县扶贫开发办公室。

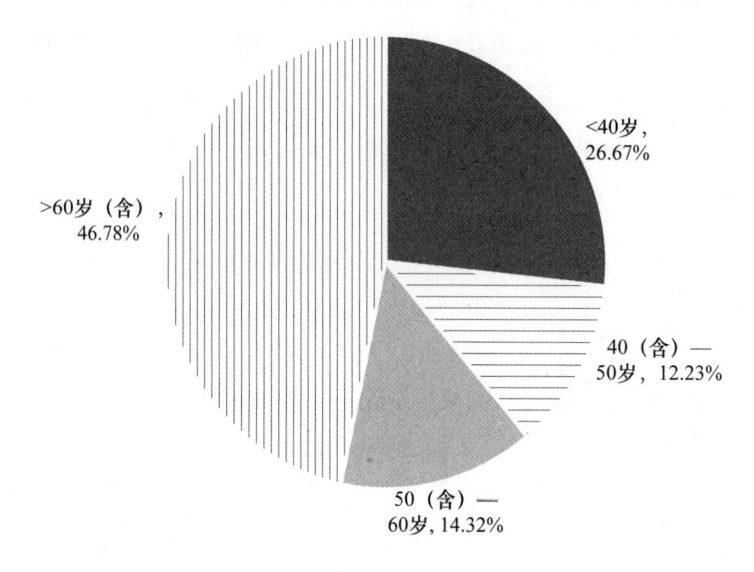

图 5-2　涞源县贫困人口年龄结构情况

资料来源：涞源县扶贫开发办公室。

技术的能力相对比较差，脱贫难度大，加上部分贫困人员由于受教育程度较低，思想观念比较落后，脱贫后的返贫可能性比较大；贫困人口中初中文化程度占比为24.85%，小学文化程度占比为51.07%，这两个组别的贫困人员都缺乏较高的劳动技能，个人竞争力相对较差；贫困人口中高中文化程度占比为3.37%，大专及以上文化程度占比为0.66%，这两部分受教育程度相对较高的贫困人员能够从事一定程度的脑力劳动，是最容易脱贫的贫困群体（如图5-3）。

从贫困人口劳动能力情况来看，在34129名贫困人口中，无劳动能力的贫困人口占全部贫困人口的比重为55.58%，丧失劳动能力占全部贫困人口的比重为7.5%，这两部分贫困人口数量比较多，合计占比为63.08%，他们很难通过技能培训实现自主脱贫，是扶贫工作的最大难点；普通劳动能力的贫困人口占全部贫困人口的比重为36.86%，这部分贫困人口适合从事劳动密集型行业的工作，通过产业帮扶、技能培训就能够取得较好的扶贫效果；技能劳动能力的贫困人口非常少，占全部贫困人口的比重为0.06%，是最容易脱离贫困的群体（如图5-4）。

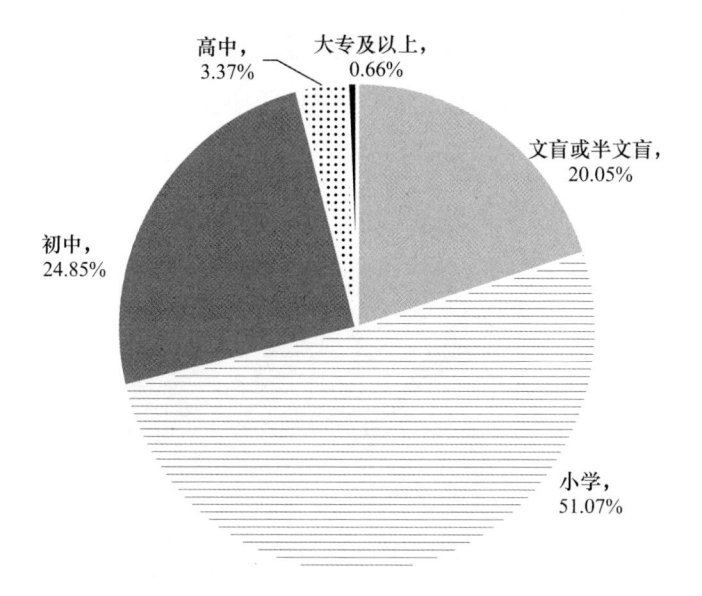

图5-3 涞源县贫困人口年文化程度基本情况

资料来源：涞源县扶贫开发办公室。

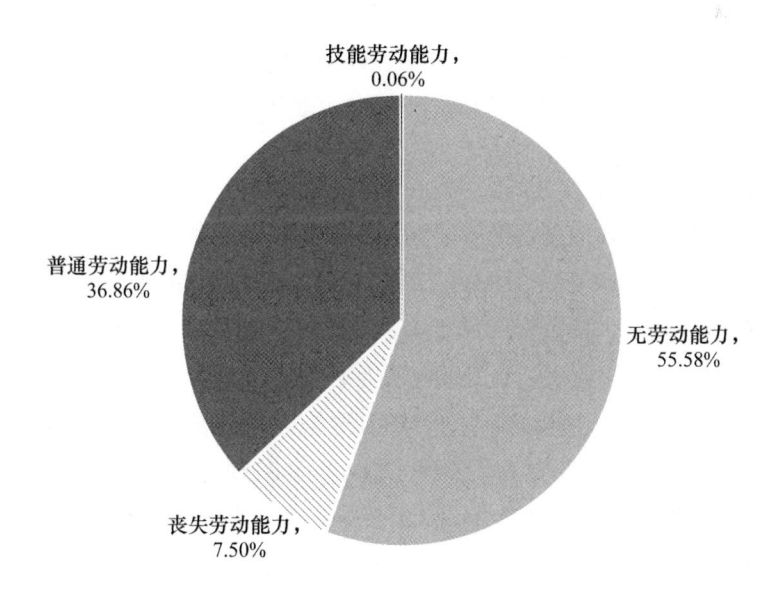

图5-4 涞源县贫困人口劳动能力情况

资料来源：涞源县扶贫开发办公室。

从贫困人口健康情况来看，身体健康的贫困人员为19622人，占全部贫困人口的比例为57.49%；患有长期慢性病的贫困人员为9685人，占全部贫困人口的比例为28.38%；患有大病的贫困人员为1059人，占全部贫困人口的比例为3.1%；身体残疾的贫困人员为3763人，占全部贫困人口的比例为11.03%（如图5-5）。

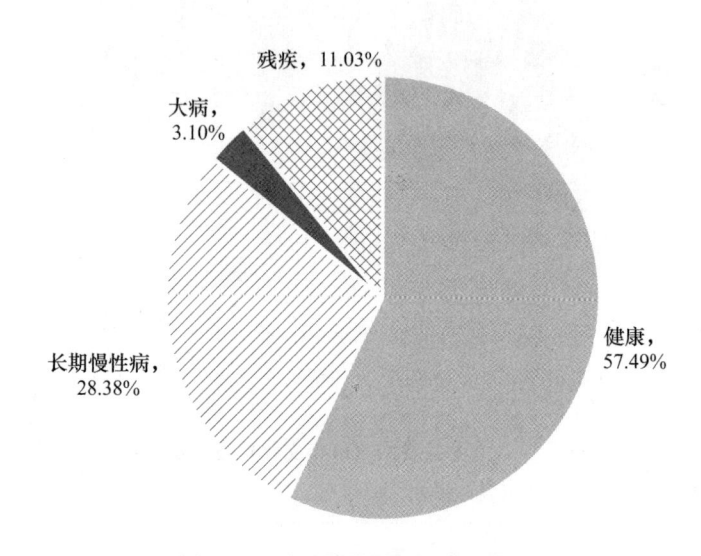

图5-5 涞源县贫困人口健康状况

资料来源：涞源县扶贫开发办公室。

（二）致贫原因

涞源县扶贫开发信息系统数据显示：2018年全县建档立卡贫困户17045户，贫困人口为34129人。其中贫困人口的个人致贫原因可分为十一个大类，分别为：缺水、缺资金、缺劳力、缺土地、缺技术、因病、因灾、因学、因残、交通条件落后、自身发展动力不足，具体情况如图5-6。

图5-6显示，因病、缺劳力、缺资金是涞源县贫困人口最主要的致贫原因，以上三类主要致贫因素覆盖的贫困人口占全县贫困总人口的73.78%。另外，因残、缺技术占18.69%，而其他几种致贫原因占比非常小。缺资金积弊已久，因缺乏资金，所以经济速度发展缓慢，对外来资金吸引力下降，资金缺乏加剧。因此，如何利用好财政转移支付，如何招商引资，承接雄安新区、京津冀产业转移值得深入探讨。缺技术可以通过

技能培训进行提升，缺劳力和因病则需要依靠保险制度和财政兜底。

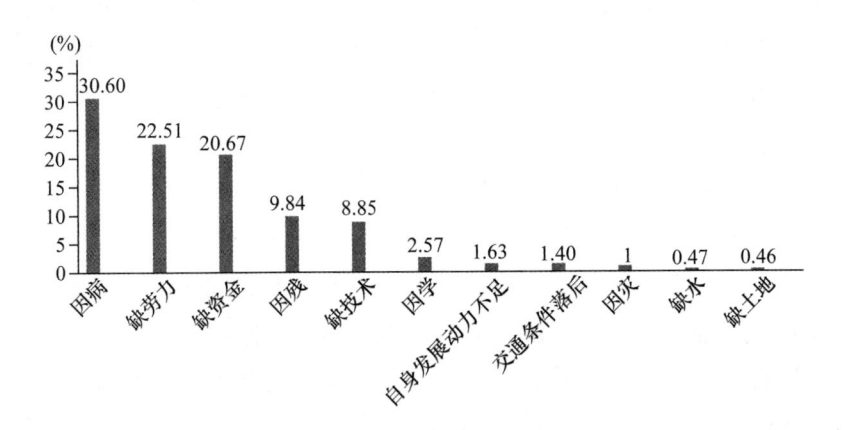

图 5-6　涞源县贫困户主要致贫原因

资料来源：涞源县扶贫开发办公室。

（三）贫困特点

2018 年 1 月，涞源县贫困发生率为 16.7%，比 2017 年底全国贫困发生率 3.1% 高出 13.6 个百分点。2017 年涞源县农村居民人均可支配收入 6863 元，比全国农村居民人均可支配收入低 6569 元。作为深度贫困县，涞源县的贫困状况有以下五个方面特点。

1. 自然条件艰苦，生产条件落后

涞源县水资源相对丰富，但河岸两侧耕地较少，耕地多为山坡次地，土地贫瘠，水资源难以得到有效利用。在此地理、水文和气候条件下，农作物一年只能成熟一季，且可耕种的品种较少，产量不高，农业收入严重受限。此外，涞源县面积达 2448 平方千米，人口只有 27 万人，人员居住分散。全县 1029 个自然村中 5 户以下的自然村还有 248 个，6—15 户的自然村还有 227 个。因此除县城外，其他区域难以形成人口集聚效应。同时，涞源县农业生产基础设施落后，排灌设施、耕收机械化程度低，农业生产率较低。

2. 产业结构单一，增长动力不足

长期以来，涞源县主要经济发展动力来自矿产资源。2012 年以后国际大宗商品价格大幅度下挫，国内钢铁、煤炭产能过剩，双重叠加效应对涞源县经济产生了严重冲击。同时，随着环首都经济圈的发展，高污染、高能耗企业逐步下马，这对涞源县的财政收入产生了重大的影响。深山区农村缺乏产业覆盖，产业项目结构单一、抗风险能力不足，对贫困户的带动作用有限。部分贫困户中的劳动力受照顾老弱病残限制，不能外出打工。

3. 公共资源短缺，人力资本匮乏

公共产品供给的不足，导致涞源县脱贫的资本积累严重不足。涞源县严酷的自然条件与落后的基础设施，导致教育、卫生与公共服务资源的严重短缺。虽然学校条件正在逐步改善，免费教育年限在延长，医院保障水平在提高，但优秀教师、医生仍然缺乏，这是涞源县面临的难题和突出短板。贫困户生活条件差，部分深山区自然村医疗卫生条件有限，医疗服务能力较低。因病、因残增加了家庭支出，同时降低了家庭劳动力水平，使得贫困家庭更加贫困。由于居住分散，上学路程远，缺乏教育设施设备，教师队伍水平不高，不少学校教学质量难以得到有效保障。教育基础差和软硬件环境互相制约，导致当地劳动力素质偏低、人力资本积累不足。

4. 文化水平低，思想观念落后

在纳入统计的29124名贫困人口中，小学文化及文盲半文盲人员占比高达71.12%。贫困人口受教育程度低，一方面会导致贫困人口思想观念落后，故步自封，不思进取，脱贫内生动力严重不足。再加上深度贫困地区交通封闭，逐渐形成了自给自足的小农经济，与现代市场经济相脱节。另一方面会阻碍贫困人口培养现代信息接受能力，不能掌握和运用先进技术，在发展现代农业、特色产业方面难有突破。同时，受教育程度低的贫困人口还面临技术缺乏、外出务工受限的情况，只能选择从事劳动报酬相对较低的体力劳动。

（四）扶贫现状

自改革开放以来，涞源县扶贫开发工作经历了五个阶段，即改革带动式扶贫阶段（1978—1985年）、规模开发式扶贫阶段（1986—1993年）、重点攻坚式扶贫阶段（1994—2000年）、多元参与式扶贫阶段（2001—2013年）、新时期精准扶贫阶段（2014年至今）。在五个阶段的扶贫开发工作中，涞源县以国家扶贫开发政策为基础，根据自身贫困特点和致贫因素，通过构建一系列扶贫开发政策体系，采取多种扶贫开发模式，在一定程度上减轻了贫困、改善了民生。新时代精准扶贫阶段，涞源县采取并实施的扶贫开发模式主要包括：财政金融扶贫、光伏产业扶贫、基础设施扶贫、生态建设扶贫以及公共服务扶贫等。

1. 财政金融扶贫

涞源县在精准扶贫阶段，积极贯彻落实《中国农村扶贫开发纲要（2011—2020）》，充分发挥政府机构在扶贫开发工作中的主导作用，制定并实施了一系列行之有效的财政金融扶贫政策。具体措施包括：将扶贫开发资金列入年度预算，从 2012 年起每年拿出地方财政一般预算收入的 1%，专项用于扶贫开发；积极争取国家及省级财政转移支付政策，力争在正常测算值的基础上提高两个百分点；落实扶贫开发项目在税收上的减免和优惠政策，符合税法规定的企业扶贫等公益性捐赠支出，可根据相应规定实行税前扣除；加大财政扶贫的金融支持力度，增加扶贫贷款总量，实施推动扶贫贴息政策，鼓励推广小额信用贷款业务。

涞源县依据河北省对深度贫困县脱贫攻坚的优惠政策，加大重点生态区转移支付力度，在各项支持指标上均达到省级相关规定标准。依据精准扶贫政策，提高到户资金规模，增强贫困户发展能力。

涞源县充分利用扶贫担保政策，探索金融扶贫新方法，全面实施"政银企户保"扶贫模式①，鼓励和引入社会资本参与扶贫。2017 年，中国人民银行涞源县支行已经安排扶贫再贷款两亿元限额周转使用，并设立汇昌扶贫小额贷款公司，注册资金达到 2000 万元。扶贫小额贷款为涞源县扶贫开发工作提供了新的金融支持手段。

2. 光伏产业扶贫

涞源县产业扶贫主要是依托自然优势，借助京津冀协同发展契机，通过产业发展，提高扶贫对象增加收入和持续发展的能力，实现稳定增收、自我积累、自我发展。产业扶贫是涞源县重点扶贫模式之一，通过扶持贫困家庭发展入户增收项目，发挥积极示范作用。涞源县以生态、绿色新兴产业为发展导向，特别是利用国家光伏产业扶贫政策，积极推进集中式光

---

① 涞源县政府网站：《2017 年涞源县政府工作报告》（http：//www.laiyuan.gov.cn/index.do? id =9669&templet = content&cid =299）。

伏扶贫电站以及村级光伏扶贫电站建设。

在集中式光伏扶贫电站方面，2016年10月17日，国家能源局、国务院扶贫开发领导小组办公室下发了《关于下达第一批光伏扶贫项目的通知》，涞源县共有两个项目成功获得建设指标，建设总规模为50兆瓦。获批的两个项目分别是：首奥新能源发电有限公司涞源县30兆瓦光伏发电扶贫电站项目，获批20兆瓦建设规模；英利光伏电力有限开发公司涞源县40兆瓦光伏扶贫电站项目，获批30兆瓦建设规模。项目分别由首奥新能源发电有限公司、英利光伏电力有限开发公司投资经营，河北省政府统一以地方额外电价补贴作为政府资金投入。按照每位贫困人口对应30千瓦计算扶贫标准，上述两个项目建成后，可为每位贫困人口带来每年3000元、持续20年的稳定收入。

在村级光伏扶贫电站方面，2016年12月30日，河北省发改委、河北省扶贫办下发了《关于下达2016年第一批村级光伏电站并网计划的通知》，发布了涞源县46个建档立卡贫困村的村级光伏扶贫电站建设计划。计划确定每个建档立卡贫困村可建设300千瓦光伏扶贫电站1座，总装机量为13.8兆瓦，可帮扶贫困人口2760人。按照每位贫困人口对应5千瓦计算扶贫标准，即建设1个300千瓦的村级扶贫电站，可帮助60位丧失劳动能力的建档立卡贫困人口实现脱贫。其中每人可获得持续20年、每年3000元的稳定收入。此外，每个村级扶贫电站，每年向所在村集体支付人民币2万元，作为贫困村集体收入，持续支付20年。

3. 基础设施扶贫

涞源县依据"城乡统筹、三化同步"的部署，通过基础设施扶贫，进一步改善贫困地区生产生活条件。在基础设施项目方面，主要加强贫困地区农业农村基础设施建设，包括实施农村饮水安全工程，提高农村饮用水水质和保障水平；推进贫困地区乡村道路建设；加快贫困村电网改造升级，实现户户通电；完成农村贫困家庭危房改造，改善基本居住条件等。

其中，在加快农村路网改造升级方面，涞源县结合"十三五"公路建设规划，上报了公路建设项目，特别增加了易地扶贫搬迁安置区道路项目，积极与省交通运输厅、市交通运输局进行部门对接。涞源县已经召开相关会议，向上级部门汇报公路建设中存在的困难和建议。

另外，在改善贫困户住房条件方面，华夏幸福投入巨额资金，对71

个村庄的危旧房屋、基础设施和公共服务设施进行改造提升，惠及群众9400户、2.27万人。十八盘、斜山幸福新村交付使用，下老芳、团圆、汤子岭幸福新村建设快速推进；南坡底、北坡底、土巷口、留家庄村基础设施提升工程全面完工。2018年完成危房改造2843户，全县村容村貌、户容户貌发生了翻天覆地的变化。

4. 生态建设扶贫

涞源县根据河北省农村扶贫开发工作的要求，重点实施退耕还林、退牧还草、水土保持、防护林体系建设等生态修复工程；建立健全区域性生态补偿机制，加大重点生态功能区生态补偿力度。涞源县根据自身发展状况，大力推进造林绿化，计划每年植树造林不低于10万亩，并实现全县森林覆盖率达到38%的目标。2018年，涞源县脱贫攻坚造林合作社筹备组建。

此外，2016年，涞源县林业局、涞源县财政局、涞源县扶贫办按照"县建、乡聘、村用"的原则，联合下发了《涞源县建档立卡贫困人口生态护林员招聘工作的通知》，制定了《涞源县建档立卡贫困人口生态护林员选聘实施方案》，并组织实施了选聘工作。涞源县共招聘210名建档立卡贫困人口生态护林员，乡镇与生态护林员签订管护合同；林业局联合县扶贫办信息中心进一步核实乡镇选聘生态护林员信息，确保选聘生态护林员为建档立卡贫困人口。建档立卡贫困人口护林员工资发放，经信息核对无误、考核合格后，护林员工资实行按季度发放，每人每季度2000元。

5. 公共服务扶贫

涞源县在公共服务扶贫，特别是教育、社会保障、医疗救助等方面，开展了积极有效的工作。教育方面，实施从幼儿园到高中阶段"15年全免费教育"。自2013年以来，涞源县累计投入免费教育资金2亿多元，惠及12.3万名在校生。通过持续开展的"金秋助学"活动，自2009年以来，2019名贫困本科学生得到资助，发放助学金677.05万元，有效地解决了贫困学生上学难的问题。社会保障方面，涞源县积极推动社会保障扩面、提档，对需兜底脱贫的21261人跟踪服务，确保应保尽保。自2016年1月起，实现了低保线和扶贫线"两线合一"，当年全县城乡低保、五保参保人员共计27890人（2016年新增11798人），其中城镇低保5454人（新增71人）、农村低保20710人（新增11045人）、五保1726人

(新增682人），实现了"应保尽保"。在医疗救助方面，涞源县加强医疗保险和医疗救助，通过增加临时救助资金、医疗救助资金、资助新农合等多项措施，对城乡低保、五保、建档立卡贫困户实行医疗救助全覆盖。

三 涞源县扶贫模式

涞源县始终将脱贫攻坚作为重大政治任务和第一民生工程，全面贯彻落实"六个精准""五个一批"要求，实施了"4324"精准脱贫工程。即按照"发展产业带动脱贫一批，不具备生存条件搬迁脱贫一批，生态补偿一批，发展教育脱贫一批，兜底社会保障一批"的工作思路和要求，通过发展旅游产业，带动4万人稳定脱贫；建设优质核桃、优质杂粮和中草药3个十万亩农业种植园区；建设蔬菜产业带和鲜果产业带2个一万亩产业带；扶贫移民搬迁4万人，以"易地搬迁+全域旅游+产业扶贫"的模式，确保2019年稳定脱贫。

（一）精准扶贫模式

1. 易地搬迁

涞源县制定了《涞源县易地扶贫搬迁"十三五"规划（2016—2020年）》《涞源县易地扶贫搬迁"十三五"实施方案（2016—2020年）》《涞源县2016年易地扶贫搬迁计划》，将搬迁对象全部规划到村、到户、到安置点。涞源县还研究制定了9种贫困信息统计表，把全县贫困人口分门别类地摸清底码，全部细化分解到了"五个一批"计划里。特别是涉及全县43535人的易地搬迁任务，全部精准到户，精准到人，为精准脱贫奠定了坚实基础。在搬迁工作上，涞源县按照扎实推进，"两步走"① 的思路，启动实施48个片区、43535人的搬迁工程。第一批5个易地搬迁安置区位于县城和白石山镇，第二批43个安置区主要位于中心镇、中心村，实现就近安置。

---

① 河北省"十三五"易地扶贫搬迁工作分为"两步走"，2016—2017年完成易地扶贫搬迁12.6万人；2018—2020年，积极争取国家支持，对其他符合条件、有搬迁意愿的29.4万农村人口实现应搬尽搬。

2. 全域旅游

涞源县以白石山5A级景区旅游品牌和河北省首届旅游发展大会为支撑，采取"一景一区一策"的方式，加快景区开发，大力推进"乡村观光游""康养游"，建设"民宿村"，推广"景区带村、能人带户"模式，全面提升旅游综合实力和水平，提升旅游带动群众脱贫致富的能力。重点开发以白石山、仙人峪、空中草原三个景区为核心的旅游产业带，以点带面，把自然、文化、历史资源丰富的村全部打造为旅游示范村，重点发展历史文化旅游、乡村旅游、智慧旅游、自助自驾旅游、运动休闲旅游、健康养生等以文化旅游为主的旅游业态。辐射带动周边区域脱贫致富，直接和间接促进贫困人口增收。

3. 产业扶贫

三种特色农业，是指建设十万亩优质核桃农业种植园区、十万亩优质杂粮农业种植园区、十万亩中草药种植园区。十万亩优质核桃农业种植园，主要分布在县城以南唐河流域；十万亩优质杂粮农业种植园，主要集中在地多水少的县城西北部山区。以白石山旅游片区、走马驿"国家优质核桃种植基地"、水堡和金家井香菇种植基地、金家井"全国无公害谷子种植示范基地"、南屯和五十亩地"国家蔬菜标准园"、留家庄和南马庄"中草药标准化种植示范园"六大基地为平台，加大土地流转力度，壮大规模、增加辐射、提升效益。特别是每类产业均明确到户、精准到人，形成贫困人口全覆盖，努力实现"一乡一业""一村一品"的产业发展目标。2018年，涞源县种植核桃达到9万亩、中草药达到6万亩，"涞源小米"牌谷子达到4万亩，共有蔬菜大棚1300座、规模养殖场160家，辐射带动4万多贫困人口实现就业增收。

"2个一万亩产业带"是指建设一万亩蔬菜产业带和一万亩鲜果产业带。涞源县通过制定《涞源县扶贫项目实施管理办法》《涞源县人民政府2017—2020年食用菌产业发展的若干扶持政策》《涞源县人民政府2017—2020年度新型家庭手工业扶贫示范项目扶持政策》《涞源县扶贫开发领导小组关于特色林果产业发展的若干扶持政策》《涞源县扶贫开发领导小组关于设施蔬菜产业发展的若干扶持政策》等产业扶持政策，成立"涞源县扶贫开发项目验收领导小组"，推动产业发展，提高产业扶贫项目对贫困户的精准覆盖率。

(二)创新扶贫模式

涞源县结合山区实际,在常规扶贫方式的基础上,创新易地搬迁模式,科学谋划配套产业,按照"一个安置片区配套一个产业园区"的原则,实施迁建片区与产业园区"两区同建",扶贫工作取得了较为明显的成效。以"两区同建"为导向的发展战略和路径创新,让涞源县贫困群众实现了在家门口就业、脱贫致富的目标。

"两区同建"一方面是"两步走"易地搬迁规划,另一方面是安置区周边重点发展扶贫产业,如食用菌、中药材、手工业、优质林果、设施蔬菜等主要扶贫产业。主要建设县城和白石山两个扶贫产业园区,同时在50个搬迁村周边分别集中布局手工业、光伏发电产业和现代农业,确保贫困群众能够"搬得出、有事做、能致富"。

第一,在县城和白石山两个集中搬迁片区周边,各建设一个高标准扶贫产业园区,引进丰台、高碑店、白沟新城等地的劳动密集型企业入驻经营,全力推进安国祁岭药业进驻建厂,形成10万亩的地道药材种植基地,吸纳贫困群众就近就业。

第二,深入实施农业供给侧结构性改革,建设北京周边有机绿色农副产品供应基地,培育品牌,提高农产品附加值,促进一二三产业融合发展。按照"产业明确到户、精准覆盖到人"的要求,强力推动白石山旅游片区,周村、张家村、龙门村食用菌种植基地,南屯和五十亩地"国家蔬菜标准园",留家庄和南马庄"中草药种植示范园",东团堡六旺川生态养殖等重点项目建设;调整种养结构,全县种植核桃9万亩、中草药6万亩、食用菌3000亩,规模养殖场达到160家、旅游农家院达到300家;大力开展"车间进农村"行动,扩大家庭手工业项目布点和规模,手工加工达到160家以上,逐步形成"县有片区、乡有产业、村有项目、户有支撑"的扶贫产业发展格局。

第三,抓好金融、电商和光伏扶贫,充分利用扶贫担保政策,探索金融扶贫新路子,切实发挥扶贫担保公司的作用,全面实施"政银企户保"扶贫模式,撬动社会资本参与扶贫。

四 问题与建议

（一）扶贫开发工作中存在的问题

1. 旅游业对其他行业的拉动作用有待提升

近年来，涞源县依托环首都旅游圈和太行山旅游带的优势，积极发展乡村旅游，品牌效应已经初步显现。但由于还存在旅游主题定位不明确、旅游缺乏文化内涵等发展模式不够鲜明的问题，涞源县旅游业的经济带动效应并没有充分展现，旅游业对农业、交通、教育、商业、餐饮等行业的拉动作用还有很大的提升空间，旅游业的产业链也还有待进一步延伸。

2. 农业市场竞争力与抗风险能力有待加强

涞源县以核桃种植基地、香菇种植基地、全国无公害谷子种植示范基地、国家蔬菜标准园、中草药标准化种植示范园等6大基地为平台开展农业产业扶贫，尽管从目前来看，具有较好的扶贫发展效益，但还需慎防陷入"增产不增收"的困境。从农产品的品种结构上看，名、优、特、稀、珍品种较少，大路农产品较多，难以适应优质、多样、反季节、营养保健、绿色无公害等需求，农业结构不尽合理，农业经济效益较低，直接影响了农民的增收，扶贫开发工作将面临严峻的考验。此外，"龙头企业+基地+农户"的订单农业发展模式，对企业和农户来说都存在较大的潜在风险。农户只负责生产，企业只负责销售，这种模式容易出现供需失衡或供需不匹配等问题。

3. 易地搬迁的后续产业发展支撑不足

易地扶贫搬迁后如何确保贫困户"能致富"？在河北阜平考察扶贫开发工作时，习近平总书记提出："贫困地区发展要靠内生动力，如果凭空救济出一个新村，简单改变村容村貌，内在活力不行，劳动力不能回流，没有经济上的持续来源，这个地方下一步发展还是有问题。一个地方必须有产业，有劳动力，内外结合才能发展。"

目前，涞源县搬迁点只解决了搬迁户的居住、交通、饮水等基本生活问题，但将来靠什么脱贫致富，还有待进一步明确目标和采取措施。扶贫开发工作如果对后续产业发展支撑重视不足，可能会形成集体脏、乱、差和"抱团穷"等新的不稳定群体。扶贫开发工作不仅要明确易地搬迁的精准安置方式，更重要的是要从中长期的角度审视易地搬迁后续产业发展的内部优势和劣势、外部机遇和挑战等，系统思考后续产业发展的策略，包括重大任务、重点工程、空间布局安排以及行动计划等，确立易地搬迁与产业发展的统筹思维，更重要的是要把后续产业纳入地区整体产业的发展框架内，加强各产业间的相互协调和促进。

（二）对策建议

1. 延拓旅游业产业链，促进旅游业与其他产业的融合发展

旅游消费是最终消费、多层次多样化消费和可持续消费，具有很强的融合能力和巨大的增长潜力，是新常态下扩大消费的重要动力源。要以农耕体验、教学体验、民俗技艺体验、教育解说服务、乡村旅游、农庄住宿、风味餐饮、农产品销售、地质科研与教学等多种形式充分发挥旅游在扩内需、稳增长、增就业、减贫困、惠民生中的独特作用。

2. 大力推进"互联网+旅游业"发展，完善旅游市场开拓手段

充分发挥互联网的规模优势和应用优势，推动旅游与互联网融合发展，提高旅游创新能力和创新优势，挖掘旅游发展潜力和活力。通过对景区客源结构数据的分析，实时推送涞源县的旅游路线和景点服务，提升游客的旅游体验。立足大数据，对旅游者的体验评价、关注焦点等进行实时跟踪、阶段分析，建立旅游目的地在线声誉评价机制、旅游流量监测和预警机制，借助信息化为景区决策提供科学依据。

3. 完善配套建设，以产业发展推进易地搬迁贫困户的市民化

要精准选择安置方式，按照有利于城镇化、有利于搬迁户生计发展原则，围绕就业和增收两大目标选择安置点。此外，还要做好易地扶贫搬迁贫困户的新居、安置地的基础和公益设施建设，大力支持安置点的工业园区、农业园区发展，夯实易地扶贫搬迁户的就业渠道。更重要的是，需要用发展的办法引导贫困户找到长久脱贫、持续发展的理念，引导贫困户重新构建新的生计模式。政府部门还要帮助贫困户重新估算外部环境的变化和自身资产及条件的变化对生计发展的影响，完成家庭生计模式的针对性调整。

第六章

广西壮族自治区西林县精准扶贫调研报告

广西壮族自治区百色市西林县是一个集"老、少、山、穷、库"于一体的国家级扶贫开发工作重点县，贫困面大、贫困人口多、贫困程度深。2017年，西林县扶贫开发工作进入啃硬骨头、攻营拔寨的冲刺期。西林县地处云贵高原余脉，人均土地面积少，传统农业生产收入比较低。但是西林县拥有高达76.6%的森林覆盖率，以及超过1000万立方米的森林蓄积总量，是中国国家木材战略储备基地之一，更是中国国家重点生态功能区。从精准扶贫"五个一批"出发，"生态立县"的西林大力推广生态农业，以沙糖桔、茶叶两个国家地理标志品牌产品为主导产业，加上网箱养鱼、麻鸭养殖，解决了全县70%的贫困户产业扶贫难题。2017年7月，课题组对广西西林进行了国情调研，并根据西林县基本贫困状况及致贫成因，对该县实施的生态扶贫实践进行了深入研究和分析，这为新时代中国精准扶贫模式研究与创新提供了典型案例。

一 西林县基本情况

西林县位于广西壮族自治区的最西端，地处桂滇黔三省（区）结合部，素有"广西西大门"之称，是广西西进和云贵东出的主要门户之一，属天生桥一级水电站重点淹没库区。西林县总面积3020平方千米，辖4镇4乡94个村3个社区，有壮、汉、苗、瑶、彝、仡佬6个世居民族，总人口为16万余人，少数民族比例达90.7%，其中库区移民为1.36万人。1963年经国务院批准设立西林县，1992年经广西壮族自治区人民政府批准享受民族自治县待遇[①]。西林县是广西壮族自治区 54 个贫困重点县之一，也是国家级贫困县之一。

（一）区位交通

西林县县境东西最大横距 116 千米，南北最大纵距 79 千米，最窄 12.6 千米，版图呈东西长，南北窄，西端大的"哑铃行状"。西林县东连田林县，北接隆林各族自治县，西北毗邻贵州兴义市，云南省罗平、师宗县，南邻云南省的邱北、广南、富宁三县。东至那劳乡洞坚村新寨以东的巴山，与田林县定安的狼当屯接壤。西至八大河清水江寨，与云南省罗平县八大河以南盘江为界。南至那佐苗族乡新隆村良同屯以南 3 千米与富宁县那翁乡和广南县杨柳井乡平山屯（以西洋江）为界。北至贵州兴义市胜利乡三江日屯接界。

（二）自然禀赋

西林县全县森林覆盖率达 76.6%，森林蓄积总量达 1093 万立方米，是国家木材战略储备基地之一。2012 年获评"全国生态文明示范工程试点县"，2014 年获得"中国桫椤之乡"称号，2016 年被列为国家重点生态功能区。西林县旅游资源丰富，有万峰湖景区、周邦洞群、那劳岑氏建筑群、古商埠达下句町古国遗迹、铜棺、铜鼓墓葬遗址等一批历史悠久、景色奇异的自然人文景观。西林县地处云贵高原余脉，平均海拔 890 米，大部分土地均系陡峭高山，特别是八达镇、普合乡、那劳镇、那佐乡等乡镇的大多数村屯均地处高山地带，土地利用效率相当低。

在产业方面，沙糖桔和茶叶为该县两大支撑产业。2017 年，西林沙糖桔种植面积达 17.4 万亩，已投产面积 7.5 万亩，茶叶种植面积已达 11.83 万亩。西林县已获得"中国沙糖桔之乡""全国有机农业示范基地（茶叶）"等荣誉称号；"西林沙糖桔""西林麻鸭""西林姜晶""西林火姜"等农产品成为国家地理标志保护产品；生姜、薏谷、茶油、黑木耳、灵芝、板栗、八角、茶籽油、蜂蜜等土特产品因生态、有机而闻名自治区内外。

---

① 资料来源于西林县人民政府网（www.gxxl.gov.cn）。

（三）经济社会发展状况

西林县近年经济社会发展迅速。2017年，全县地区生产总值完成25.77亿元，增长7.6%；财政收入完成1.93亿元，增长7.07%；固定资产投资完成32.08亿元，增长10.52%；社会消费品零售总额完成6.93亿元，增长11.2%；城镇居民人均可支配收入完成24531元，增长9%；农村居民人均可支配收入完成9275元，增长12%；三次产业结构比为38.6∶20.9∶40.5，产业结构更趋合理。2018年，田林至西林高速公路、广西西林—云南广南扶贫生态产业合作示范园（以下简称土黄工业园区）、城西新区、易地扶贫搬迁配套物流园区、月亮山公园、罗湖小学、八达镇初级中学等一批重大项目开工建设。由于西林地处三省交界的独特地理位置，近年来，西林与滇、黔、桂三省（区）接边县（市）不断扩大区域合作，在党建、计生、维稳等工作开展共建共管。成立了桂、滇、黔跨省（区）联合党工委，与云南省广南县合作筹建"跨省区生态农业产业合作示范园区"等，实现接边区域和谐稳定，连续12年荣获"广西平安县"称号。

二　西林县扶贫状况

（一）贫困情况

2015年10月通过新一轮精准识别后，西林县共识别出贫困村41个，贫困人口7086户28911人，人均纯收入2800元以下，贫困发生率为20.39%。经过2016年的扶贫开发，完成2个贫困村出列，6612名贫困人口脱贫摘帽。下面将使用课题组在调研中获取2017年西林县7034名贫困人口建档立卡数据对当地基本贫困情况进行分析。

从贫困人口的空间分布来看，西林县共辖4镇4乡（其中有3个民族乡），每个乡镇均有贫困人口分布。从绝对贫困人口数量上来说，县城西南部的那佐苗族乡贫困人口最多，接近2000人，西部的古障镇贫困人口次之，达到1450人；县城西部的马蚌乡、东南部的西平乡和足别瑶族苗族乡、县城东部的那劳镇贫困人口较少，均不到500人。西林县全境多山，靠近云贵省界海拔更高的乡镇的贫困人口更多，而山势稍缓的东部贫困人口较少（如图6-1）。

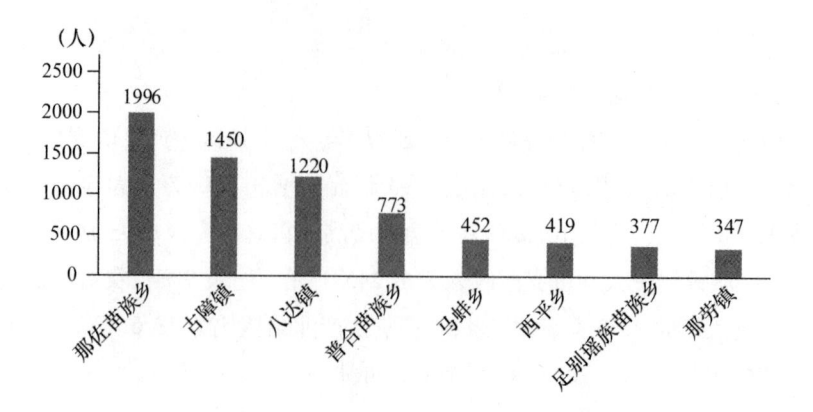

图 6-1 西林县贫困人口空间分布

资料来源：西林县扶贫开发办公室。

从贫困人口的收入水平来看，人均收入小于 1000 元/年的贫困人口数量较少，约占 3.81%；而超过 9000 元/年的贫困人口占比达到 20.33%。贫困人口中大部分人均收入水平在 3000—9000 元/年，总占比达 57.15%，超过贫困线（人均收入 2500 元/年）的贫困人口占比达 82.85%。收入水平在 1000—2500 元/年的贫困人口占比为 13.34%，这部分贫困人口有望在近一两年内通过扶贫攻坚，逐步摆脱贫困（如图 6-2）。

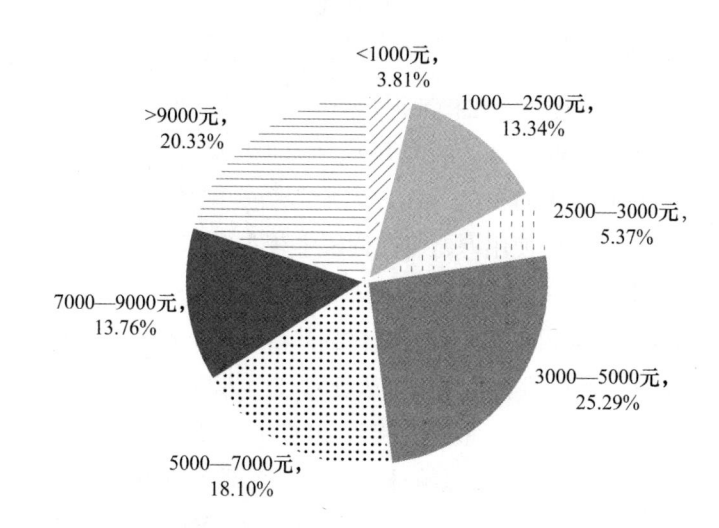

图 6-2 西林县贫困人口收入水平情况

资料来源：西林县扶贫开发办公室。

从年龄层次来看，未成年人约占 0.21%，这部分贫困人口现阶段基本没有收入，但未来形成劳动力后，可以快速脱贫。19—30 岁贫困人口占比 7.45%，31—40 岁贫困人口占比 29.88%，这部分贫困人口劳动能力较强，可以通过产业帮扶达到较好的脱贫效果。41—70 岁贫困人口占贫困人口的比例达到 58.34%，其中 41—50 岁的贫困人口比率最大，占比为 35.39%。这部分人口是扶贫开发的主要对象。70 岁以上人口占 4.12%，这部分人口基本丧失劳动能力，需要财政进行兜底（如图 6-3）。

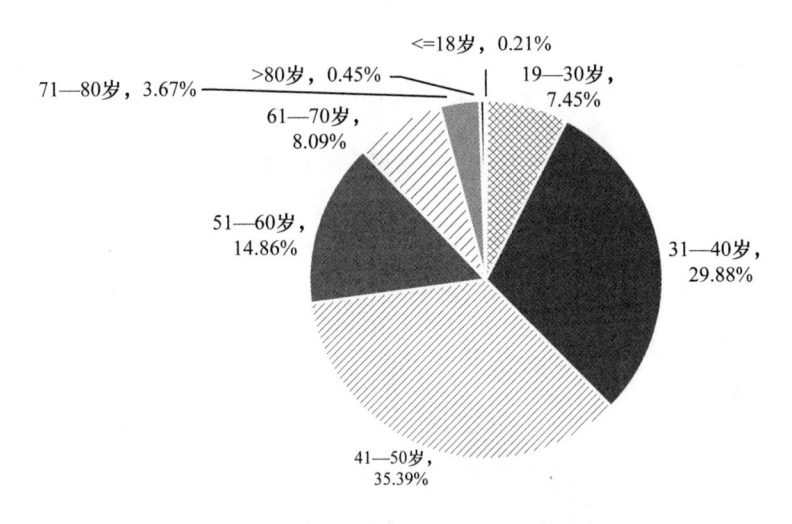

图 6-3　西林县贫困人口年龄结构情况

资料来源：西林县扶贫开发办公室。

从文化程度来看，贫困人口中文盲或半文盲占比为 20.73%。受制于西林县经济发展水平，其贫困人口文盲率较高。小学和初中文化两个组分别占贫困人口的 56.99% 和 19.76%；高中和大专及以上两组贫困人口占比总计为 2.52%（如图 6-4）。

从劳动能力来看，无劳动力和丧失劳动力的贫困人口占比不大，合计占比为 16.87%，这部分人口很难通过技能培训实现自主脱贫，因此是扶贫开发工作的重中之重；普通劳动力占比达到 82.80%，这部分贫困人口适合劳动密集型企业，可能通过产业帮扶、技能培训取得较好的扶贫效果；另外，技能劳动力非常少，总计只有 23 人，占比仅为 0.33%，这部

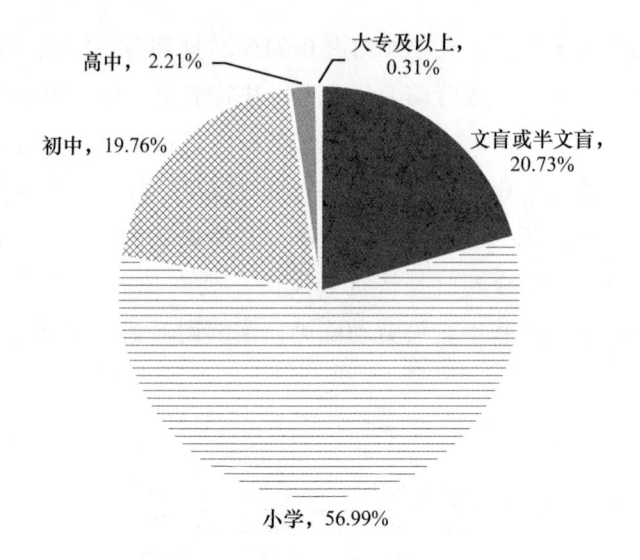

高中，2.21%
大专及以上，0.31%
初中，19.76%
文盲或半文盲，20.73%
小学，56.99%

图 6-4　西林县贫困人口文化程度

资料来源：西林县扶贫开发办公室。

分贫困人口容易通过自我努力脱离贫困（如图 6-5）。

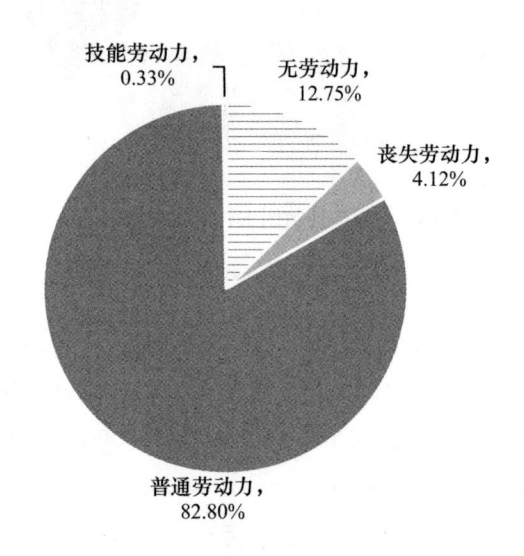

技能劳动力，0.33%
无劳动力，12.75%
丧失劳动力，4.12%
普通劳动力，82.80%

图 6-5　西林县贫困人口劳动能力

资料来源：西林县扶贫开发办公室。

从 7034 例贫困人口的分布特征，可以得出以下几个结论：空间分布方面，云贵边境高海拔地区贫困程度较高，山势稍缓地区贫困程度略低一些；收入水平方面，人均纯收入为3000—9000元/年的贫困人口占比最大，达到57.15%；年龄层次方面，40—70岁的贫困人口占比接近六成，为扶贫开发的主要对象；文化程度方面，初中及以下学历的贫困人口占比巨大，达到97.48%；劳动能力方面，无劳动力及丧失劳动力的贫困人口占比达到16.87%。综合诸多因素来看，西林县贫困人口的主要特征包括：居住在高海拔地区、收入水平刚刚越过贫困线、年龄偏大、文化程度不高、劳动能力较差等几个方面。

（二）致贫原因

西林县扶贫开发办公室扶贫开发相关数据显示，西林县贫困人口致贫原因主要有以下几个方面：一是因残致贫。部分残疾人口家庭因无劳动能力、无一技之长而无生活、经济来源，长期处于贫困状态。二是因病致贫。贫困农户中有长期生病或重大疾病患者，不但不能通过劳动获得收入，而且需要长期或一次性支付高昂的医疗费用，有的甚至因此债台高筑。因病致贫的贫困户长期患病，自身无精力和信心摆脱贫困；三是因灾致贫或返贫。部分农户家庭经济基础较差，若遇天灾人祸，如种植业减产减收，养殖业遇瘟疫，或因家庭成员突然伤残、死亡或其他自然灾害等，就可能造成贫困或再次返贫。四是因缺资金、缺技术而导致难以脱贫。部分贫困农户的经济状况处在脱贫的临界线上，但因家庭经济基础薄弱缺乏资金，同时文化素质较低，发展家庭经济缺乏技术、管理能力等，外出打工收入也与非贫困户有很大差距，缺乏脱贫致富的信心和决心。五是因小部分贫困农户"等、靠、要"思想比较严重，不愿外出务工，村里的"脏活累活"给钱也不干，以政府补贴维持生活。

（三）贫困特点

1. 产业基础薄弱，收入增长困难

贫困群体科学文化素质普遍不高、市场化意识不强，传统的"家庭式"自产自销思想根深蒂固；农技推广体系不健全，机械使用率较低；种植栽培管理粗放，产量较低，优质品种比例较小，市场竞争力低。产业发展基础落后，底子薄、起步晚，农民持续增收十分艰难。

2. 贫困人口基数较大,整体脱贫困难

按照新一轮建档立卡的标准,全县仍有贫困村 41 个、贫困人口 28911 人。贫困群体主要集中在高寒边远地区、生态脆弱区和自然灾害易发区,自然条件恶劣、基础设施落后、生产生活条件差,贫困对象受教育程度低、综合素质低、技术能力低,自我脱贫难度大。

3. 地理条件恶劣,基础设施滞后

西林县是典型的山区林业县,山地多平地少,贫困人口分布区域广。自然村分散,基础设施滞后,整村推进难度大。大多数贫困人口都生活在山区,边远偏僻,交通不便,信息闭塞,环境恶劣,生产生活条件落后且成本高昂,对贫困地区发展产业形成巨大的挑战。

(四)扶贫现状

西林县 2017 年全年共筹措扶贫资金 4.2 亿元,投入基础设施、产业发展、易地扶贫搬迁、住房改造等方面建设,完成 12 个村脱贫出列,2542 户 11119 人脱贫摘帽,超额完成 2 个贫困村脱贫出列,241 户 1044 人的脱贫任务,全县贫困发生率降至 9.61%。

基础设施方面,西林县完成 44 个贫困村 71 条通屯道路硬化及 151 个屯内道路硬化建设,完成危房改造 855 户,其中贫困户危房改造 367 户,完成农村改厨改厕各 4000 户、村级公共服务中心建设 25 个。完成农村电网改造 45 个台区、行政村通网络宽带建设项目 41 个、农村饮水安全巩固提升工程 149 个。

产业扶贫方面,西林县实施扶贫产业"4510"工程[1]和贫困村"1110"工程[2],出台《西林县扶贫产业奖励补助试行办法》,扶持贫困户产业奖

---

[1] "4510"工程:4 是指大力发展特色产业,努力打造 4 个十万亩产业,即十万亩水果、十万亩茶叶、十万亩油茶、十万亩以铁皮石斛为主的林下经济;5 和 10 是指乡(镇)分开建设为主,规划建设扶贫产业园,吸收贫困户和贫困村入园建设经营,力争贫困户户均拥有种植类产业 5 亩以上,每个村集体拥有种植类产业 10 亩以上,确保贫困户和贫困村集体经济都有稳定收入。

[2] "1110"工程:一是购买 1 个门面。为 41 个贫困村在县城各购买一个 20 平方米的门面,委托给西投集团统一经营管理,收取的租金作为村集体经济收入。二是入股 1 个市场。整合资金作为 41 个贫困村产业发展资金入股到县、乡(镇)农贸市场,按照年回报率 10% 作为贫困村集体经济收入。三是发展 10 亩水果。为 41 个贫困村每个村购买 10 亩水果,再将果园承包给龙头企业统一经营管理,由每个贫困村收取租金。

补资金共计2335.81万元，受益贫困户5262户；投入2350万元发展贫困村村集体经济，实现每个贫困村村集体经济收入达2万元以上；投入2600万元实施西林县驮娘江新区易地扶贫搬迁配套物流中心项目，为贫困村和深度贫困户发展兜底产业。

易地扶贫搬迁方面，西林县累计投入4.03亿元，实施易地扶贫搬迁安置点工程项目，完成住房建设1098套，完成安置881户4049人。

金融扶贫方面，西林县完成7069户评级授信，为4370户贫困户发放贷款2.04亿元，政府支付贴息资金912.52万元，扶贫龙头企业为贫困户分红资金610.89万元。

教育扶贫方面，西林县累计投入1.88亿元实施"改薄计划"、校舍维修、仪器采购等项目；投入1150.53万元实施农村义务教育学生营养改善计划，受益学生2.86万人；发放"雨露计划"[①] 等各类助学资金3598万元，惠及学生4.1万人次；适龄儿童入学率达99.92%，初中适龄少年入学率达97.24%，三类残疾适龄儿童入学率达80.82%；全年公开招聘教师351名，全县教师空编率由22.8%降至8.9%。

健康扶贫方面，西林县开展健康扶贫"五个一"工程[②]，建立贫困人口健康档案29010人，完成贫困人口家庭医生签约服务7086户；投入78.3万元为建档立卡贫困户购买商业健康保险，投入300万元为贫困户住院患者实施医疗报销兜底保障；落实农村贫困人口住院患者先诊疗后付费制度，贫困户健康得到有力保障。

东西部扶贫协作方面，2017年深圳市帮扶西林县2000万元用于建设八达镇中心小学，罗湖区帮扶300万元用于新丰村、龙保村、者底村、坡皿村等贫困村建设食用菌种植、铁皮石斛仿野生种植、蜜蜂养殖等3个项目。帮助开展就业培训3期，选派14名教师开展教学培训交流，选派6批次医疗人员开展医疗帮扶工作，选派6名医生常驻西林开展医疗帮扶，

---

① 雨露计划：是西林县农村建档立卡贫困户（含尚在2年继续扶持期内的2016年退出户、2017年脱贫户）中，针对接受中、高等职业学历教育、普通高校本科学历教育和参加技能培训的青壮年劳动力，按照补助条件和标准，给予一定的补助资金。

② 建立一份健康档案、提供一份健康教育处方、落实一名家庭签约医生、建立一项医疗保障制度衔接、购买一份健康扶贫保险。

相关部门和爱心人士捐赠物资和资金共计93.35万元。①

三 西林县扶贫模式

(一) 精准扶贫模式

1. 产业扶贫

西林县深入实施"4510"工程和"1110"工程,确保全县有4个十万亩特色产业,41个贫困村每个村都有1个(含)以上特色优势产业,有1个(含)以上合作组织,贫困户户均拥有水果或者油茶5亩以上。

2. 易地搬迁扶贫

西林县坚持统一规划、分期实施、群众自愿、积极稳妥的原则,以集中安置为主,采取依托重点乡镇、产业园、乡村旅游区、中心村安置等方式,完成易地扶贫搬迁8846人。

3. 基础设施建设扶贫

一是开展贫困村通屯道路建设攻坚战,完成41个贫困村71条通屯水泥路和65个屯屯内道路硬化建设;二是针对贫困户住房面积不达标问题,结合宜居乡村"三改"工程(实施农村改厕、改厨和改圈工程),鼓励贫困户通过新建、扩建,增加配套设施等方式解决面积不达标的问题;三是实施巩固提升农村饮水工程,确保农户有安全饮用水达标率98%以上;四是提高电网供电能力及整个电网的供电可靠率。

4. 教育扶贫

西林县精准实施八大教育帮扶计划,精准建设、精准帮扶、精准资助、精准就业,实现贫困地区学校保障基本、满足需要、均衡发展,实现建档立卡贫困户学生全程帮扶、全程资助、充分就业,不让贫困代际传递。

5. 医疗扶贫

西林县以贫困村为重点,实施脱贫攻坚卫生帮扶工作,提高新农合补偿和医疗救助水平,在县域内实行先诊疗后付费医疗模式,实行新农合参合缴费补助、大病分类救治,防止"因病致贫、因病返贫"。

---

① 资料来源于西林县人民政府网 (www.gxxl.gov.cn)。

6. 政策兜底扶贫

西林县以贫困人口为政策覆盖重点对象，并逐年提高农村最低生活保障平均标准和补助水平，逐步缩小低保线与扶贫线的差距，实现扶贫与低保机制有效衔接。将无法依靠产业扶持、就业帮助、移民扶贫搬迁脱贫的贫困人口，纳入低保政策兜底。

7. 信贷金融扶贫

西林县发展各类农村金融组织，创新金融产品和服务模式，配套完善信用体系，全面加大农村信贷、担保、风险等方面资金支持力度，实施"产业扶贫、就业扶贫、生态移民扶贫、助学创业、集中供养建设项目扶贫、医疗救助扶贫、扶贫小额信贷、基础设施建设"八方面扶贫贷款；同时以实施全国政策性信贷金融精准脱贫实验示范区为契机，配合百色市打造市、县两级扶贫资金融资平台，推进连片扶贫开发综合示范区建设；落实农村扶贫小额信贷投放、贴息、保险政策，切实做到"信贷金融精准脱贫到村到户"。

（二）创新扶贫模式

西林县生态公益林面积达 91 万亩，已划定林地红线，并建立生态公益林补偿基金对区域内居民进行生态补偿，其中包括建档立卡贫困户 776 户。在生态脱贫战略目标下，西林县结合其资源禀赋确定沙糖桔、茶叶、麻鸭、网箱养鱼为扶贫支柱产业。沙糖桔、茶叶两个主导产业覆盖县域大部分贫困户，网箱养鱼、麻鸭养殖能够保障库区移民脱贫致富，扶贫支柱产业已经覆盖全县的贫困户 70%。基于此，西林县构建了"生态保护＋产业扶贫"为框架的扶贫模式。

除此之外，围绕"生态保护＋产业扶贫"目标，西林县还从基础设施建设、扶贫移民搬迁、金融扶贫、贫困户产权收益、社保兜底扶贫等几个方面制定了相应政策措施，以便针对不同贫困人群提供相应帮助与支持。

在确保生态公益林不减少、严守生态保护红线的前提下，西林县依托丰富的土地资源和生态资源，利用西林沙糖桔、西林麻鸭、西林姜晶为中国地理标志保护产品的优势，发展本地特色农业，并实施产业到户扶持工程，确保每个贫困家庭都有 1 个以上的稳定增收项目。在扶贫产业方向方面，针对各户实际情况，按照宜种则种、宜养则养，宜劳务则劳务的原则，进行精准帮扶，真正做到"滴灌式"扶贫。在产业发展模式方面，采取"公司＋基地＋农户"的经营模式，通过与龙头企业、合作社等新型农业经营主体的有机结合，充分发挥其在人才、技术、信息等方面的优势，促进扶贫产业的规模化发展。西林县充分发挥资源优势，发展特色生态农业，生产无污染、纯天然的优质农产品，在带动农业产业发展转型升级的同时，更成为脱贫攻坚的倍增器。

第一，生产基地规模、区域布局基本形成。截至2015年年底，西林县以沙糖桔为主的优质水果种植面积达15.8万亩，茶园种植面积11.3万亩，网箱养殖1.1万箱，麻鸭出栏81.16万羽。西林县目前共有6个农业核心示范区，其中位于普合苗族乡大河村和新丰村的自治区级核心示范区、位于那劳镇弄南村和那劳村宫保风情岛的县级核心示范区、乡级核心示范区的主导产业均为沙糖桔；而位于古障周洞村和周约村的市级核心示范区、县级核心示范区古障镇黄果园的主导产业均是茶叶。其中，2016年全县以沙糖桔为主的优质水果年产值达到4亿元，带动6612人脱贫摘帽。

网箱养鱼是西林县马蚌库区最兴旺的产业之一。马蚌镇有7个村处于水库淹没区的腹地，前临水库，后有大山。由于缺少耕地，库区移民只能"耕渔"。在当地政府规范引导下，近几年，网箱养鱼已成为库区群众脱贫致富的支柱产业。截至2016年，马蚌镇集约化标准网箱养鱼达1.14万箱，产鱼达1.48万吨，水产产值实现3.54亿元。2017年，马蚌镇属万峰湖库区镇有6个贫困村，建档立卡贫困户452户、1836人，养鱼成为库区贫困户的主要稳定产业之一。西林麻鸭与西林沙糖桔一样是国家地理标志保护产品，主要产于那劳乡、普合乡、足别乡、那佐乡、西平乡、八达镇、古障镇、马蚌乡共6个乡2个镇94个行政村，保护面积3020平方公里，年饲养量60万只以上①。

第二，品牌化及提质增产初见成效。在西林沙糖桔和西林茶叶种植方面，西林县有"中国沙糖桔之乡"②、"全国重点产茶县"③之称；当地政

---

① 详见 http://www.bsscxm.gov.cn。
② 2011年，中国经济林协会授予西林县"中国沙糖桔之乡"。
③ 2011年7月农业部授予西林县茶叶"无公害农产品"称号。同年10月该县被评为"全国重点产茶县"，2012年再次被评为"全国十大生态产茶县"。

府着力建设以西林沙糖桔和西林茶叶为重点的现代特色农业（核心）示范区，推行农产品标准化生产，以"三品一标"为载体加强品牌建设。以获得国家地理标志产品保护为契机，建设西林县沙糖桔无病毒苗木繁育中心，扩大标准化柑桔无病毒繁育基地，力争到 2020 年实现以沙糖桔为主的优质无公害水果种植面积达 20 万亩以上。与此同时，推进有机茶叶基地建设，发展名优茶生产及深加工。在库区网箱养鱼方面，继续标准集约化网箱养殖建设和改造，指导养殖户科学、规范养殖。同时，延伸产业链，加快一二三产业融合发展，完善相关配套设施，加大发展库区"养殖—垂钓—农家乐"于一体的休闲渔业，使休闲渔业成为库区移民增收的新亮点。在西林麻鸭特色养殖方面，重点发展"龙头企业＋专业合作社＋互联网＋农户"的模式，带动农户发展、扩大养殖规模，在品质第一的观念前提下，加大西林麻鸭的市场宣传力度，创建区域性电商平台，扩大销售渠道，扩大"西林麻鸭"品牌影响力。

第三，一二三产业融合发展，产业链延伸，产品附加值提高。对于作为国家生态功能县的西林县而言，生态性既是其发展基础，又是其优势所在，是提高产品附加值的根本。而要保证农产品的生态性、高品质，严格把控质量的标准化生产是重要实现途径，这也是西林县目前主推的工作。在此过程中，完善的农业社会化服务体系具有重要支撑作用，与农产品生产具有互动互促的相互关系。2016 年，西林县农业总产值（包含农服）为 14.98 亿元，其中农业服务业完成 5.72 亿元，占总产值的 38.18%。农产品的高附加值直接体现在其市场价格上，如由于得天独厚的生态资源，加之绿色无污染的种植方式，西林沙糖桔含糖量较一般柑橘类高，口感好、营养佳，2016 年该县沙糖桔单价近 6000 元/吨，远高于 2500 元/吨的柑橘类平均价格。

四　问题与建议

（一）扶贫开发工作中存在的问题

1. 交通基础设施薄弱，交通瓶颈仍是该县发展亟须解决的突出问题

截至 2017 年年底，西林县仍然没有高速公路，屯内硬化道路占比和通宽带网络的村占比都比较低。而无论是发展生态农业还是绿色旅游产业

都需要以相对完善的交通基础设施为前提，目前西林县也正面临特色农产品如何"走出去"以及如何将游客"引进来"的难题。

2. 农业产业化程度不高，农产品品质和价格匹配度有待提高，农民的收入还比较低

扶贫产业缺乏龙头企业带动示范，产业扶贫尚未达到以"点"扶"面"的效果。因缺乏龙头企业带动，该县以沙糖桔为主的种植产业，大部分农户单打独斗，因缺技术、资金等，质量效益跟不上。以养猪、养羊为主的养殖业均以单户饲养为主，科技参与程度不够，农户经营管理水平不高，扶持产业达不到规模的效应。此外，尽管该县农产品为纯绿色无污染的生态产品，但由于销售宣传力度不足，以及规模化程度较低、农民议价能力较低等方面原因，农产品价格远低于同类产品市场价格。

3. 部分贫困户仍存在"等、靠、要"的思想，依靠科技脱贫、技术脱贫能力较差

帮扶需求方面，由于群众文化水平低，思想认识不够，没有明确的产业发展方向。有些群众还存在等、要、靠的思想，满足现状，缺乏技术，发展产业困难。比较贫困的贫困户对先易后难的扶持政策理解也有一定偏差。

（二）对策建议

2017年，西林县已形成以主导产业为躯干，覆盖全县贫困村贫困户的扶贫产业体系。并在产业扶贫方面开始组织实施"4510工程"，以确保每个贫困村、贫困户都有产业覆盖。有效的产业扶贫能够激活贫困地区的"造血功能"，是实现由"输血"向"造血"华丽转身的关键条件。需要注意的是，作为国家重点生态功能县，生态保护是西林县开展一切扶贫开发项目的前提。

第一，加大生态补偿力度。西林县2017年执行的生态公益林效益补偿标准仅为14.75元/亩·年、国有林地为6元/亩·年，而倘若居民毁生态公益林而种植经济林，其每年每亩平均获得的直接经济收入至少为400—500元。可见，管护生态公益林与经营经济林收益悬殊较大，这将挫伤居民自主自愿管理生态公益林的积极性，不利于生态公益林的长期保护。

第二，加强农产品品牌建设。贫困地区特色农业产业发展中，自主品牌影响力不高是亟须解决的一个普遍问题。西林县同样面临这个问题，由于其丰富的生态资源禀赋，其农产品品质相对较高，而市场价格却往往与之不匹配，其中一个重要原因在于品牌建设上的欠缺。因此，需要以政府为主导，牵头整合各方力量，以地理标志认定为依托，加强区域特色农产品品牌建设。通过扩大种养基地建设，打造高效高质农产品示范基地，提升农产品质量和品牌知名度，辐射带动更多贫困户脱贫致富。

第三，加强交通基础设施建设。尽管西林沙糖桔、茶叶、麻鸭、网箱养鱼等四大支柱产业在品牌化建设及提质增效方面已经取得一定成效，但离真正"走出去"还有差距，其主要问题在于交通。2017年，西林县筹划构建"出省通边"交通网络，但还未完成高速路"零"的突破。而加强交通基础设施建设、完善交通路网对该县产业发展具有重要的支撑作用和引领作用。

第七章

广西壮族自治区龙州县精准扶贫调研报告

广西壮族自治区龙州县集革命老区、边境地区、少数民族聚集区于一体，于1986年被列为国家扶贫开发工作重点县，同时又属于滇桂黔石漠化片区县。"易地搬迁+驻边守疆+边贸致富"精准扶贫模式，主要是根据龙州县地处边疆，与国外陆地接壤的地理和区位优势，将脱贫与戍边有机结合起来的精准扶贫创新模式。龙州县在边境地区、口岸附近，新建边贸城、工业园区，通过边民互助机制、易地扶贫搬迁，鼓励内地贫困人口前往边贸城和工业园附近的搬迁安置点，在边贸政策和精准扶贫政策框架内，综合使用多种帮扶措施和手段，扶贫搬迁一批、边贸帮扶一批、产业带动一批、转移就业一批，使贫困群众搬得出、留得住、能致富，边疆地区也实现了"驻边、守边、富边、稳边"的效果。2017年7月，课题组对广西龙州进行了国情调研，并根据龙州县基本贫困状况及致贫成因，对该县实施的易地搬迁与边贸扶贫综合模式进行了探讨和分析。

一 龙州县基本情况

龙州县县域面积2317.8平方千米，辖12个乡镇，127个行政村（社区），总人口27万余人，其中壮族人口占95%[①]。龙州县是国家扶贫开发工作重点县和滇桂黔石漠化片区县，是红八军故乡、中国天琴艺术之乡、中国长寿之乡。

---

① 资料来源：龙州县人民政府网（http://www.longzhou.gov.cn）。

（一）区位交通

龙州县是广西壮族自治区崇左市辖县之一，位于广西西南部，距南宁市 200 公里，东邻崇左市江州区，南接宁明县、凭祥市，东北面与大新县相连，西北与越南接壤。龙州县与越南接壤的边境线长 184 千米，有国际性常年开放公路客货运输口岸——水口口岸、科甲国家二类口岸，以及水口、科甲、那花、布局 4 个边贸互市区（点），是面向东盟的重要门户和最便捷的陆路大通道之一。

（二）自然禀赋

龙州县属南亚热带季风气候，四季如春，生态环境优美，具有比较丰富的动植物和矿产资源。龙州县域森林覆盖率达 57.3%，境内有弄岗国家级自然保护区，保护区内有植物 1282 多种，有动物 620 多种。除此之外，龙州县域内还拥有具地方特色的经济作物，如茶叶、八角、龙眼、木菠萝、西贡蕉、香蕉、黄瓜、土茯苓等，同时是全国甘蔗优势产区。龙州县矿产资源有 20 余种，主要矿产有铜、铁、锰、大理石等，其中铝土矿总储量预计达 1.89 亿吨。

龙州县历史悠久，是一座具有 1290 多年历史的边关商贸历史文化名城。1889 年，龙州县被辟为通商口岸，是广西最早对外国开放的通商口岸，在近代史上曾创下广西最早的海关、火车站、领事馆等 20 多个广西之最，素有"千年古城·百年商埠"之美誉。

龙州县旅游资源丰富。在自然景观方面，包括古朴神秘的左江风光、中山公园、响水瀑布、紫霞洞、跑马洞、双龙戏珠、水陇龙泉等；在人文名胜方面，有被誉为"南疆长城"的中法战争古战场遗址——小连城、邓小平领导龙州起义建立了中国红军第八军的军部旧址、记载着龙州昔日沧桑的法国驻龙州领事馆、大青山起义旧址、陈勇烈祠、武建军纪念塔、乐寿亭、文昌阁、文笔塔、伏波将军庙，还有壮族祖先的文化遗产棉江花山壁画、神秘的崖悬棺等；在民俗风情方面，龙州县境内居住着壮、汉、苗、回、瑶等 12 个民族，壮族人口占 95%，壮族文化底蕴深厚，壮族的民居、民俗、民风、民情、民歌等，都是极具价值的生态旅游资源。如农历四月十三日的"歌圩节"、正月初十的"侬峒节"，民间文化活动丰富，有对山歌、斗牛、斗鸡、斗画眉、抢花炮、抛绣球、打毽子、舞狮舞龙舞凤等民间传统活动项目。此外，龙州县还拥有金龙壮锦、龙州"青龙刀"、龙州枧木菜板、龙州桄榔粉、龙州山黄皮、苦丁茶等凝聚着民间民俗工艺精华的地方特产，可以发展为丰富多彩的民族旅游商品。

（三）经济社会发展状况

2018年，龙州县全县生产总值实现1293834.43万元，同比增长10.8%，经济实现平稳增长。一至四季度，全县规模以上工业增加值分别累计增长17.0%、15.9%、15.0%、18.3%。分产业看，第一产业增加值达到283971万元，同比增长4.9%；第二产业增加值达到528288.97万元，增长14.6%；第三产业增加值达到481574.46万元，同比增长10.5%。三个产业对经济增长的贡献率分别为10.46%、52.88%、36.66%。三次产业分别拉动经济同比增长1.13、5.71、3.96个百分点。全年财政收入48522万元，同比增长1.81%。其中地方一般预算收入25222万元，下降20.53%。全年税收收入完成39777万元，同比增长11.6%。

2018年，龙州县农村居民人均可支配收入达到10769元，同比增长9.9%。从可支配收入结构看，工资性收入1921元，同比增长9.1%；经营净收入7919元，同比增长9.3%；财产净收入83元，同比增长23.9%；转移净收入846元，同比增长16.9%。农村居民人均生活消费支出7204元，同比增长9.4%。其中食品烟酒支出2735元，同比增长8.7%；衣着类支出214元，同比增长5.9%；居住消费支出1415元，同比增长9.3%；生活用品及服务消费支出372元，同比增长10.4%；医疗保健类支出302元，同比增长11.4%；交通通信消费支出966元，同比增长10.8%；文化教育娱乐消费支出1075元，同比增长9.7%；其他用品和服务消费支出125元，同比增长11.6%。

2018年，龙州县共有普通中学6所，在校生10104人，专任教师614人；小学24所，在校生15337人，专任教师1058人。全县卫生机构床位数1188张，医疗卫生机构技术人员1379人，其中执业（助理）医师392人。[①]

---

① 资料来源：龙州县人民政府网（http://www.longzhou.gov.cn）。

二 龙州县扶贫状况

(一) 贫困情况

2015年,龙州县总户数79907户26.85万人,其中农村居民63396户21.25万人。2011年全县共有贫困人口113306人,2015年,全县共有贫困人口50828人,贫困发生率降至21.06%。2016年,全县减贫2405户9559人,贫困发生率进一步降至17.1%[①]。

对2016年龙州县41293例贫困人口以及9555例脱贫人口的相关数据进行分析。从空间分布来看,龙州县共辖5镇7乡,每个乡镇均有贫困人口分布(如图7-1)。从每个乡镇贫困人口所占总人口的比例来看,金龙

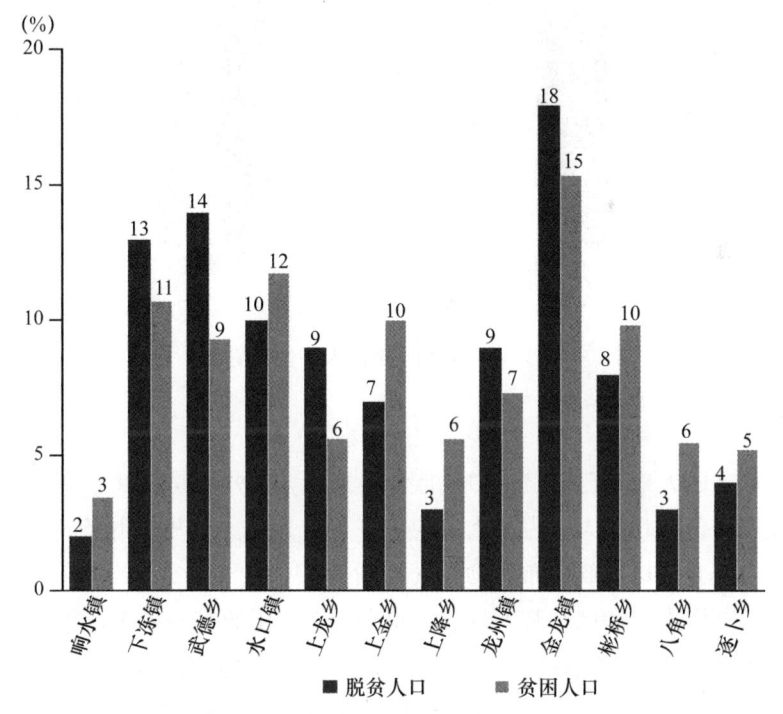

图7-1 龙州县贫困人口空间分布

资料来源:龙州县扶贫开发办公室。

[①] 本章数据均来自广西龙州县扶贫办2016年度全县贫困人口建档立卡数据。经过数据清洗,2016年年底龙州县贫困人口有效数量为41293例,2016年度脱贫人口数量为9555例。

镇、水口镇、下冻镇的贫困人口较多，分别占2016年全县贫困人口的15%、12%和11%，这三个乡镇均位于龙州县西侧，与越南接壤。八角乡位于龙州县东南，逐卜乡、响水镇位于龙州县东北，贫困人口较少，均接壤内地。由此可见，龙州县边境扶贫的压力较大。从2016年脱贫人口的情况来看，靠近边境一侧的金龙镇、武德乡和下冻镇脱贫人口占比最高，也印证了龙州县脱贫攻坚的重点需要向边境一侧倾斜。

从贫困人口和已脱贫人口性别情况来看，未脱贫人口中男性占52.88%，女性占47.12%；已脱贫人口中男性占50.50%，女性占49.50%，贫困人口性别构成并不存在特殊差异（如图7-2）。

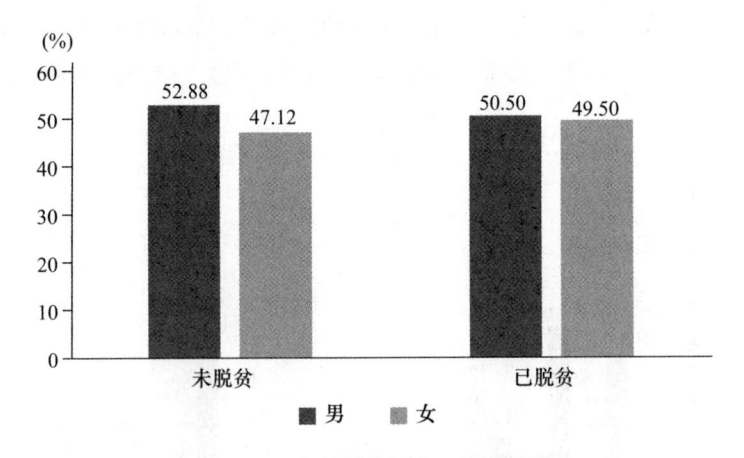

图7-2 龙州县贫困人口性别情况

资料来源：龙州县扶贫开发办公室。

从贫困人口和已脱贫人口民族分布来看，龙州县是以壮族为主的少数民族聚居地，壮族人口占总人口的95%。未脱贫人口中，壮族占97.5%，基本与全县人口民族分布相吻合（如图7-3）。

从贫困人口和已脱贫人口收入水平来看，未脱贫人口中，年人均收入低于3000元的群体约占13%。按照2011年全国贫困线人均纯收入2300元/年的标准计算，2016年的贫困线约为3000元。因此，实际上龙州县大部分贫困人口的人均纯收入高于国家规定标准（如图7-4）。

此外，龙州县贫困人口中，年人均纯收入高于1万元的群体约占30%。脱贫人口中，6000—10000元区间人口群体约占39%，年人均纯收入高于1万元的群体占比达到38.94%（如图7-4）。

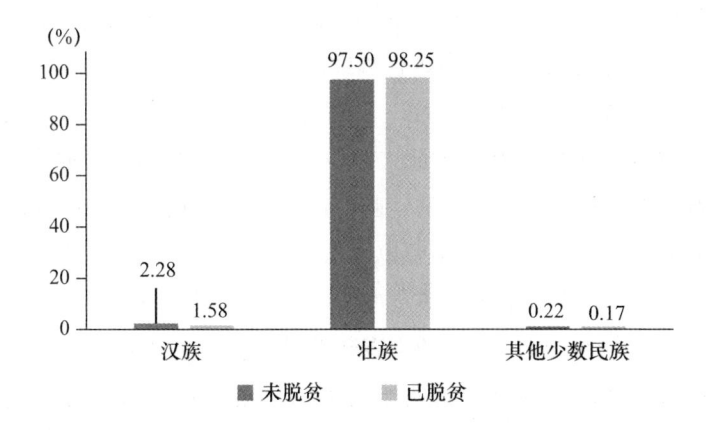

图 7-3　龙州县贫困人口民族分布情况

资料来源：龙州县扶贫开发办公室。

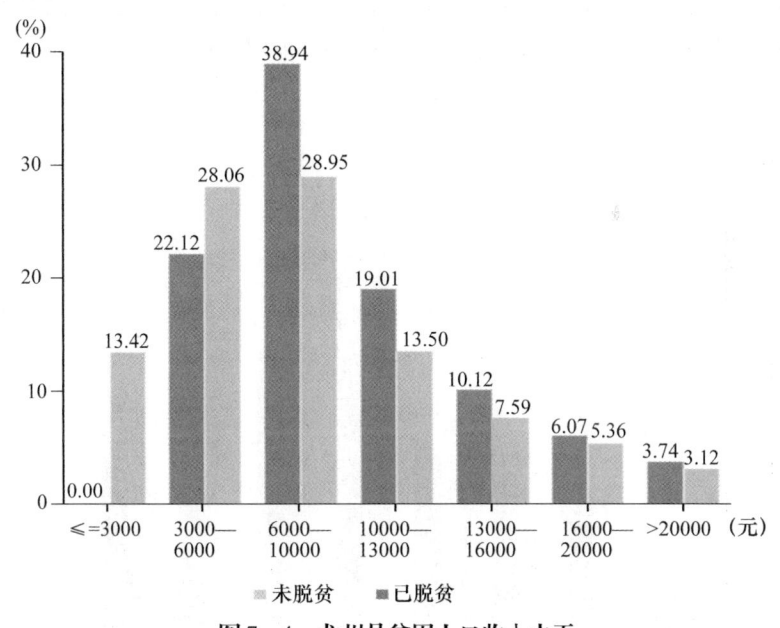

图 7-4　龙州县贫困人口收入水平

资料来源：龙州县扶贫开发办公室。

龙州县贫困人口和脱贫人口人均收入水平远高于国家贫困线，其主要原因有两个方面：第一，龙州县地处南方边陲，纬度较低，属于南亚热带季风气候，植被丰富，土壤条件较好。农民依靠自然资源可以解决温饱，基本不存在绝对贫困现象；第二，广西壮族自治区贫困人口数量按照扶贫工作的目标任务进行分解，逐层落实到县，各县按照精准入户贫困表进行打分，结合县里名额对贫困户进行画线，客观上造成了自治区内各县贫困人口实际绝对贫困程度的不一致。龙州县是自治区扶贫工作开展成效较好的县，2017年底摘帽脱贫，因此人均收入水平较高符合现实情况。

从贫困人口和已脱贫人口的年龄层次来看，未脱贫人口中未成年人占2.64%，超过60岁以上的人口占49.43%，这52.07%的贫困人口目前缺乏劳动能力，主要依靠其他家庭成员收入生活，特别是70岁以上的老年人，需要财政重点支持；19—30岁的中青年劳动力占比为7.22%，31—50岁的中年劳动力占比为21.06%，这两类人群有较强的劳动能力，是目前脱贫攻坚的主力所在，可以通过边贸扶贫、产业扶贫、金融扶贫等多种形式脱贫。已脱贫人口年龄结构与未脱贫人口差异不大，值得注意的是，在19—30岁年龄段中，已脱贫人口比未脱贫人口低2个百分点，在61岁以上年龄段中，已脱贫人口比未脱贫人口高0.09个百分点（如图7-5）。

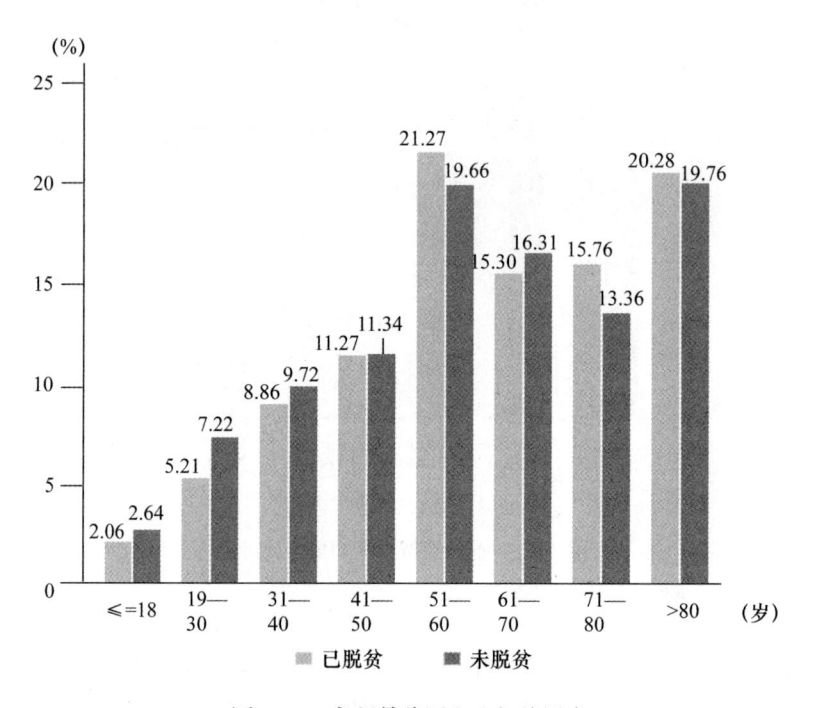

图7-5　龙州县贫困人口年龄层次

资料来源：龙州县扶贫开发办公室。

从贫困人口和已脱贫人口的文化程度来看,受教育程度与贫困发生概率呈反方向变动。未脱贫人口中,文盲或半文盲占 12.42%,小学、初中文化占比分别为 47.14% 和 35.57%,三者合计高达 95.13%。已脱贫人口中,文盲或半文盲较未脱贫人口低 3.75 个百分点,小学文化基本持平,初中文化高 2.22 个百分点,高中、大专及以上合计高 1.16 个百分点(如图 7-6)。

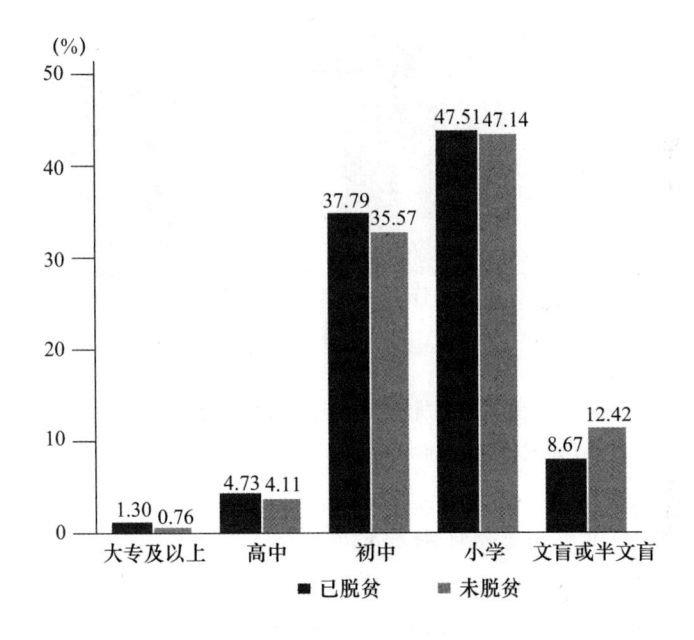

图 7-6　龙州县贫困人口文化程度①

资料来源:龙州县扶贫开发办公室。

从贫困人口和已脱贫人口的劳动能力来看,未脱贫人口无劳动力和丧失劳动力比例达到 37.46%,这部分人员脱贫难度大,多需要依靠财政兜底;普通劳动力占比 62.01%,这部分人员脱贫能力较强,通过技能培训、产业帮扶有望实现自主脱贫;技能劳动力只占 0.53%,这部分人员最易脱贫,不是重点关注对象。已脱贫人口中,无劳动力和丧失劳动力占比较未脱贫人口低 4.37 个百分点,普通劳动力占比高 4.22 个百分点,普

---

① 在此主要测算非在校人员的文化程度,在校生以学业为主,一般不具备劳动脱贫能力。

通劳动力群体较易脱贫（如图7-7）。

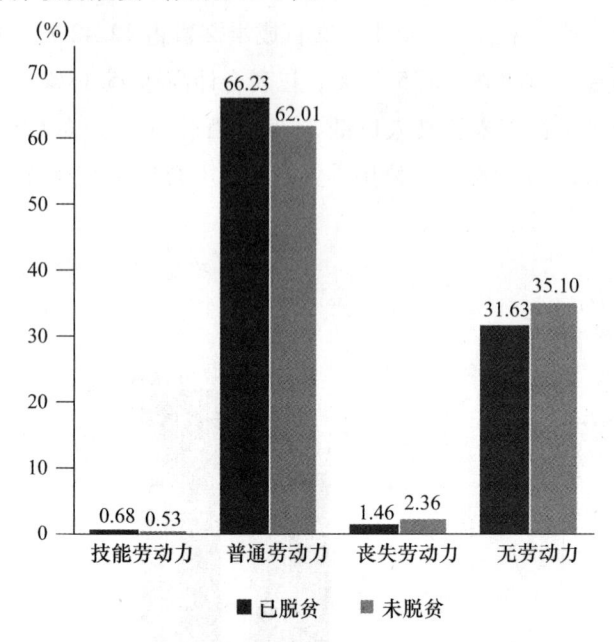

图7-7 龙州县贫困人口劳动能力

资料来源：龙州县扶贫开发办公室。

根据2016年年底龙州县41293例未脱贫人口和2016年全年9555例已脱贫人口的分布和结构特征，可以得到以下五个结论：第一，龙州县靠近中越边境一侧的乡镇贫困人口的绝对数量较多，是扶贫工作需要关注的重点；第二，贫困人口分布在性别、民族方面没有特定的偏向性；第三，由于自然环境较好，外出务工人员数量多、收入高等因素影响，龙州县贫困人口的人均收入水平高于国家标准贫困线，3成贫困人口人均收入高于1万元；第四，40%的贫困人口属于未成年人和老年人群体，37%的贫困人口属于无劳动力和丧失劳动力群体，财政兜底压力较大；第五，受教育程度与贫困发生概率成反比，长期来看教育扶贫对脱离贫困、提高居民素质有着重要作用。

（二）致贫原因

根据龙州县对2016年年底贫困人口的统计，该县贫困人口致贫原因主要分为以下11个大类：因学、因病、缺资金、缺技术、缺土地、因残、缺劳力、自身发展动力不足、交通条件落后、因灾和缺水（如图7-8）。

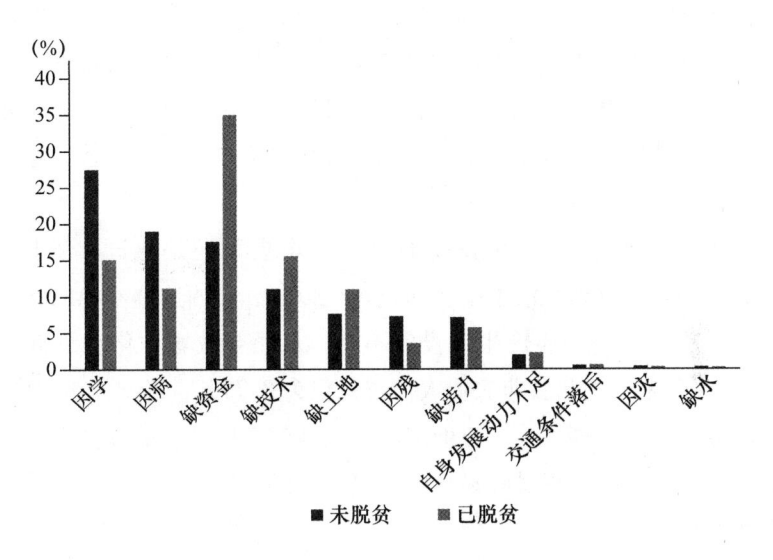

图7-8 龙州县个人致贫原因

资料来源：龙州县扶贫开发办公室。

首先是因学致贫占比最大，约占贫困人口总数的27.5%；其次是因病、缺资金、缺技术，而因为缺土地、因残、缺劳力、自身发展动力不足、交通条件落后、因灾、缺水致贫的人口占总人口之比均未超过10%，进一步佐证了该地资源禀赋条件相对较好，龙州县经济发展水平较低主要是由除自然资源禀赋之外的其他原因造成的，如地处中越边界的特殊地理位置使其历史上一直是边防重镇，战争的纷扰必然对其经济发展产生一定负面影响；所处市县城市化水平较低，较低的经济聚集度必然难以对当地农村产生较大的正外部效应。

（三）贫困特点

1. 地理位置特殊，人口聚集度低

龙州县地处中越边界，在近代广西边疆出现严重危机的时代背景下，以其居中的边防地理位置，较为便利的水陆交通条件，以及维系镇南关、平而关、水口关三关的锁钥，成为近代广西边防线上的重镇。中法战争期间，龙州县成为广西边防前线的重要交通枢纽。尽管中法战争后龙州县的近代化步伐加速，但战争对当地人生产、生活环境的损毁也是相当严重。而后，1979年的中越战争对龙州县经济社会发展又是新一轮的破坏。边境不稳，居住人口大量减少，人口聚集度降低导致经济聚集度降低，从而进一步导致人口减少。此外，尽管龙州县边贸日渐繁盛，但与之毗邻的越南终是欠发达国家，未能获得较大的正外部效应，可能也是该县经济增速低于中国平均水平的一个重要原因。

对于农村居民而言，无论是通过"走出去"还是通过"就地就业"增收，都离不开城镇化的推动，而近现代以来，广西边疆不稳的状态使得龙州"人口"减少，生产生活投资不足，从而导致城镇化水平低下。截至2015年年末，龙州县非农业人口占比仅为8.75%，即90%以上的人口都是农业人口。边疆不稳一方面未能为当地经济社会发展提供良好的外部环境，另一方面战争更是轻易地将建之不易的城镇毁于一旦，而其恢复却需要漫长的时间。

2. 传统风俗习惯根深蒂固，外出务工积极性不足

截至2016年年末，龙州县共有贫困人口41263人，其中身体健康具有一定劳动能力，但没有外出务工[①]的人数为16777人，占比为41%。而无论是2016年未脱贫户还是脱贫户，外出务工人员的平均收入都要远高于其他人员收入水平。那么既然外出务工能大幅提高当地居民收入水平，他们为何不愿外出务工？龙州县这一特点主要与当地居民以壮族为主有关。龙州县壮族人口占总人数的95%，而在课题组的实地调研过程中得知，壮族对孝道、祭祀极其重视，乡土观念根深蒂固，其传统节日歌圩节便是其重要体现之一。歌圩是壮族民众在特定时间、地点举行的节日性聚会歌唱活动形式，是壮族传统文化娱乐活动，也是男女青年进行社交活动的场所。举办歌圩的时间主要在春秋两季，春季歌圩以三四月间为最盛，农历三月初三举办的次数最多，三月三当天扫墓，清明不上坟，但过清明节，禁火；秋季歌圩集中于农历八九月，尤以中秋节为最佳日期。除了固定的歌圩外，平日里壮族各村寨逢有婚丧喜庆，亲朋好友来到家中，少不了聚唱对歌，时有通宵达旦。因此，尽管外出务工可获得更高的经济收

[①] 此处外出务工指的是在乡镇以外务工。

入,但若多次缺席民族传统节日将使其归属感、民族认同感削弱。在访谈过程中,数位壮族民众表示曾经外出务工过,但皆因为对外部环境的不适应及族内劝归而作罢。

3. 经济结构单一,农业附加值较低

尽管龙州县三产结构不断优化,2018 年其第一、二、三产业分别增长 4.9%、14.6%、10.5%,但该县目前仍然以农业生产为主,工业与第三产业占比极低,且其经济结构单一,除了蔗糖业外,其他产业都未形成较大规模。经济总量不大、结构不优、效益不高,尚未形成其他区域经济的规模优势。财政收入低、工业化水平低、城市化率低,贫困户自然较其他地方更多。在工业方面,尽管近年龙州县工业项目引进有了新的突破,但一直以来工业新上项目相对其他地方较少,工业结构单一,其增量和存量都存在一定问题。同时,老企业技术创新能力不强,高新技术产品又未能形成规模效应。

4. 基础设施建设落后,产业化水平不高

龙州县集老、少、边、穷于一身,财政困难,项目资金短缺,投入不足,农业、口岸、交通、市政等方面基础设施落后,还不能适应经济社会快速发展的需要,跟不上当前经济社会发展的需要。特别是农村设施建设较为滞后,水利设施薄弱,农业管理经营粗放,产业化水平不高,农民增收难度大,而贫困户脱贫的关键在于农村产业化的发展。由于公共财政收入的低水平、公共投入的捉襟见肘,对于因病、老弱等这类需要财政兜底的贫困人口的扶助力度同样偏小。且尽管这两年在扶贫攻坚大形势下,龙州县集中力量使这类人群暂时脱贫,但从当前人口老龄化的严峻态势来看,以后对于这类人的财政支持将只可能增大而非减小,如何保证脱贫效果的可持续性,亦将是龙州县面临的一大考验。

(四) 扶贫现状

作为国家扶贫开发重点县,自全国脱贫攻坚战打响以来,龙州县在贯彻落实党中央国务院精准扶贫、精准脱贫的扶贫开发基本方略方面同样做了大量的工作,主要体现在以下七个方面。

1. 入户识别

按照广西壮族自治区统一部署,2015 年 10 月,组织县、乡、村 2200

多名干部全面铺开精准识别工作。2015年11月底组织开展入户识别"再回头",对照评分标准要求,再次进行全面排查核实。在此基础上,于2015年12月全面铺开贫困村、贫困户建档立卡工作。历时5个多月,龙州县累计出动2万多人次,完成47个村、14018户、50828名贫困人口的入户识别建档立卡工作,并在2016年4月27日全面完成建档立卡信息数据平台的数据录入、清洗等工作,全面建成扶贫信息系统。

此处需要注意的是,广西壮族自治区精准脱贫摘帽标准除了国家明确的"两不愁三保障"脱贫摘帽核验标准之外,还包括"九有一低于""十一有一低于"和"八有一超"[①] 标准。其中,贫困户脱贫摘帽标准按照"八有一超"执行。"八有"指有稳定收入来源且吃穿不愁、有住房保障、有基本医疗保障、有义务教育保障、有安全饮水、有路通村屯、有电用、有电视看;"一超"指年人均纯收入稳定超过国家扶贫标准;贫困村脱贫摘帽标准按照"十一有一低于"执行。"十一有"指有特色产业、有住房保障、有基本医疗保障、有义务教育保障、有安全饮水、有路通村屯、有电用、有基本公共服务、有电视看、有村集体经济收入、有好的"两委"班子;"一低于"指贫困发生率低于3%;贫困县脱贫摘帽标准按照"九有一低于"执行。"九有"指有特色产业、有住房保障、有基本医疗保障、有义务教育保障、有安全饮水、有路通村屯、有电用、有基本公共服务、有社会救助;"一低于"指农村贫困发生率低于3%。而龙州为广西2017年首个脱贫摘帽的国定贫困县。

2. 结对帮扶

龙州县结合47个贫困村民情社情、致贫原因、主导产业等因素,选取了思想好、作风实、能力强、了解村情实际并愿意为群众服务的47名第一书记,进驻贫困村常住扎根。有针对性地做好干部选派和后盾单位挂点工作,健全完善部门联村、干部联户、企业联村帮户的扶贫全覆盖帮扶责任制。落实"4321"帮扶机制,向全县12个乡镇派驻12个扶贫工作队,296名美丽广西扶贫工作队员,137家县直及中、区、市直驻龙州单

[①] 广西壮族自治区人民政府办公厅关于进一步明确精准脱贫摘帽标准及认定程序有关问题的通知(桂政办发〔2016〕83号)(广西崇左市龙州县人民政府网:http://www.longzhou.gov.cn/ztzl/tpgj/fpzc/content_ 23372 /)。

位与全县 127 个村进行定点帮扶，8000 多名县乡村党员干部与贫困户结对帮扶，形成了"千斤重担万人挑、人人肩上扛指标"的精准帮扶格局。

同时为确保精准帮扶到位、落实帮扶责任，龙州县还按照"一帮一联"和"一户一册一卡"的工作要求，对帮扶责任人进行了强化培训，组织入户面对面详细分析致贫原因，找准缺项，对照扶贫政策，因村因户因人施策，以清单式管理推进帮扶责任落实。

3. 产业扶贫

在产业扶贫方面，龙州县重点从"种、养、贸、游、工"五个行业着手，因地制宜开发特色产业，重点发展短平快项目，促进乡镇企业发展，推动每个贫困村形成"一村一品"产业格局。

在"种"方面，2016 年全县共完成甘蔗种植 53.93 万亩，累计完成"双高"基地①建设 15.11 万亩。2017 年，龙州县糖料蔗、澳洲坚果及食用菌四个特色种植产业已覆盖贫困户 9168 户，覆盖率达 65.4%，比自治区考核指标高 5 个百分点。例如，上龙乡大力发展火龙果、澳洲坚果、蔬菜等特色种植产业，在武权村那叔屯建立了 125 亩红心火龙果种植基地，辐射带动该村 35 户贫困户。

在"养"方面，龙州县发展龟鳖养殖 1630 户，产值 1.76 亿元；规模养牛场 23 家，全县存栏 3.22 万头；5000 羽以上的规模养鸡场 70 多户，全县存栏 54.72 万羽。如下冻镇成立合作社，由致富能人牵头，带动贫困户发展特色种养殖，打造了鸡、鸭、蜂、羊、菜、果、树等种类多样的种养产业。截至 2017 年，全镇成立 67 个专业合作社，社员 4468 人，其中贫困户 1245 人（户），贫困人口参与率达 79.5%，增收 500 元/人。

在"贸"方面，2017 年，龙州县成立边贸互助组 221 个，引导 1.6 万边民参与边贸运输、装卸、进出货物代理，其中贫困人口 4045 人，通过边贸扶贫可实现年人均增收 2000 元左右。比如，下冻镇两庄村"边贸哥"李光亮，2014 年 12 月成立龙州县两庄兴民农副产品种植专业合作社，组织社员成立边贸互助组和运输车队，组织 393 人参与边境贸易，协调 120 多辆车运输货物，为 53 名有劳动能力的贫困边民提供就业服务，2016 年贫困户通过互市贸易实现年增收 30000 元以上。

---

① "双高"基地指优质高产高糖糖料蔗基地。

在"游"方面，龙州县旅游从业人数占城镇就业人数13%；"农家乐"旅游从业人员超过2000人，全县有广西星级乡村旅游区2家（四星级1家，三星级1家），农家乐23家，其中星级农家乐3家，据估算，全县"农家乐"年收入逾3000万元。如龙州县下冻镇峡岗村的那宋农家乐采用了"合作社+贫困户+公司"的模式运作，带动了该村19户贫困户入股、就业，自2016年5月1日以来日均营业额约为10000元。

在"工"方面，2015—2016年榨季入厂原料蔗218.76万吨，蔗农收入9.63亿元。培育发展以坚果加工为主导的边境加工产业，带动边民就业3000多人，人均每月增收1500元左右。全县实现农村劳动力转移新增4520人左右，城镇新增就业1632人。

4. 易地搬迁

"十三五"时期，广西壮族自治区下达龙州县计划搬迁2040户、6760人的工作目标，其中，建档立卡贫困户1967户、6485人，同步搬迁73户、275人。2016年计划搬迁624户、2059人，其中建档立卡贫困户624户、2059人；2017年计划搬迁1416户、4701人，其中建档立卡贫困户1343户、4426人，同步搬迁73户、275人。

截至2017年12月底，龙州县全部完成自治区下达的"十三五"时期易地扶贫搬迁项目建设任务，共建成9个易地扶贫搬迁安置点，即龙州县县城易地扶贫搬迁安置点、龙州县水口镇共宜新区易地扶贫搬迁安置点、龙州县城北区易地扶贫搬迁安置点、龙州县武德乡科甲新村易地扶贫搬迁安置点、龙州县响水镇中心村易地扶贫搬迁安置点、龙州县逐卜乡中心村易地扶贫安置点、龙州县彬桥乡集镇易地扶贫搬迁安置点、龙州县上金乡易地扶贫搬迁安置点、下冻镇布局新村易地扶贫搬迁安置点。总投资约5.2亿元，投资完成率100%；建成安置住房2191套。完成搬迁入住2191户、7196人，其中建档立卡贫困户2115户、6913人，比自治区下达任务数增加428人；同步搬迁76户、283人；从0—3千米搬迁至0—3千米水口、科甲、布局安置点393户、1337人，从内地乡镇搬迁至0—3千米安置点497户、1455人；全县超额完成了"十三五"时期易地扶贫搬迁工作任务。

2016年项目完成搬迁入住建档立卡贫困户524户、2196人，同步搬迁2户、8人；累计完成投资2.2亿元，投资完成率100%；国扶系统标记搬迁人数2196人。

2017年项目完成搬迁入住1665户、4992人。其中，建档立卡贫困户1591户、4717人，同步搬迁74户、275人；完成投资3亿元，投资完成率100%；国扶系统标记搬迁人数4717人[①]。

5. 扶贫资金

2016年龙州县整合资金3.72亿元投入47个贫困村产业项目、村屯道路、人畜饮水等领域。其中，当年该县投入扶贫专项资金为1.54亿元，7280.27万元来自中央，3005万元来自广西壮族自治区，287.58万元来自崇左市，2269.36万元来自县级，2600万元来自地方债；该扶贫专项资金主要用于易地扶贫搬迁3050.27万元，基础设施建设5978.28万元，产业发展5712.36万元，雨露教育扶持188万元，扶贫贴息218.3万元，其他扶贫项目295万元；截至2016年12月31日，共支出14521.49万元，支出率94.04%，结余率5.96%。此外，龙州县还开展了"扶贫日"系列活动，共募集扶贫现金880万元，电视机1127台，以及一批物资折款100.7万元。2016年该县建设了59条通屯硬化路共65.8千米、20处人畜饮水、2个网络通信基站和5个公共服务中心等项目。同时，完成了1370户危房改造项目；发放小额贷款26679.35万元，惠及6916户；发放边民贷款23771.81万元，惠及边民7109户。

6. 住有所居、病有所医

在保障贫困户住有所居方面，龙州县主要从两方面着手：一是危房改造，二是易地搬迁。2017年，龙州县建档立卡脱贫摘帽住房未达标的有769户，其中155户属砖木结构只需修缮维护，计划2017年年底完成所有危房改造项目。在危房改造资金筹措上，2016年该县户均补助标准为1.65万元，其中中央补助0.75万元，广西壮族自治区补助0.75万元，崇左市配套0.15万元，龙州县配套0.2万元。"十三五"期间，该县计划易地搬迁3498户共11881人，其中建档立卡贫困户3184户，10781人。截至调研，2016年度10个项目已全部开工，完成入住606户，2140人；2017年度2个项目于4月份开工，并于11月底前完成搬迁入住。

除了保障贫困户住有所居之外，龙州县在改善贫困户人居环境方面也

[①] 资料来源：龙州县人民政府网站（http://www.longzhou.gov.cn/）。

做了不少工作。在饮水方面，全部村屯均已实现通电通水，近年来县水利部门还实施了人饮工程，以保障村民饮水的水质达到安全饮水标准。在生活燃料方面，贫困户使用电、柴火、煤气和沼气作为日常生活燃料，其中以电力、柴火为主。在厕所卫生方面，该县实施了厕所改造工程，龙州县所有村屯已经每家每户建有独立卫生厕所，且厕所已全部通水、通电，卫生条件良好。

在保障贫困户病有所医方面，龙州县主要从三个方面着手：一是落实新农合政策，确保建档立卡贫困人口参保全覆盖。据统计，龙州县2016年符合参加新农合条件的建档立卡贫困人口均已参保，还利用新农合历年结余资金为全体参保农民购买了大病保险。同时，龙州县对精准扶贫建档立卡贫困参保人员实施补偿政策倾斜，即对建档立卡贫困人口新农合住院补偿提高5个百分点；二是实施龙州县小额人身保险制度。龙州县联合中国人寿保险（集团）公司实行"政府财政补一点，扶贫资金出一点，保险公司免一点，辖内居民交一点"的小额人身保险制度，实现伤有所医、残有所补、死有所扶；三是实施"先诊疗、后付费"的绿色通道。龙州县出台《农村贫困住院患者县域内先诊疗后付费工作方案》，对符合规定要求的建档立卡贫困户患者就诊入院时，各级医疗机构特别是县级医疗机构开辟贫困户就医"绿色通道"，贫困户患者无须缴纳住院押金，即可住院治疗；出院时，仅需缴纳个人应承担的医疗费用部分，即可办理出院手续。个别特别困难患者，可采用延期、分期付款方式办理出院手续，确保贫困群众有病能看。

7. 教育扶贫

在"造血式"扶贫过程中，重点在于"人"的改造。教育扶贫便是通过教育提高贫困家庭劳动力（或潜在劳动力）的知识水平、劳动技能、综合素质等。龙州县为加强职业教育，采取了如下举措。

一是成立以县教育局局长为组长、分管副局长为副组长、职成股长、职教中心主任、龙州县高级中学领导班子为成员的工作领导小组，负责协调指导"普职融通班"的管理工作。

二是制定出台《龙州县开展普职融通工作方案》，县人民政府划拨专项经费用于开展"普职融通班"招生工作及教育精准扶贫工作。

三是通过宣传板报、宣传单、电视媒体等渠道，向学生、家长宣传

"普职融通班"的办学模式、国家资助政策、中职招生与升学优惠政策等。

四是创新办学模式，2016年该县职教中心与广西理工职业技术学院、广西交通职业技术学院、广西幼儿师范高等专科学校、广西职业技术学院等四所大专院校签订了"2+3"联合办学协议，拓宽了学生就业和升学渠道。

五是专业设置以"实用、实效、实际"为原则，不断调整和完善专业设置和课程安排。龙州县县职教中心在办好学前教育、汽车运用与维修、计算机应用、电子电器应用与维修4个专业的前提下，为推动农村电商、乡村旅游发展，于2017年3月申报增设电子商务、旅游等2个专业，并准备将其打造成本县特色专业。

三　龙州县扶贫模式

（一）精准扶贫模式

1. 产业扶贫

龙州县按照"种、养、贸、游、工"五大产业扶贫工作思路，结合各乡镇的资源条件，推动全县发展特色优势产业，每个贫困村建立1个以上主导产业。"种"方面：大力实施甘蔗"双高"基地建设，巩固甘蔗支柱产业，同时因村制宜发展澳洲坚果、食用菌、种桑养蚕、特色水果等种植产业。"养"方面：重点抓好牛、羊养殖，大力发展蜜蜂养殖，切实增加贫困农户收入。"贸"方面：推进"九个一批"边贸扶贫工程[1]，努力把"易地搬迁+驻边守疆+边贸扶贫"模式打造成全区、全国示范品牌；打造"党旗领航·电商扶贫"服务点和"党旗领航·产业扶贫"示范基地。游方面：以创建广西特色旅游名县为契机，围绕"好吃好玩在龙州"主题，大力挖掘龙州特色资源优势，大力发展乡村旅游，着力打造跨境红色、秘境弄岗、世遗左江三大品牌，带动贫困户增收致富。"工"方面：

---

[1] "九个一批"即通过边民互助组帮扶一批、发放边贸小额贷款解困一批、加工企业帮扶一批、边贸运输队帮扶一批、装卸队帮扶一批、中越跨境水果种植合作帮扶一批、电商产业带动一批、园区项目建设帮扶一批、边境易地扶贫搬迁安置帮扶一批。通过"九个一批"着力解决全县5.08万贫困人口中2万人的脱贫问题。

重点推进水口扶贫产业园、下冻食用菌扶贫产业园等园区建设,带动贫困群众就近就业,力争把水口扶贫产业园升级为中国—东盟国际减贫产业园。同时,龙州县积极鼓励大中专毕业生、失业人员和农村劳动力自主创业,鼓励致富能人返乡创业;加强劳务输出工作,加大职业技能培训力度,推动更多贫困村劳动力务工增收;大力扶持农民专业合作社发展,鼓励合作社将有意愿的贫困户吸纳为社员。

2. 搬迁扶贫

按照自治区"移民搬迁脱贫一批"的部署要求,龙州县在贴近边境口岸和互市区(点)统一规划建设扶贫移民安置点,重点建设水口、那花、布局、科甲和横罗5个边贸新城,引导全县危旧住房、增收困难、有劳动力的建档立卡贫困户搬到边贸新城居住。同时,依据贫困程度,由财政给予贫困户购房或建房人均2.6万—3.4万元的差异化补助,并配套出台金融、土地、用电等优惠政策,以及后续管理、社会保障、公共服务等制度机制,降低搬迁初期贫困户生活成本,确保搬迁不丢农业户口、不丢原有农地、不丢农民福利,有效盘活搬出后的承包地、山林地和宅基地,让原住地的土地资源成为搬迁户的稳定收入来源。解决好搬迁户生存发展的后顾之忧,让群众自愿安心搬到边贸新城、住上新楼房。

3. 就业扶贫

龙州县积极参与"一带一路"建设,以申报创建国家级龙州边境经济合作区为契机,推进外贸进出口、落地加工、仓储物流等产业集聚发展,辐射带动边民就业增收。2017年,落户全县5个边境乡镇的外贸企业、加工企业、物流企业已为边民提供管理员、业务员和办公文员等工作岗位200多个,每人每月工资为2000—8000元不等;为妇女、老人提供从事坚果分拣、夹果、清洁等工作岗位2000多个,每人每天工资50—100元。同时,龙州县还根据入驻企业用人需求,组织扶贫移民搬迁户和边境村庄群众参与"雨露计划""新型农民职业培训"和"订单式技能培训"等,使帮扶群众掌握1—2门实用技术,并就近入园转移就业,获得相对稳定的工资收入,实现边民安居乐业、扎根边疆、驻守边疆,切实维护边境地区和谐稳定。

4. 教育扶贫

龙州县通过实施精准教育扶贫措施,阻断贫困代际传递。一是加大教育投入。全县投入 4000 多万元实施义务教育学校教育技术装备标准化建设，全面改善学校办学条件；二是狠抓控辍保学工作。对历年辍学的学生进行全面核查，落实教育部门班子包片、工作组长包乡镇、学校校长包校、教师和帮扶人包户的防辍保学各级主体责任，确保适龄辍学学生全部返校；三是落实农村留守儿童关爱教育，保障所有留守儿童都正常入学；四是加大学生资助力度。截至 2017 年 6 月，龙州县发放资助资金共 734.3 万元，受益学生数达 16803 人次，切实实现应助尽助，应补尽补。并且对建档立卡贫困户家庭学生实施 15 年免费教育，并在各项奖助学金评选中给予重点照顾。

5. 健康扶贫

龙州县构建了多重医疗保障措施体系，全面推进健康扶贫工程。一是落实新农合制度，对因病致贫、因病返贫的贫困人口建立健康卡，全部纳入重特大疾病救助范围，实施大病分类救治和"先诊疗、后付费"的结算机制。二是探索发展商业健康保险。龙州县采取向保险机构购买大病保险方式，提高城乡居民重大疾病医疗保障水平，个人自付部分达到 5500 元以上的，即转入大病保险，保险公司进行大病保险理赔。截至 2017 年 7 月，共 3644 名贫困群众或大病保险理赔 945.1 万元。三是实行家庭签约服务。龙州县出台《龙州县全面推开乡村医生签约服务工作实施方案》，推行乡村医生签约服务，解决基层群众看病难问题。乡镇签约覆盖面达 100%，建档立卡贫困户签约率达到 99.69%。

6. 金融扶贫

龙州县落实金融扶贫政策，通过推进扶贫小额信贷工程，解决贫困户发展资金问题。龙州县充分发挥金融扶贫政策的造血功能，探索自主发展、托管入股企业、投入组建合作社等多种机制，激发贫困户内生动力，提高享受小额信贷扶贫政策农户比例，有力推进贫困户发展生产经营增收。2016—2017 年，全县金融扶贫工程小额信贷累计发放 32067 万元，覆盖贫困户 7853 户；发放边民贷款 8370 户、31484 万元。

（二）创新扶贫模式

2017 年 4 月，习近平总书记在广西调研时强调："脱贫攻坚工作做好了，边疆稳定、民族团结就有了坚实基础；边境建设搞好了，民族事业发展了，对打赢脱贫攻坚战也是极大促进。"习近平总书记将脱贫攻坚、边疆稳定、民族团结等几项工作作为一个有机整体统筹推进，为新形势下边境贫困地区全面脱贫指明了道路。龙州县"易地搬迁＋驻边守疆＋边贸致富"精准扶贫模式在落地实践中发挥出了明显的经济和社会效益。

1. 易地搬迁与边贸扶贫基本情况

"十三五"时期，龙州县计划搬迁3498户11881人，其中建档立卡贫困户3184户、10781人。龙州县边境线长184千米，沿边有国际性常年开放公路客货运输口岸（水口口岸）和国家二类口岸（科甲口岸），以及水口、科甲、那花、布局4个中越边民互市贸易区（点），是中国通往东盟的重要门户和最便捷的陆路大通道之一。龙州县结合县域贫困人口和互市贸易的实际情况，以易地搬迁和发展边贸产业为抓手，实现贫困人口脱贫致富，取得了积极的成效。

（1）易地搬迁情况

龙州县创新"易地搬迁＋"发展模式，通过紧邻边境建设边贸城的方式推进扶贫搬迁，鼓励内地贫困人口往边境一线搬迁，采取边贸政策帮扶、进口产品落地加工推进产业带动帮扶、加快边境经济合作区发展推进转移就业帮扶等措施，既实现了扶贫搬迁户搬得出、留得住、能致富，又达到了"驻边、守边、富边、稳边"的效果。2017年，龙州县以"易地搬迁＋驻边守疆＋边贸扶贫"方式安置2300多户，实现7000多人脱贫。

（2）边贸扶贫情况

边民互市贸易是指边境地区边民在中国陆路边境20千米以内，经政府批准的开放点或指定的集市上、在不超过规定的金额或数量范围内进行的商品交换活动[①]。边贸扶贫即发挥沿边口岸和边贸政策优势，以边民互市贸易为主要抓手，发挥边境小额贸易和对外经济技术合作带动作用。边民或是通过直接参与互市贸易获取收益，或是进入边贸产业园就业，或是通过边贸运输、装卸货物等途径获得多重收入，实现贫困边民脱贫致富。龙州县已成立边民互助组231个，引导1.87万边民参与边贸运输、装卸、进出货物代理，其中贫困人口4045人，通过边贸扶贫可实现年人均增收3000元左右。

---

① 海关总署1996年发布《边民互市贸易管理办法》中规定。

2. 模式内涵

"易地搬迁+驻边守疆+边贸致富"发展模式是将移民搬迁、固边收边、脱贫致富三者有机结合起来,探索出边境贫困地区脱贫致富、边疆团结稳定、边民安居富裕的新路径(如图7-9)。易地搬迁使边境地区成为居民集中居住生活区域,有助于戍边守疆,为开展边境贸易提供劳动力与市场;驻边守疆保障了边境地区的团结稳定,有利于巩固和推进移民搬迁,维护边境贸易秩序;边贸致富则激发边民脱贫的内生动力,吸引内地居民向边境集聚。

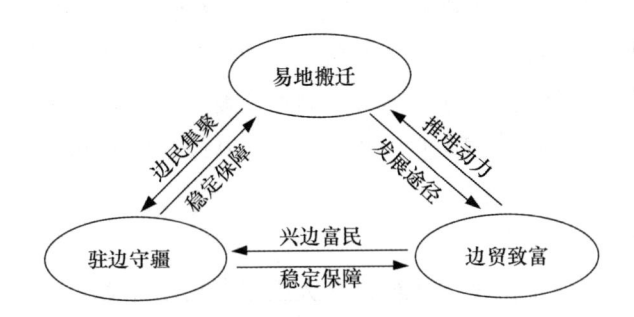

图7-9 易地搬迁+驻边守疆+边贸致富三者关系

资料来源:笔者自制。

(1) 易地搬迁,集聚兴边富民核心力量

过去由于边境冲突和环境恶劣,中国主要采取边境生态移民的政策,将边境地区居民向内地迁移,边民逐渐减少。但自中越关系正常化以后,越南边境居民点前移,越南政府采取多种经济、教育、社会发展政策予以建设边境居民点,其力度超过中国。固边守边需要依靠边境居民参与,随着边境形势的好转,以及边境地区发展落后局面的转变,边境移民政策需要优化,以吸引内地居民向沿边迁移。边民集聚既扩大了边境贸易的主体规模,又有助于驻边守疆的实现。

(2) 驻边守疆,稳固经济社会发展大局

"一个边民即是一个哨兵",驻边守疆需要军民合力,边境稳定为发展边境贸易、边民安居生活提供前提和保障。易地搬迁与边境贸易使边境地区生产与生活逐步繁荣,为边疆稳定提供了坚实的基础;同时驻边守疆也为发展边境贸易,实现边境贫困地区脱贫致富创造了稳定的发展条件。

(3) 边贸致富，激发贫困户脱贫致富的内生动力

发展边境贸易，可以为边境地区创造新的产业机遇，带动边民就业，实现脱贫致富。首先，边境居民每人每日 8000 元的生活用品免税进口额度让边民直接享有互市贸易的免税政策实惠；其次，边境贸易的繁荣将推动交通物流、餐饮住宿、商贸旅游、金融结算等第三产业的发展，带动边民脱贫致富；最后，"边小贸易+落地加工"发展模式，鼓励边小进口产品在边境开展加工增值，吸纳边民就业，实现边民安居乐业。边贸致富成为移民搬迁的推进动力，实现了边境繁荣稳定、边民脱贫致富的经济社会发展目标。

"易地搬迁+驻边守疆+边贸致富"的发展模式，有助于凝聚边境地区改革发展新动力，引导边民脱贫致富，增加稳边固边的社会力量；可以有效弥补边区经济发展短板，推动边贸产业发展，增强边境地区经济发展的内生动力。实现扶贫搬迁户搬得出、留得住、能致富，达到"驻边、守边、富边、稳边"效果。

3. 主要经验

龙州县结合与越南接壤的实际，大胆探索脱贫新模式、新举措，采取"易地搬迁+边贸扶贫"模式，以建设边贸新城、建立边民互助机制、建设边贸产业园、发展进口产品落地加工等为抓手，用足用好边贸政策，把移民搬迁一批、边贸帮扶一批、产业带动一批、转移就业一批融合成一条扶贫经济链，探索出边境贫困地区转型发展的宝贵经验。

(1) 紧邻边境建边贸城实现扶贫搬迁

龙州县依靠易地搬迁政策，鼓励支持沿边乡镇贫困群众、扶贫搬迁至可开展互市贸易范围内的移民，在指定边民互市贸易区（点）开展边贸活动，实现增收致富。龙州县在贴近边境口岸和互市区（点）的地方统一规划建设扶贫移民安置点，重点建设水口、那花、布局、科甲和横罗5个边贸新城，引导全县危旧住房、增收困难、有劳动力的建档立卡贫困户搬到边贸新城居住。易地搬迁既改善了贫困居民的生活条件，又发展壮大了边民互市贸易规模；不仅增强了边民驻边守疆荣誉感，也真正起到借边发展，靠边吃边，稳边固边，兴边富民的积极作用。

(2) 创新边民互市互助模式实现抱团致富

龙州县按照"边民参股、集体经营、贸工结合、规范管理"模式，成立边民互市专业互助组。一方面，充分利用国家给予边民互市进口一定

免税额度的政策，对有从事边贸意愿和能力的贫困户进行指导培训，鼓励贫困边民加入边贸互助合作组织，依托互市互助组，边民可通过边贸运输、装卸货物、进出口代理等获得多重收入；另一方面，对吸纳贫困边民互助合作经营、带动增收效果好的，在贷款贴息、贸易设施建设等方面给予支持，帮助他们解决因缺乏资金和自身发展能力弱而无法充分用足用活互市免税额度优惠政策这一难题。2016年，全县建档立卡贫困户参与边贸扶贫覆盖率约占39.4%，边贸扶贫的脱贫率约占20.2%[①]。通过边贸互助组有序参与边贸，既鼓了边民"钱袋子"，更增强了他们驻边、守边的决心和信心。

（3）建设边贸产业园实现"造血式"扶贫

龙州县通过与口岸综合开发相结合，完善基础配套设施，培育特色产业，打造脱贫增收持续动力。龙州县在水口口岸易地搬迁点附近规划建设占地5000亩的水口边贸扶贫产业园，发展以坚果为主导的边境食品加工等产业，由政府投资统一建设10万平方米标准厂房，将厂房出租给加工企业，采取"免三减二"政策（对入园企业，前三年租金全免，后两年租金减半收取），吸引了民之天、馋鱼儿等10多家加工企业入驻。另外，在产业园配套区内规划建设贫困户易地生态移民搬迁村，吸引更多贫困村民向边境地区回迁，享受政策红利。同时鼓励产业园发展交通物流、商贸旅游等第三产业，带动边民脱贫致富。

（4）鼓励边民转移就业实现富民固疆

龙州县创新"边民互市+落地加工"的互市产业发展战略。龙州县通过发展边贸加工业，引进农产品、食品加工企业落地产业园，整合扶贫、民政的政策资源，为搬迁移民提供就业机会；同时以互市贸易合作社、边民互助组为纽带，把贫困户纳入产业化链条中，带动贫困户从事边境贸易、制造加工、运输装卸等工作；另外，根据企业用工需求，组织扶贫一批搬迁户和边境村庄群众参与"雨露计划""新型农民职业培训"和订单式技能培训等，使其掌握1—2种实用技术，就近转移就业，获得相对稳定的工资收入，从而使边民能够安居乐业、扎根边疆、驻守边疆，切实维护边境地区和谐稳定，达到"支农、富民、固疆"的经济社会效益。

---

① 资料来源：龙州县扶贫开发办公室。

四 问题与建议

（一）扶贫开发工作中存在的问题

龙州县在前期精准扶贫开发工作中，创新性地提出"易地搬迁+驻边守疆+边贸致富"的精准扶贫模式。"十三五"期间，龙州县贫困发生率有所下降，扶贫开发工作获得了阶段性成果。对于没有生产能力的贫困人口，只能通过社会保障、社会救济等常规性制度保证其最低生活需求。对于有生产能力也有脱贫动力的贫困人口，通过产业扶贫等精准扶贫措施帮助其脱贫致富。

但是在促进经济发展、产业带动脱贫的同时，也伴随着一些困难和问题，主要包括以下五个方面。

第一，低收入贫困人口自我发展能力较差，遇到自然灾害很容易返贫。脱贫的阶段性解决手段，首选是"输血式"扶贫措施，但是极易发生返贫。对贫困地区进行了基础设施建设帮扶等方式，如果后续项目管理制度不规范，设施项目发挥长期效益受到一定影响，可能导致贫困人口再次返贫。

第二，个别村民"等、靠、要"思想存在，主动脱贫动力不强。在精准扶贫政策实施前期，大部分贫困人口不了解政策效果，精准识别对象的范围可能在一定程度上存在偏差。经过几年精准扶贫工作，由于扶贫政策"实惠"特别明显，有些贫困户，以及非贫困户都产生了赖贫、争贫思想，为了获得更多的补贴，对帮扶干部隐瞒实际家庭收入情况，夸大贫困程度。"扶贫需要先扶智"，一方面是帮助扶贫对象提高生产技能，改善生活；另一方面是纠正扶贫工作中产生的这种"等、靠、要"思想，解决精神贫困问题。

第三，产业扶贫尚没有形成长效机制，不进行维护和升级，可能会引起返贫。通过产业扶贫和金融扶贫，龙州县产业得到了一定发展，贫困人口就业困难问题得到一定改善，脱贫成效也比较明显。但是这些产业主要集中在农业和旅游业，主要包括特色农业、农家乐、农户畜牧养殖等劳动生产率比较低的产业。与此同时，这些产业抵抗风险的能力较弱，也是脱贫人口可能返贫的导火索。由于金融扶贫或者财政补贴而脱贫的人口，后续政策变化也会引起返贫的可能。

第四，扶贫补助资金总量不足，需要增加投入。对于社会保障和民政救济兜底的贫困人口，目前的扶贫补助能够使其基本生活得到保障，但是无法帮助这部分人口完全脱离贫困，其中一方面原因就是地方财政实力有限。在这种情况下，扶贫补助资金总量需要进一步增加投入。

第五，龙州县易地搬迁安置中存在的政策解读差异问题，导致该项工作目前处于放缓状态。政策出台伊始，为了鼓励贫困人口易地搬迁，提出"保留旧房子"的对策。精准脱贫验收政策出台以后，又提出易地搬迁的旧房子必须拆的政策解读。前后政策解读差异使该项具体工作无法取得进一步成果。

（二）对策建议

基于调研中发现的龙州县精准扶贫工作中存在的问题，结合龙州县当地扶贫工作经验，在加大支持力度方面，要特别注意龙州县重大事项建设支持力度，湘桂铁路南宁至凭祥扩能改造项目，以及龙州边境经济合作区建设。课题组进一步提出了以下五点建议。

第一，加强边境基础设施建设。加大口岸、互市点以及口岸至城镇间道路等基础设施的投入，带动边境地区农村市场体系建设，对离互市点较远的乡镇提供公共交通，方便边民到互市点开展活动。对易地搬迁安置地，满足搬迁边民饮水、出行、用电、通讯等基本生活需求，享有便利可及的教育、医疗等基本公共服务，改善搬迁边民生活条件。

第二，贸工结合构建特色优势产业。加强贸易与产业的结合，加大招商引资力度，促进边贸产品落地加工，夯实边境地区产业基础，创造更多就业机会；鼓励边境居民开办加工厂，有条件的边境地区鼓励边民跨境运输及物流；发挥边境地区后发优势，以战略新兴产业为导向，促进产业布局更趋合理，特色优势产业体系更加健全，初步建成一批能源资源、生物资源、民族文化资源、农产品加工基地和区域性国际商贸物流中心及旅游集散中心，增强边境地区自我发展能力。

第三，推进边民互市贸易改革升级。创新贫困边民参与边民互市贸易模式，推动更多边民认识边贸，参与边贸，从中得到实惠。利用国家边民互市贸易优惠政策，支持边民有组织参与互市贸易、开展边贸小额信贷，鼓励边民参与边境互市贸易，研究适当放宽边民互市贸易商品种类和金额的限制，完善边民补贴机制，改善边民生产生活条件，吸引内地居民向边境迁移。

第四，提高开放水平促进通关便利化。从贸易组织方式、贸工结合模式、贸易便利化等方面深化改革。推动中国与邻国在海关管理、通关手续、货物进出口手续上的协调一致，为边贸从业者降低交易成本，创造良好的物质条件或经营软环境。建立边民互市贸易管理平台，实现审核、备案、通关、统计等作业和管理的信息化，促进规范管理、统一执法、简化手续、防控风险，为边贸扶贫工作提供技术支撑。

第五，强化军民融合发展稳固边疆经济社会建设。开展民族团结进步和爱民固边系列活动，增强边民国家意识、国民意识、国防意识；完善社会治安立体防控体系，增强维稳控边能力；对居住在沿边境特殊区域的建档立卡贫困户，综合采取经济扶持、金融支持、生活保障、优化服务等措施，彻底解决其生产生活上的后顾之忧，引导其增强国家认同感和自豪感，安心生活、定心守边，实现守边固土，居边脱贫。

第八章

云南省大理白族自治州金融扶贫调研报告

金融扶贫模式作为实现"五个一批"精准脱贫不可或缺的工具，其成功经验对精准扶贫工作的顺利开展具有重要的现实意义。云南省大理白族自治州在精准扶贫工作中，依托当地政府和富滇银行的合作，在金融扶贫领域取得了开拓性的进展和成效。2017年8月，课题组对大理市太邑乡、剑川县、宾川县的金融扶贫模式进行了实地调研，并对其中存在的问题进行了剖析，提出了推动金融扶贫开发工作的对策建议。

一 大理白族自治州基本情况

（一）区位地理

大理白族自治州地处云南省中部偏西，东靠楚雄州，南邻普洱市，西连怒江，北接丽江市。自治州东西最大横距320多千米，南北最大纵距270多千米，国土总面积达29459平方千米，州内多以山区水域为主，是一个依山傍水的高原盆地，其中山地和水域面积占总面积的93.4%，坝区面积占总面积的6.6%。大理州境内地形地貌复杂，多高山峡谷和中山陡坡地形，交通极不发达，仅有320、214两条国道穿越境内，全州12个县市中，有11个属于贫困县，且其中7个县未通高速公路，3000多个自然村未通硬化公路。

（二）资源禀赋

2018年年末，大理白族自治州总人口达363.52万人，其中白族人口120.78万人，占总人口的1/3左右。除白族以外，大理白族自治州有11个少数民族，分别是：彝、回、傈僳、苗、纳西、壮、藏、布朗、拉祜、阿昌、傣族，共计62.79万人，占全州总人口的17.32%。大理白族自治州少数民族人口占全州总人口的51.48%[①]。

大理白族自治州年均气温14.9摄氏度，年均降雨量1000毫米以上，属于北亚热带高原季风气候。全州风景名胜旅游点区有130多处，更有闻名天下的苍山洱海等5处国家级风景名胜区。州内可供开发的水电装机容量达1000万千瓦。州内生物资源丰富，大理是著名的核桃之乡、梅果之乡、乳牛之乡。自治州内已发现金属矿产20种，非金属矿产25种，其中金宝山铂钯矿是全国第二大矿，盛产的大理石最负盛名，已探明贮量达1.6亿立方米。

（三）经济发展状况

2018年，大理白族自治州全年地区生产总值为1122.44亿元，在云南省各州市排名第六位。分产业看，第一产业增加值224.81亿元，增长6.3%；第二产业增加值424.77亿元，增长11.9%；第三产业增加值472.86亿元，增长8.2%。主要支柱产业的增长情况为：烟草制品业增加值44.3亿元，同比增长0.4%，电力、热力生产和供应业增加值48.7亿元，同比增长41.1%，农副食品加工业增加值12.7亿元，同比增长8.4%，食品制造业增加值7.1亿元，同比下降1.8%，化学原料及化学制品制造业增加值2.5亿元，同比增长7.8%，非金属矿物制品业增加值21.3亿元，同比增长5.4%，有色金属冶炼及压延加工业增加值13.1亿元，同比增长6.0%，汽车制造业增加值24.0亿元，同比增长5.8%[②]。

二 大理白族自治州扶贫状况

（一）扶贫情况

大理市白族自治州是中国唯一的白族自治州，下辖大理市、漾濞彝族自治县、祥云县、宾川县、弥渡县、南涧彝族自治县、巍山彝族回族自治县、永平县、云龙县、洱源县、剑川县、鹤庆县，共1市11县，110个

---

① 资料来源：大理白族自治州人民政府网站。
② 资料来源：《大理白族自治州2018年国民经济和社会发展统计公报》。

乡镇，其中乡42个、镇68个。大理白族自治州总共有9个国家级贫困县，2个省级贫困县，33个建档立卡贫困乡镇，300个贫困村[①]。

大理白族自治州的主要致贫因素包括以下三类：第一，自然环境恶劣。大多数贫困人口居住在偏远山区，交通闭塞，基础设施建设水平落后，农民只能靠天吃饭。第二，贫困人员自身发展能力不足。许多贫困户未受过教育，现代化生产经营能力较低，不能有效学习新技能。第三，因病、因灾、因学致贫。大多数贫困户原来都属于一般收入水平家庭，缺乏有效应对风险冲击的防御能力，一旦家庭人员出现疾病或者需要大量现金时，这些家庭就会马上再次陷入贫困。

课题组调研资料显示：2015年年末，大理白族自治州有未脱贫建档立卡贫困户2755户、9434人，其致贫原因构成为：因病2979人、占比31.57%，因残1327人、占比14.07%，缺技术911人、占比9.66%，缺资金989人、占比10.48%，缺劳动力843人、占比8.94%，自身发展动力不足867人、占比9.19%，交通条件落后、缺水、因灾及其他原因1518人，占比16.09%（如图8-1）。

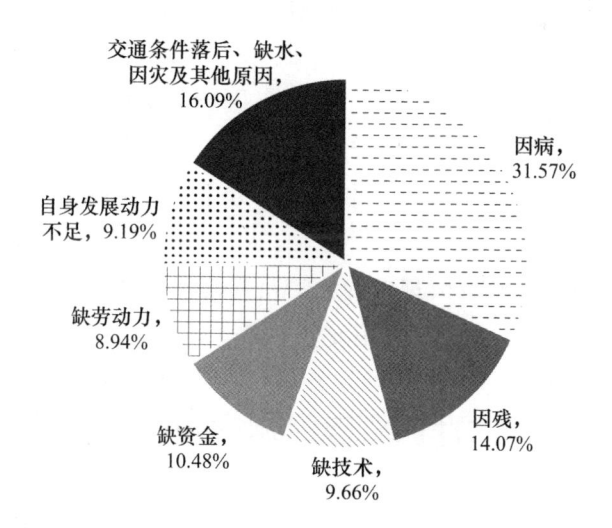

图8-1 大理白族自治州贫困人口组成

资料来源：大理白族自治州扶贫开发办公室。

[①] 资料来源：大理白族自治州扶贫办公室。

（二）扶贫现状

自 2014 年以来，大理白族自治州深入贯彻落实精准扶贫、精准脱贫方针，围绕着"六个精准"和"五个一批"的要求，全面精准识别贫困人口，全力推进脱贫攻坚项目建设。大理州政府在脱贫攻坚战中提出了"两年出列、三年脱贫、五年巩固提升"的奋斗目标，先后出台了《大理州贫困村出列和贫困人口减贫计划》《大理州贫困残疾人脱贫攻坚工作三年行动计划》等相关扶贫规划，并制订了《大理州扶贫开发项目资金整合方案》《大理州扶贫项目后续管理办法》《关于进一步推进产业扶贫的意见》等相关政策，确保在 2020 年实现"一达标、两不愁、三保障"的精准脱贫目标。

经过 4 年的精准扶贫攻坚战，大理白族自治州取得了卓越的成绩。以 2018 年为例，大理白族自治州新增建档立卡贫困人口转移就业 4.3 万人；完成产业扶贫资金及贷款覆盖建档立卡贫困户 10.3 万户、39.7 万人；实施农危改 59474 户、竣工 57782 户，易地搬迁完成 3672 户，新启动建设 797 户；建档立卡贫困人口大病集中救治、慢病签约服务、重病兜底保障均达 100%，住院费实际报销比例达 95.9%；全面落实学生资助政策、职业教育技能培训计划，实现了建档立卡贫困户义务教育阶段学生零辍学目标。2018 年，大理白族自治州祥云县、宾川县、巍山县、洱源县、鹤庆县成为云南省首批脱贫摘帽县，漾濞县、永平县、南涧县已通过省级政府贫困退出考核评估。

截至 2018 年年底，大理白族自治州共实现 6 个贫困乡镇、141 个贫困村出列，8.18 万人脱贫，贫困发生率降至 1.42%。

三 大理白族自治州金融扶贫模式

金融扶贫是指利用银行信贷资金进行产业开发，改善贫困地区和贫困农户生活条件的一种扶贫方式。该模式通常由政府主导，以市场金融机构和贫困户为主体，通过金融贷款形式将资金借贷给贫困户，满足其生产性资金需求，最终实现稳定脱贫的目标。

大理白族自治州在扶贫工作中依托自身金融资源优势，把以信用社为主体的传统金融"输血型"模式（金融机构直接信贷模式、基层党员带领群众创业致富贷款模式、"三权三证"抵押贷款模式）与开发性金融支持"精准扶贫"模式（富滇银行"格莱珉"模式，"金果贷"模式）有机结合，充分调动当地社会金融资源，发掘贫困户内生脱贫能力，将政府、金融机构和贫困户自身力量结合起来，实现了金融扶贫从"输血式扶贫"向"造血式扶贫"的转变。

（一）以信用社为主体的传统金融"输血型"模式

1."金融机构直接信贷扶贫"模式

（1）基本思路

金融机构直接信贷扶贫模式，又称为扶贫到户贷款模式，即政府通过财政贴息来降低贫困农户的融资成本，确保贫困农户特别是建档立卡贫困户能够获得贷款，确保农村信用社贷款资金"放得出、有效益、能发展、收得回"，做到金融和扶贫开发的紧密相连。扶贫到户贷款由县乡两级政府统一领导，具体工作由县扶贫办、县财政局和县信用社相互配合。乡村两级主要职责是宣传、发动、摸底和初步筛选贷款对象，信用社、财政局和扶贫办负责扶贫到户贷款具体操作。扶贫办主要负责贫困户甄别、扶贫项目规划和扶贫到户贷款，管理和协调上下之间的联系和管理工作，信用联社主要负责贷款的审核和放贷工作，财政局负责扶贫到户贷款监督和清算贴息工作。与其他贷款方式相比，这一贷款方式除了要考虑贷款对象的还款能力、信用记录外，还要考虑贷款对象的贫困程度和家庭经营状况。扶贫办的参与不仅可以节约交易费用，规避违约风险，而且能做到专款专用，使财政贴息的利率优惠政策能够真正惠及至扶贫开发上。

（2）运行机制

扶贫到户贷款按照《云南省扶贫贷款贴息管理暂行办法》运行。第一，农户自愿申请。乡村干部通过宣传途径，把贷款政策告知农户，农户根据自己的实际情况自愿申请。第二，乡村初审筛选。乡村干部和扶贫办对贷款对象和贷款用途进行初步甄别，确保贫困农户（特别是建档立卡贫困户）和扶贫项目的贷款需求。第三，贷款审查。信用社受理贷款申请后，派出信贷员对贫困户进行实地走访和调查，审查和审核通过后进行放贷并公示。第四，财政局监督贴息。财政局监督贷款贴息资金"专户管理"和报账，杜绝挤占、挪用贴息资金现象的发生，对扶贫贷款进行贴息。第五，放贷和还贷。放贷后信用社定期进行贷后管理，资金的安全与风险由政府和信用社共同承担，贷款到期后按时收回贷款（如图8-2）。扶贫到户贷款对家庭条件困难和无不良贷款记录的贫困农户优先审批和发放贷款。经过多年的探索和改进，扶贫到户贷款工作形成了政府主导、财政贴息、信用社管理和农户受益的良性循环机制，既支持了贫困户发展生产，又促进了诚信之风的培养。

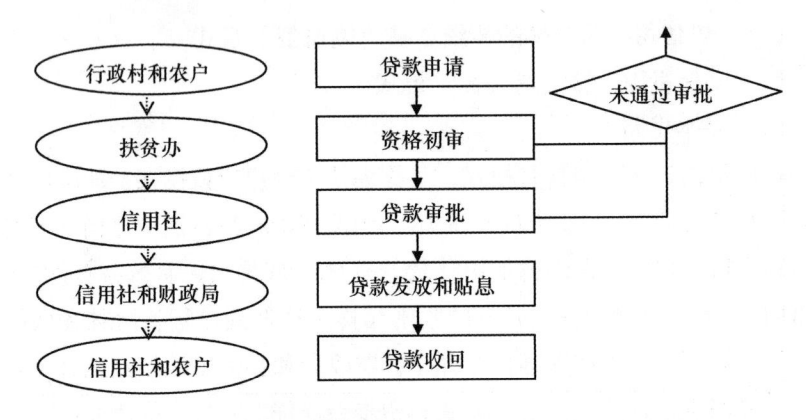

图 8-2 大理白族自治州金融机构直接信贷扶贫流程

资料来源：大理白族自治州扶贫开发办公室。

（3）实践成效

扶贫到户贷款根据当地经济发展和贫困农户基本生产情况，将扶贫开发着力点放在农业和农产品销售环节，重点对贫困户发展种植业、养殖业和自主创业进行支持。作为大理白族自治州重要扶贫模式之一，金融机构直接信贷扶贫模式为当地脱贫攻坚做出了巨大贡献。以剑川县为例，截至2016年12月20日，剑川县总计发放贷款6000万元，扶持贫困农户1825户，覆盖贫困人口8152人。其中：扶持种植业贷款1524万元，占30.48%；扶持养殖业贷款2846万元，占56.92%；扶持加工运输业贷款366万元，占7.32%，扶持其他行业贷款264万元，占5.28%。

2."基层党员带领群众创业致富贷款"模式

（1）基本思路

"基层党员带领群众创业致富贷款"是指贷款人依托党组织在农村中的核心领导和致富引领作用，依靠党的基层组织对借款人进行综合审查，认可其具备申请贷款资格后,独立审核发放的贷款。"基层党员带领群众创业致富贷款"是利用基层党组织熟悉农村情况和密切联系群众的优势来降低农村信用贷款的交易费用和规避违约风险。

(2) 运行机制

"基层党员带领群众创业致富贷款"实行"个人申请、党员介绍、组织推荐、农信社审批、利率优惠和党委备案"的管理模式。具体流程为:借款(申请)人向村党组织提出"基层党员带领群众创业致富贷款"申请,普通群众贷款要有两名本村正式党员作为贷款介绍人,村党组织召开总支部会议对其进行资格审查,村党组织对贷款人初审合格并公示后,给予贷款人推荐,农信社再根据村党组织的推荐意见核发贷款,贷款发放后,农信社经营网点每月向所在乡镇党委进行放贷备案(如图8-3)。"基层党员带领群众创业致富贷款"实行"一次核定、随用随贷、余额控制和循环使用"的授信和用信管理方式,为党员和困难群众提供方便和快捷的绿色通道。

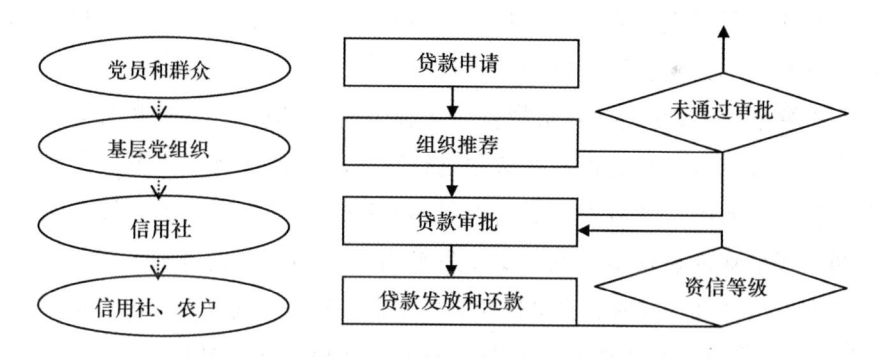

图8-3 大理白族自治州基层党员带领群众创业致富贷款流程

资料来源:大理白族自治州扶贫开发办公室。

"基层党员带领群众创业致富贷款"以农村信用体系建设中农户信用等级评定结果为依据,采用信用贷款的方式发放。农村信用社资信评定小组根据农户家庭财产、收入、信誉、生产经营状况和资信评定标准,经基层党组织审查推荐,经营网点贷款审批小组集体讨论确定贷款人的资信等级后,再根据贷款人的资信等级确定授信额度。以剑川县为例,对于立足于自身脱贫致富的贷款人,每户最高可申请不超过10万元的授信额度

(见表8-1)。对于信誉好和威望高的党员致富带头人，信用社还可以适当提高授信额度。例如，对于信用评分不低于98分，帮扶1—2名困难群众的农村致富党员带头人可申请不超过20万元的授信额度，帮扶2名以上困难群众的农村致富党员带头人可申请不超过30万元的授信额度。

表8-1 "剑川县基层党员带领群众创业致富贷款"资信评级与授信额度

评分结果（分）	资信等级	授信额度（万元）
85—100	优秀	6—10
70—84	较好	3—5
65—69	一般	0—3
0—64	较差	0

资料来源：剑川县扶贫开发办公室。

(3) 实践成效

2013年，剑川县积极向省级部门争取金融扶贫政策，率先在云南省和大理州开展"基层党员带领群众创业致富贷款"试点工作。剑川县为建立和健全基层党员带领群众创业致富贷款操作程序，制定了《剑川县"基层党员带领群众创业致富贷款"实施细则（试行）》《剑川县农村信用合作联社"基层党员带领群众创业致富贷款"业务实施方案》等相关制度措施，明确发放对象、发放流程和办理机构等具体细节，使"基层党员带领群众创业致富贷款"资金发放有章可循、有据可依、有机构服务和有人员办理。同时，在县级预算内安排贴息资金250万元，专项用于"基层党员带领群众创业致富贷款"贴息。2013年和2014年，剑川县共争取和发放1.05亿元"基层党员带领群众创业致富贷款"（其中，2013年5000万元，2014年5500万元），支持1719户农户脱贫，帮助近2000人实现创业梦想。在发放资金的同时，组织、财政、农业、林业、人行、农信社等科技和金融部门上下联动，强化技术指导和跟踪服务，确保资金发挥出最大效应，积极探索"基层党员带领群众创业致富贷款"与服务村级集体经济、发展农业合作社和产业培植之间的结合点，借力"基层党员带领群众创业致富贷款"增加村级集体经济收入。例如，马登镇马登村以支部党员名义向马登信用社申请了20万元"基层党员带领群众创业致富贷款"资金,用于烤烟种植,发展村级集体经济,为村级集体经济增收 8 万元,一举摘掉了"贫困"帽子。

3. "三权三证"抵押贷款模式

(1) 基本思路

"三权三证"抵押贷款模式基本思想是将农民所拥有的林业、土地和宅基地资源盘活,通过将其视为农民的财产权,从而作为银行抵押物,向银行贷款的一种扶贫模式。2007 年国家颁布《物权法》,把赋予农民更多的财产权利作为农村施政的重要内容,在试点成功的基础上不断在全国推进农村林权改革,农村土地承包经营权确权颁证和宅基地使用权登记工作。林权改革、农地确权和宅基地使用权登记明确了山林、农地和宅基地的使用权,促进了林权、农地承包经营权和宅基地使用权市场的发育,为林权、农地承包经营权和宅基地使用权成为抵押物创造了制度环境。

(2) 运行机制

"三权三证",是以林权改革、农村土地承包经营权确权颁证、宅基地使用权登记为核心的产权改革和转变。实现了农民拥有的资源向资产的转变,赋予农民所经营的山林、土地、宅基地以独立明晰的物权。产权明晰,第一使得产权可被第三方识别和保护,第二使得产权可以进行交易,而产权交易又进一步使得产权的价值和价格显性化,最终使得产权可由所有人和权利人进行处置。可识别、可估价和可处置正是金融抵押物的充分必要条件。

与扶贫到户贷款和基层党员带领群众创业致富贷款不同的是,"三权三证"抵押贷款在贷款审批通过后和贷款发放前,要对抵押物进行估价和抵押,在贷款人拒绝还款和贷款无法收回的情况下要通过法律手段对抵押物进行处置。抵押物的估价由评估机构根据评估办法进行,估价完成后由贷款人和信用社签订抵押合同,然后到相关管理部门进行抵押登记。

"三权三证"抵押贷款流程为,农户向信用社提出贷款申请,信用社对农户的贷款申请进行审批,信用社评估中心对农户的"三权三证"进行评估抵押,信用社根据评估价值向农户发放贷款,最后由信用社进行贷款的回收,并对无法还贷的农户的抵押物进行处置 (如图 8-4)。

(3) 实践成效

2012 年,剑川县根据《云南省农村信用社林权抵押贷款管理办法》

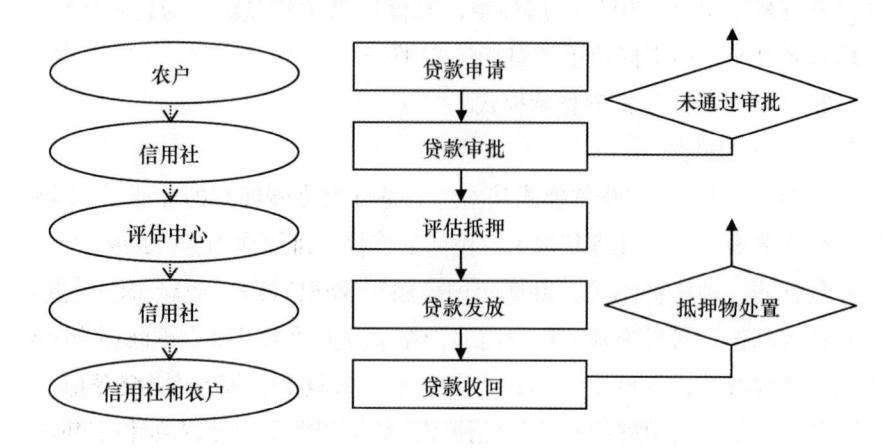

154 / 案例篇 样本模式与发展路径

图8-4 大理白族自治州"三权三证"抵押贷款流程
资料来源：大理白族自治州扶贫开发办公室。

制定了《剑川县农村信用合作联社林权抵押贷款实施细则》《剑川县农村信用合作联社林权价值评估办法》和《剑川县农村信用合作联社林权价值评估实施细则》等法律法规，开展林权抵押贷款试点工作。县林业局积极创新林权流转和抵押登记评估服务，农业银行、信用社积极探索多种贷款偿还方式，扩大林权抵押贷款规模。

2013年，剑川县被列为云南省农村土地承包经营权确权登记工作试点县，完成了下辖金华镇新仁村10个村民小组602户农村土地承包经营权确权登记工作。2014年，剑川县在新仁村第十村民小组开展农村土地承包经营权抵押贷款试点工作，根据新制定的《剑川县农村土地承包经营权抵押贷款管理办法（试行）》为部分村民办理抵押贷款。2014年12月第十组5户农户获得了总计30万元的农村土地承包经营权抵押贷款。

2014年，剑川县根据《国土资源部关于进一步加快宅基地使用权登记发证工作的通知》和《国土资源部、财政部、农业部关于加快推进农村土地确权登记发证工作的通知》，制定了《剑川县开展农村集体土地确权和登记发证工作实施方案》，开展农村集体土地所有权的确权登记工作。2014年确权登记发证面积19.63万公顷，登记发证3214宗，其中村民小组发证2743宗，确权登记发证率达95.94%。

（二）开发性金融支持模式——富滇方案

金融扶贫是精准扶贫的重要组成部分，银行是金融扶贫开发中最重要的角色之一。目前，中国参与精准扶贫的银行主体有两类，一类是大型国有银行，另一类是地方性商业银行。大型国有银行主要以传统信贷扶贫的方式，配合国家扶贫政策和财政补贴，给予符合标准的贫困户一定的信贷资金，多起着"输血式扶贫"的作用。与大型国有银行相比，地方性商业银行具有更多的灵活性，在参与金融扶贫时，在充分考虑到银行和贫困户的可持续发展问题的同时，兼顾了政府的行政压力和市场的运行规律，通过经营模式的创新，将政府、银行和贫困户的三方利益紧密结合在一起，发挥着"造血式扶贫"的作用。

富滇银行前身是始建于1911年的云南全省公钱局，1912年改组成为省立富滇银行，是一个拥有百年历史的银行品牌。历史上的富滇银行一直起着地方央行的作用，代表省政府执行金融政策、统制外汇。富滇银行股份有限公司（以下简称"富滇银行"）成立于2007年12月30日，是云南省第一家省级地方性股份制商业银行，它全面贯彻"发展兴行"的经营理念，秉持"客户至上、守法经营、追求效率、积极进取、服务大众、造福社会"的经营宗旨，坚持以"支持当地经济建设、支持当地中小企业发展、服务当地民众、发展当地经济"为目标。近年来，富滇银行紧紧围绕云南省委、省政府脱贫攻坚工作部署，一方面履行省级地方法人银行职责使命，一方面立足中小银行支农支小定位，下沉服务重心、延伸服务网络，通过创新信贷供给和完善金融服务，积极探索金融助力脱贫之策，提供金融精准扶贫的"富滇方案"。

1. 富滇银行"格莱珉"模式

（1）基本思路

格莱珉模式最早起源于孟加拉国，是专门针对深度贫困地区贫困妇女的一种农村金融小额信贷扶贫模式，由于其起源于孟加拉格莱珉银行，因此被称为格莱珉模式。

格莱珉模式的主要贷款对象为深度贫困地区的贫困妇女，银行通过对贫困户的甄选和设立"五人互助小组"的监督机制，成功地化解了深度贫困人群的还贷风险，是小额信贷史上的一大创新。

大理市政府和富滇银行，积极探索金融精准扶贫新路径，在国内引入了世界小额信贷先驱——格莱珉模式，开发出针对建档立卡贫困户的扶贫小额信贷产品——富滇—格莱珉扶贫贷款，通过复制"一个标准的格莱珉模式支行"，为项目点及周边区域的建档立卡贫困户特别是贫困妇女以及其他低收入农村居民提供贷款支持，帮助她们及其家庭摆脱贫困。

2016年2月22日，大理市政府和富滇银行与格莱珉有限公司签订了《富滇—格莱珉项目技术服务合同》，由富滇银行提供项目运营所需经费和项目实施所需信贷资金，格莱珉有限公司按合同约定提供模式技术支持和日常运营管理，共同推动项目在富滇银行挂包联系点大理市太邑乡太邑村落地和实施。

（2）运行机制

富滇银行"格莱珉"项目的具体工作实施内容包括：首先，搭建业务架构，成立富滇—格莱珉金融扶贫事业部统筹项目实施，设立大理工作部负责项目推进，并抽派工作队员2名专人配合项目具体操作。其次，通过驻村扶贫工作队，加强与太邑乡党委政府沟通协调，举办系列宣讲活动，深入各自然村开展项目宣讲宣传。通过建立定期报告制度，按月形成工作简报，向上级有关部门通报当月贷款发放、重点工作等事项。最后，设立太邑乡富滇格莱珉扶贫专项基金。该基金由富滇银行与太邑乡政府共同设立，并共同制定管理办法，任命基金管理委员会成员，明确议事、决策程序，规范和加强基金账户资金的使用管理。

富滇银行"格莱珉"项目的申请办理流程为：贫困妇女向富滇银行—格莱珉事业部提出贷款申请，格莱珉事业部根据申请材料和实地考察对申请人进行资格审查，并向富滇银行推荐符合资格的贫困户，富滇银行根据格莱珉事业部的推荐向通过审查的贫困户发放贷款，最后由格莱珉事业部进行贷款回收（如图8-5）。

（3）实践成效

富滇银行"格莱珉"项目于2016年5月26日在富滇银行挂包联系点大理市太邑乡太邑村举行揭牌仪式，并成功发放首批贷款。借助孟加拉格莱珉银行的成功经验和成熟模式，富滇银行"格莱珉"项目在坚持开发式扶贫，坚持可持续性原则的同时，精准对接建档立卡农户和其他贫困群体多元化信

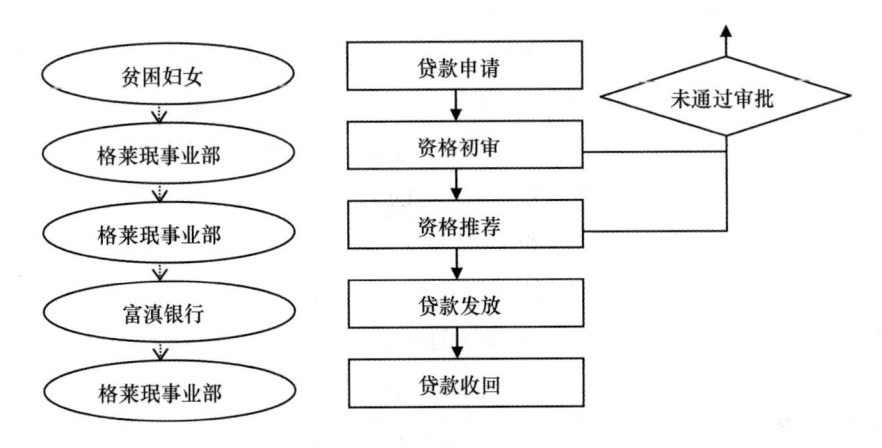

图8-5 大理白族自治州富滇银行"格莱珉"项目运营流程

资料来源：大理白族自治州扶贫开发办公室。

贷需求，激发贫困群众内脱贫动力，做到因村施策，因户施法，增强了金融扶贫服务的精准性和有效性。

截至2017年8月，项目点会员户数达到270户，贷款户数206户，贷款余额为241.03万元，还款率为98%。其间，项目累计发放贷款资金490.7万元，单笔贷款发放最低金额为1000元，平均单笔贷款金额为1.66万元。其中，向当地93户建档立卡贫困户发放贷款210.6万元。贷款用途主要集中在购买籽种发展种养殖业，改善经营条件扩大经营规模等。据统计，发展养殖产业占比75.34%、种植产业占比3.52%、发展经营占比7.75%、改善生活条件占比10.56%、购买生产工具占比2.82%。

2. 富滇银行"金果贷"模式

（1）基本思路

富滇银行"金果贷"模式是"三权三证"抵押贷款模式的延伸和创新，它以水果权证作抵押，果农只要持有当地县政府结合土地承包经营权、土地流转经营权核发的水果权证，就可以到富滇银行申请贷款。"金果贷"是全国首个以水果为抵押物的金融信贷产品，有效解决了当地果农"缺担保、难贷款"的困境，实现"政策支持"和"金融创新"的紧密结合，其对传统抵押担保方式大胆的突破，进一步打通了银行服务"三农"的融资通道，为践行金融扶贫开发开辟了新途径。

(2) 运行机制

"金果贷"采用创新担保方式，根据水果种植户种植面积、种植物经济价值确定其附着于流转土地上的水果收益权作为担保方式，由富滇银行向种植户提供信贷支持。"金果贷"运行机制的核心在于"银政合力"创新开发"水果权证"，由政府对水果种植面积、品种、年限等基本要素进行认证和准入，让种植户具备银行贷款的基本条件。

"金果贷"的贷款对象是取得土地承包经营权及果林经营权，权属清晰无争议的水果种植户。享受标准为贷款金额最高可达300万元，贷款期限根据不同水果生长周期确定，贷款到期日设立在水果上市售卖的季节，单笔贷款期限最长可达到2年，贷款利率按照优惠利率执行。

"金果贷"的申请办理流程为水果种植户向所在村委会提出贷款申请，经村委会资格认定后进行推荐，富滇银行经过审批，为已办理水果权证抵押登记手续的农户提供贷款支持（如图8-6）。

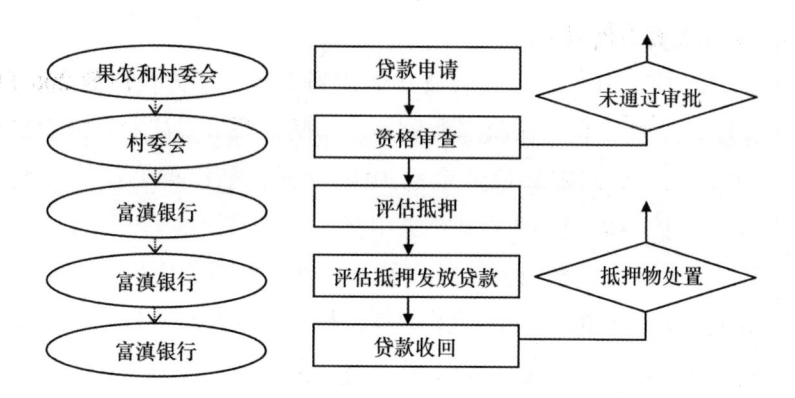

图8-6 大理白族自治州富滇银行"金果贷"模式流程

资料来源：大理白族自治州扶贫开发办公室。

(3) 实践成效

2013年8月，在富滇银行、大理宾川县政府的共同努力下，面向高原特色水果种植行业的农业金融信贷产品——"金果贷"正式在大理宾川县落地实施。在"金果贷"产品试点之初，宾川当地葡萄种植面积为14.35万亩，年产值21.4亿元。在银行信贷支持下，当地葡萄种植产业已完成农业规范化的初级改造，种植面积提升至18.37万亩，年产值达

24.9亿元，当前宾川县优质水果种植面积已达29万亩，总产64万吨，总产值34亿元，产业规模及效益突出。截至2019年4月末，"金果贷"共支持了当地9500多户果农发展，累计发放贷款金额13.09亿元，户均贷款13.68万元，"金果贷"产品不良率仅为0.45%。

"金果贷"的创新推出，得到了社会各界的高度赞扬，前来咨询与办理的果农络绎不绝，产品从根本上解决农户生产资金问题，使果农的果园变资源，资源变资本，资本变资金，形成果农获益，银行获效，政府获发展的多方共赢局面。2013年，"金果贷"入选"亚洲金融合作联盟成员单位小微金融实践优秀案例"，2015年荣获《银行家》杂志"十佳金融产品创新奖"。2018年荣获中国银行业协会"服务小微及三农百佳金融产品奖"及"最佳社会责任实践案例奖"。

四 问题与建议

（一）大理市金融扶贫工作中存在的问题

大理白族自治州借助金融扶贫模式，在开展脱贫攻坚的工作中，取得了令人瞩目的成绩，但同时也存在诸多问题，这其中既有传统金融扶贫模式所面临的共性问题，也有创新性金融扶贫模式具有的特殊性问题。

1. 传统金融扶贫模式面临的共性问题

（1）偿贷风险

由于贫困户特有的性质，与一般信贷风险相比，金融扶贫信贷风险具有更高的风险。与正常的信贷对象相比，贫困户具有更大的不确定性，他们或属于因病致贫，或是孤寡老人无法进行生产劳动，有些压根没有抵押物，因此存在着更高的信贷风险和贷款成本。当意外发生时，贫困户往往既没有偿还能力，也没有可以抵押的物品，因此会造成严重的偿贷风险。

（2）不可持续性

金融扶贫的核心要义是，金融机构在政府主导下，通过借贷的方式，给予贫困户一定的生产启动资金，从而实现贫困户的自我良性经营，实现脱贫的目标。但是，传统的金融扶贫模式过度依赖扶贫政策，从而产生了不可持续性的问题。一方面，大理白族自治州传统的金融扶贫模式的参与主体金融机构多为大型国有银行，金融机构参与金融扶贫的目的是为了完成行政性的任务，且大多以政府财政贴息作为其动力，其可持续性多依赖于政府的财政补贴，银行并没有形成自我盈利的良性循环。另一方面，由于传统扶贫模式多是"输血式扶贫"，因此导致许多贫困户形成了等、靠、要的不良习惯，丧失了其主动进取依靠自身努力脱贫的动力。

（3）监管问题

传统金融扶贫监管的问题主要有两个方面，一是传统的金融监管机制不适应农村金融扶贫监管；二是金融扶贫模式自身监管机制的缺乏。中国现存的金融监管机制，大都只针对城市经济和传统金融业务，对金融精准扶贫的发展考虑不足，大理白族自治州的大多数贫困地区都处于自然条件较差，经济极度落后的地区，这些地区往往处在政策法规传导的末端，各项法规制度的执行和监督方面都比较薄弱。大理白族自治州传统的金融扶贫模式是在政府的主导下，银行给予贫困户发放贷款。而在贷款下发的过程中，一些金融扶贫款被用在企业和项目贷款上，还有一些金融扶贫款会到达村委会手中，这些金融扶贫贷款最终能否有效地到达贫困户手中，缺乏有效的监督机制。

2. 创新性金融扶贫模式面临的问题

（1）更高的偿贷风险

与传统的金融扶贫模式相比，创新性金融扶贫模式往往存在更高的偿贷风险。以格莱珉模式为例，格莱珉模式的主要贷款对象是深度贫困人群，这部分群体通常无抵押物、生产性经营不稳定，且格莱珉模式主要依靠互助小组彼此监督的机制来化解风险，并无任何实质性的担保和抵押物，一旦发生违约，不管是主动还是客观因素造成的，其贷款将不可追回，亦无可抵押物可处置。

（2）金融扶贫机构供给不足

一方面，拥有资质的大型国有金融机构，由于成本和风险因素以及有更多的业务模式的选择，在金融扶贫模式创新和实践方面缺乏积极性。另一方面，许多小型金融机构虽然具有创新积极性，但由于资质门槛，难以参与到金融扶贫工作中。

(二) 对策建议

1. 因地因时积极推广"富滇方案"

富滇银行"金果贷"模式是对"三权三证"金融扶贫模式的扩展，它依靠本地农民的水果作为抵押，解决了贫困户无抵押贷款的问题。从本质上讲，"金果贷"是将贫困户特色生产资源作为抵押，从而获得贷款的过程。在中国大部分地区，许多贫困户都有着一定的生产资源，这些生产资源或者以果树形式存在，或者以土地形式存在，或者以其他的可生产方式存在，这些生产资源都可以作为抵押物，作为贫困户向银行获得贷款的抵押。

早在20世纪90年代，格莱珉模式也曾引入国内，但未取得良好的实践效果，主要原因在于当时中国扶贫的重点并未放在深度贫困人口上，因此与之对应的资源、政策匹配度不够。当下，中国的扶贫环境已经发生了较大变化，扶贫重点放在了深度贫困人口上，"富滇—格莱珉"模式的成功表明，在具备足够的资源和政策支持下，"格莱珉"模式在中国是可以推广的。

2. 增加金融扶贫机构的有效供给

中国金融市场主体种类众多，除银行之外还有各大互联网金融平台、各类金融机构，这些社会金融机构往往更有活力。将这些更有活力的社会资本引入扶贫事业中，一方面可以减轻国家扶贫的财政压力，提高扶贫工作效率，有效解决贫困人口的资金来源问题，另一方面可以完善中国金融市场的小额贷款制度，增加中国金融市场活力。

3. 建立健全金融扶贫的监督机制

面对金融扶贫模式缺乏金融监管机制的问题，在进行精准扶贫工作时，要建立起金融精准扶贫的监察机制，切实落实责任负责制。各级地方政府与扶贫办、财政局等职能部门，应在坚持现有座谈会、调度会、联席会制度基础上，进一步加强与金融机构的工作联络，明确责任分工，对扶贫的资金去向和资金的使用状况进行严格的监察，确保金融扶贫资金能够到达贫困人口手中，强化监督管理与信息共享，推动扶贫联动机制高效运行。

4. 加大农村金融扶贫的宣传，树立贫困人口的金融发展意识

当前农村贫困地区在金融方面的发展比较落后，金融业务涉及农村领域较少，尤其是贫困地区的农户对金融知识以及金融的发展知之甚少。调研中发现，许多贫困人口连最基本的银行卡存取款业务都难独立完成，更没有向银行借贷发展的意识。"富滇—格莱珉"模式取得的初步成功告诉我们，注重培养农民的金融意识，发掘贫困人口的内在动力，扶贫效果才会更持久。

第九章

河北省易县精准扶贫调研报告

河北省保定市易县是燕山—太行山集中连片特困地区，也是河北省环首都扶贫攻坚示范区。易县地形地貌复杂，包括平原、山区、丘陵等多种地形。为充分掌握不同地形特征下易地搬迁的差异化方案，课题组专程对易县贫瘠山区自然村的整村搬迁情况进行补充调研。另外，易县自然资源丰富，历史文化悠久，具有非常良好的旅游开发条件。旅游扶贫也是易县精准扶贫模式的典型代表。2018年12月，课题组对河北易县进行了国情调研，对易县实施的易地搬迁，以及旅游扶贫实践进行了考察和分析。

一 易县基本情况[①]

易县总面积2534平方千米，总人口60万人，辖28个乡镇（处）、469个行政村、1893个自然村庄，素有"七山一水二分田"之称。全县户籍人口58.4万人，其中农业人口46.7万人。2011年，易县被国家列入燕山—太行山集中连片特困地区；2012年，易县被河北省列入环首都扶贫攻坚示范区。

（一）区位交通

保定市易县位于河北省中部，西与涞源县接壤，北与涞水县相连，东与定兴县交界，南与徐水、满城、顺平县毗邻。京原铁路从易县北部穿过，高易铁路与京广铁路相连；公路交通方面，京广西线、津同、易保、

[①] 资料来源于易县人民政府网站（www.yizhou.gov.cn）。

易定、泥岭、良川等主要干线交汇于县城；另外，京昆、荣乌、张石三条高速公路贯穿易县全境，总里程110千米。

（二）自然禀赋

易县地形地貌复杂，平原、山区、丘陵皆有，自然资源丰富，历史文化悠久。易县有省级以上非物质文化遗产6项、古文化遗存300多处、县级以上文物保护单位40个，位列联合国首批命名的"千年古县"。易县还是中国革命老区。其中，大家耳熟能详的"狼牙山五壮士"英雄事迹就发生在这里。易县也是生态大县。全县境内有17座水库，5条较大河流，拥有森林面积113万亩，全县林木绿化率达55.06%，被誉为"太行山最绿的地方"，是"国家级生态示范区""北京上游水源涵养区"。

易县同时也是旅游大县，拥有世界文化遗产清西陵、全国红色经典景区狼牙山、"太行明珠"易水湖、京畿要塞紫荆关等著名景点景区。全县可供开发的旅游景点达200多处。易县曾经在2016年代表保定市完成首届河北省旅发大会的承办任务，并且被列入首批"国家全域旅游示范区"创建单位。

（三）经济社会发展状况

2018年全县完成地区生产总值1160823万元，同比下降2.3%，其中第一产业完成增加值244101万元，同比增长7.1%；第二产业完成增加值366739万元，同比下降15%；第三产业完成增加值549983万元，同比增长7.7%。三次产业的结构比例由2017年的19.4∶45.7∶34.9调整为2018年的21.0∶31.6∶47.4。农业结构调整进一步深入，农业基础设施进一步加强，农村经济全面发展，农村生产生活条件不断改善。2018年城镇居民可支配收入24794元，同比增长11.0%；农村居民人均可支配收入9328元，同比增长11.6%。在岗职工平均工资（含劳务派遣）57108元，同比增长1.6%。

2018年，易县普通中学在校学生33406人，比上年增长7.6%；职业中学在校学生3010人，比上年增长7.4%；小学在校学生39432人，比上年下降1.7%；在园幼儿14073人，比上年下降7.3%；特殊教育在校学生58人，比去年下降3.4%。

全县共有医院、卫生院等医疗卫生机构 32 个，卫生系统人员 2244 人，其中：正高级 9 人，副高级 118 人，中级 296 人，初级 907 人，其他从事卫生专业人员 914 人。城乡居民基本医疗保险参保率为 98.9%[1]。

二 易县扶贫状况

（一）贫困情况

2014 年，易县共有贫困村 162 个，建档立卡贫困人口 133086 人[2]。2015 年，按照"扶贫对象精准"要求，易县开展了建档立卡"回头看"，共识别建档立卡贫困人口 55863 人。2017 年，易县又针对边缘人口提出了"八评八纳入"的具体细则，全县识别贫困人口 38878 人，其中识别贫困搬迁人口 88 户、228 人。近年来，易县以精准扶贫、精准脱贫统揽工作全局，在认真分析县情、乡情、村情、户情基础上，规划出了"一年育产业，两年见成效，三年摘穷帽，四年抓提高，五年奔小康"的脱贫路线，全党动员、全民发动、全力推进，举全县之力扎实开展了精准脱贫攻坚战。2017 年年底，脱贫攻坚各项任务目标圆满完成，162 个贫困村脱贫出列，13731 户、33107 人实现脱贫，贫困发生率下降到 0.81%，达到了全县脱贫摘帽标准。2018 年，全县 906 户、1559 人实现稳定脱贫，贫困发生率下降至 0.47%。2018 年 9 月底，易县正式退出贫困县序列。

2016 年，易县为了提出更精准地贫困人口识别细则，曾经在建档立卡"回头看"的基础上，抽样调查了 27352 名贫困人口，对当地贫困户的基本状况，包括贫困人口的年龄分布、收入情况等进行了详尽分析。

从年龄分布情况来看，贫困人口中的中老年人居多。其中年龄在 16—19 岁的有 1648 人，20—29 岁的有 3959 人，30—39 岁的有 4006 人，40—49 岁的有 5931 人，50—59 岁的有 6185 人，60—65 岁的有 5623 人（如图 9-1）。

---

[1] 资料来源：易县统计局《关于二〇一八年国民经济和社会发展的统计公报》。
[2] 如无特殊说明，本章数据均来源于易县扶贫办公室。

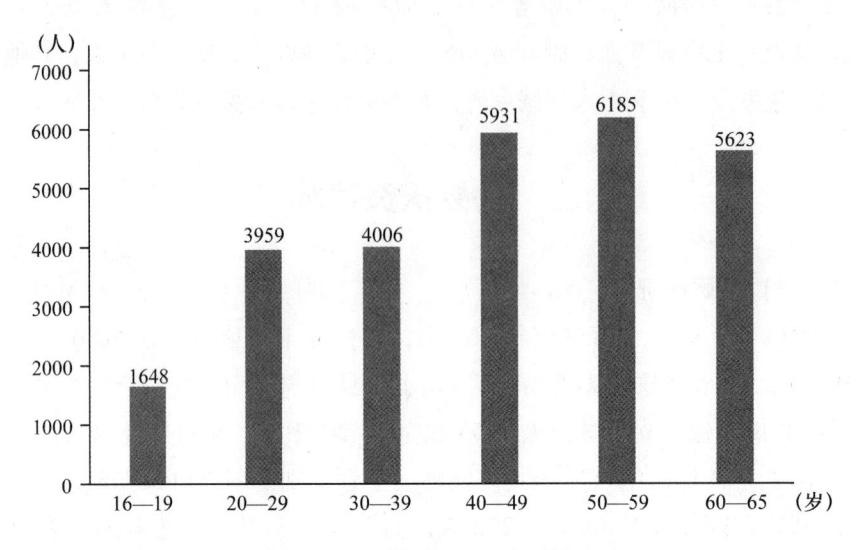

图 9-1 易县贫困人口年龄分布

资料来源：笔者自制。

从收入状况来看，在抽取的 27352 个贫困人口中，年均收入在 3200 元以下的有 1720 人，年均收入在 3200 元以上的有 25632 人。

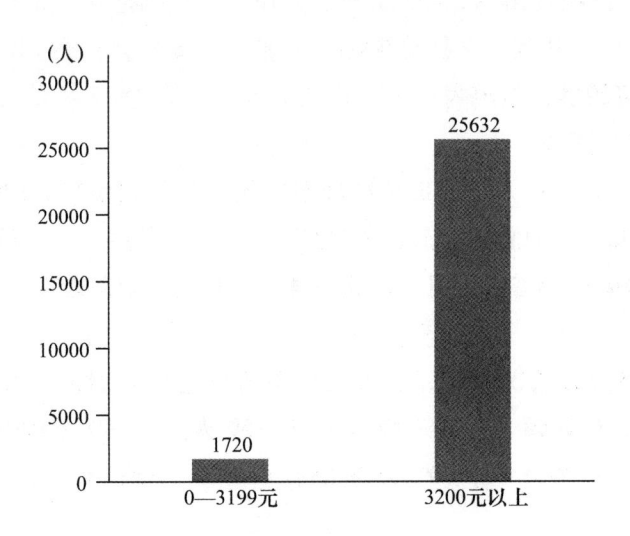

图 9-2 易县贫困人口收入状况

资料来源：笔者自制。

（二）致贫原因

调查显示，因病是易县贫困户最主要的致贫原因。在样本中，因交通条件落后致贫的有21人，缺技术的有2589人，缺劳力的有4156人，缺水的有3人，缺土地的有7人，缺资金的有3998人，因病的有11468人，因残的有3558人，因学的有483人，因灾的有15人，自身发展动力不足的有1048人，其他因素致贫的有6人（如图9-3）。

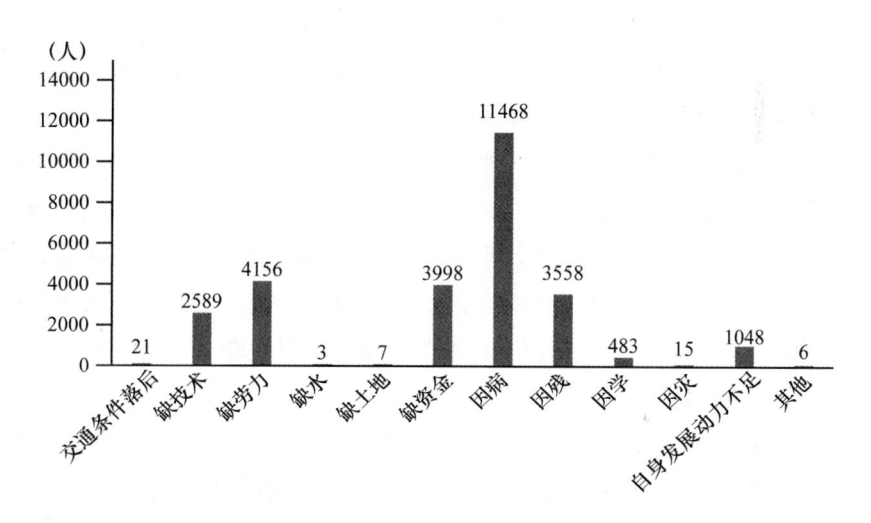

图9-3 易县贫困人口致贫原因

资料来源：笔者自制。

（三）贫困特点

1. 资源虹吸，要素短缺

易县处于燕山—太行山集中连片特困地区，紧邻京、津地区。京、津作为一线城市并没有像上海、广州拉动珠三角和长三角地区一样辐射推动环京津区域发展，反而环京、津地区的资金、技术和劳动力等要素向京津地区聚集，形成了易县劳动力、技术和资金等要素的短缺。

2. 非经济性贫困人口占比较多

随着扶贫开发工作的深入和经济社会的发展，易县因经济发展环境差致贫的贫困人口逐渐减少，更多的是因社会保障体系缺乏、家庭储备不足、脱贫手段单一等使贫困家庭无法抵御因家人突发疾病或慢性疾病、因残或因子女求学等原因致贫。调查显示,因病致贫是易县贫困户最主要的致贫原因。

3. 医疗卫生服务落后,交通路网不完善

近年来易县医疗卫生服务条件有了长足进步,但是跟河北省的平均水平相比较而言还十分落后。易县交通路网建设仍然不够完善,部分村村、村镇之间道路状况较差,地处山区的贫困人口出行不便,难以享受到城镇地区的医疗卫生服务。如果不能保证上述贫困地区的医疗卫生服务的数量和质量,因病致贫的问题将难以解决。

(四)扶贫现状

易县全面贯彻落实精准扶贫理念,因地制宜地开展了扶贫工作。当地精准扶贫主要包括精准识别、精准帮扶、精准管理三个过程。这三个过程各自发挥着独立的作用,缺一不可。其中,精准识别是一切扶贫工作的前提,为精准帮扶奠定基础;精准帮扶,是整个扶贫工作的核心,是因地制宜地选择帮扶模式。同时,这三个过程又相互关联,难以切割,共同发挥作用。

1. 精准识别

精准识别是一切扶贫工作的前提。易县在2014年建档立卡数据基础上,先后开展了两次建档立卡"回头看"工作,对已有数据进行了进一步的清洗和整理,保障整个扶贫工作的数据精度。其中:2015年,易县按照"扶贫对象精准"要求,严格标准和程序,首次对全县所有建档立卡贫困人口开展了建档立卡"回头看",识别建档立卡系统贫困人口55863人。2017年开展了第二次建档立卡"回头看"工作,在兼顾"六不评""六优先"的基础上,易县又针对边缘人口提出了"八评八纳入"的具体细则,全县共识别贫困人口38878人。

2. 精准帮扶

精准帮扶,是整个扶贫工作的核心环节。各地需要在精准识别的基础上,根据自身的实际情况形成适宜的帮扶格局。易县深入总结和反思以往扶贫开发的经验教训,深刻认识到:只有以精准扶贫的理念为指导,走产业扶贫的路子,才能变"输血"为"造血",使广大贫困群众实现稳定脱贫。因此,易县根据自身的地理环境、资源优势和产业特色,突出顶层设计引领,精准谋划富民产业,谋划了涵盖八大主导产业、八大产业片区及七种扶贫模式,即"878产业扶贫格局"。其中,易县的八大主导产业有:旅游产业、林果产业、养殖产业、种植产业、苗木花卉产业、光伏产业、电商产业、家庭手工业。旅游产业是带动脱贫人口最广泛,增收效果最为显著的扶贫产业。基于主导产业,易县打造了八大产业片区:梁格庄、清西陵、易水湖旅游及相关产业片区,白马经济观赏型花卉苗木及特色种植产业片区,流井、桥头特色林果及特色种植产业片区,白沙河流域优质苹果、梨及经济观赏型花卉产业片区,良岗、坡仓核桃、板栗种植及蜜蜂产业片区,狼牙山红色旅游及绿色林果产业片区,紫荆关食用菌产业片区,中易水—西山北旅游及观赏型花卉产业片区。

3. 精准管理

精准管理的过程紧密联系了精准识别和精准帮扶的过程,是对这两个过程的监督与管理,保障了这两个过程的顺利运行,进而保障了整个扶贫工作的顺利开展。易县对扶贫各方参与主体之间进行协调管理。通过扶贫工作领导小组,将扶贫办、统计局、财政局、农牧局等相关单位全部纳入其中,定期召开工作会议,及时部署工作安排,为更好地实施精准扶贫政策提供了有效保障。

三 易县扶贫模式

(一)精准扶贫模式

第一,易地搬迁扶贫。易县搬迁人口为298户、889人,其中:建档立卡搬迁88户、228人,同步搬迁210户、661人。安置方式包括集中安置和分散安置,集中安置建档立卡搬迁户26户、50人,分散安置建档立卡搬迁户62户、178人。2018年,集中安置区为流井乡建新村集中安置小区,搬迁户全部入住,分散安置全部到位。另外,"流井乡建新村集中安置区"也是全国易地扶贫搬迁定点监测联系点。

第二,教育扶贫。2014年以来易县全面进行薄弱学校改造、山区寄宿制学校建设、义务教育学校三年行动,累计投入5.13亿元改善办学条件。2015—2017年,易县累计为41813人次贫困寄宿中小学生发放生活补助2353.5万元。"雨露计划"落实资金569.1万元。

第三,生态扶贫。易县利用生态补偿和生态保护工程资金,使有劳动能力的部分贫困人口转为生态保护人员，选聘84名建档立卡贫困人口为生态护林员，人均年收入10000元，实现了稳定脱贫。

第四，电商扶贫。当地先后举办了"易县首届电商创业大赛""易县首届电商年货节"、中国保定互联网公益文化节、电商助农"爱心李"采摘、易县柿子采摘节等多项电商活动。2017年10—11月开展的第二届柿子采摘节活动，参加了《第一时间——"厉害了我的国·中国电商扶贫行动"》栏目，在100个国家级贫困县"双11"电商销售数据中，易县网络零售额共计821.51万元，排在第12位，其中柿子网络零售额11万元，排在第20位。

第五，金融扶贫。当地成立易县金融服务中心，在24个乡镇设立了乡镇金融服务部，162个贫困村建立了贫困村金融扶贫服务站，构建了三级金融扶贫网络。对有贷款意愿、符合条件的贫困户按照免抵押、免担保、财政贴息的原则，给予发放5万元以内的扶持贷款，鼓励和激发贫困户自主创业、就业的内生动力。

（二）创新扶贫模式

易县旅游资源，旅游产品种类多样。易县有大小景点145处，其中有3个准5A级景区——清西陵、狼牙山、易水湖。清西陵属于世界文化遗产，拥有"中国面积最大的人工古松林、中国现存规模最大、保存最完整、建筑类型最齐全的古代皇室陵墓群、中国保存最完好、规制最齐备的守陵村部落"等十个世界或中国之最；狼牙山为国家级红色旅游基地；易水湖是省级水利风景名胜区。这三大主要景区各具特色，分别形成了狼牙山红色风情游、清西陵满族风情游、易水湖水乡风情游，几乎涵盖了河北省乃至全国的所有旅游品类。

易县政府从当地旅游资源优势出发，以"全域旅游"为切入点，将脱贫攻坚与旅游产业发展进行深度结合。易县以"狼牙山、易水湖、清西陵"等重点旅游景区为核心，以旅游业拉动全域经济。旅游及附带产业收入占贫困户收入的50%。2018年，易县有72%左右的贫困户受益于旅游产业发展。到2018年年底，易县旅游产业覆盖贫困户13249户，年人均增收700元。其中，有117个贫困村建起了采摘园，发展乡村旅游，综合效益达到9000万元。特别是清西陵、易水湖、狼牙山三大重点景区人均增收达到 8000 元。

易县旅游扶贫覆盖广、潜力大、扶贫效果稳定可持续，已经成为易县扶贫模式的代表。到目前为止，易县旅游扶贫已经创新出三种"旅游+"拓展模式。

第一，"旅游+自主创业"模式。易县投入 4.8 亿元，建设美丽乡村 39 个（其中有贫困村 30 个）。旅游成为贫困村实现稳定脱贫的主导产业。易县以美丽乡村为依托，在全县发展了 660 家农家乐和乡村旅馆，带动 5100 名贫困群众实现稳定就业，月人均收入达 2000 元以上。5000 多贫困群众发展大枣、柿饼、薯干、粉条、杂粮等农副产品，打特色牌，唱"旅游"戏，实现了稳步脱贫。在发展的过程中，易县不仅重视数量，更重质量。易县旅游局牵头对农家乐进行星级评定，按照星级的高低给予 1 万—5 万元的资金补贴，倒逼贫困户提升餐馆的基础设施及服务水平。

第二，"旅游+企业务工"模式。易县把景区打造成了产业龙头。易水湖景区、狼牙山景区通过打造恋乡·太行水镇、欢乐世界等旅游项目实施，带动 3000 多名贫困群众就业，200 户贫困群众走上了脱贫致富的道路；清西陵景区围绕创建覆盖了近 30 多个贫困村，近万贫困人口通过景区打造实现增收。易县把直通景区的交通干道打造成了景观大道。投资 6100 万元，对 112 国道、241 省道等四条道路，实施了全长 86 千米的廊道绿化美化工程，通过引导农民由种植大田作物改种油葵、油菜、玫瑰等景观经济作物，将交通干道建成了一条靓丽的风景廊道。在配强旅游景区、旅游企业后，政府要求有实力的旅游企业在招录景区工作人员时，优先考虑符合条件的贫困户，每个旅游企业的贫困户职工要达到 50% 以上。覆盖 100% 贫困户的企业，在景区配套建设上给予扶贫资金支持。有的贫困户应聘成为旅游企业的员工，有的贫困户为旅游企业的房屋、停车场、厕所、水泥路等提供劳力，赚取劳动报酬。

第三，"旅游+入股分红"模式。政府搭建旅游产业资产收益平台，在确保扶贫资金用途的情况下，投入财政专项扶贫资金和其他涉农资金 2000 万元，用于狼牙山景区和易水湖景区建设形成资产，将这笔资金量化为贫困户股金，贫困户按照每年人均 1000 元的标准，提取股权收益。对于吸纳贫困户务工，资产权益覆盖 100% 贫困户的企业，最低给予 500 万元担保贷款支持。全县已经成立了 191 家旅游发展公司，共有近 8000 贫困群众将土地、房屋等生产资源租赁给旅游企业，这部分租金与政府支持资金合作参股到旅游企业，参与旅游经营分红，实现了"资源变股权、资金变股金、农民变股东"。同时，旅游企业聘请贫困户从事基础旅游服务，实现了政府牵头，旅游企业与贫困户共建共享的扶贫模式。

四 问题与建议

（一）扶贫开发工作中存在的问题

易县的旅游扶贫工作不仅促进了当地经济、社会、生态、文化等多方面的整体发展，更重要的是为当地贫困户带来了更多就业机会，提高了贫困户的自主脱贫参与能力，为实现稳定脱贫做出了巨大贡献。但是与此同时，易县近年旅游扶贫产业的发展状况，也暴露出产业可持续发展的困境。例如：虽然当地接待游客量逐年增多，但其增长率却在 2018 年出现了断崖式下跌，这说明易县旅游产品的持续吸引能力有待提高。另外，易县三大核心景区——清西陵、狼牙山、易水湖周边的农村居民人均纯收入逐年增长，但是也同样出现了增长势头放缓的情况，旅游扶贫益贫的可持续性有待解决。

（二）对策建议

鉴于易县旅游扶贫所暴露出的脱贫可持续性问题，课题组从政府、旅游企业、贫困户等各个参与主体角度提出如下建议。

首先，政府要进一步协调好各参与主体之间的利益关系。旅游扶贫的成功实施需要政府、旅游企业、贫困户等多元主体来共同努力，而各个参与主体的利益往往存在冲突，这就需要扮演"主导者"角色的政府来进行调节。政府需要理顺各个主体的深层次需求，既要协调好政府、旅游企业、贫困户等参与主体的利益关系，又要加强各个参与部门，如旅游局、扶贫办、统计局、农业局、民政局等之间的协作关系。

其次，旅游企业要进一步积极培育特色产业。当地旅游产业可持续性不强的问题，很大程度上是由于易县旅游景点缺乏鲜明特色造成的。因此，旅游企业可以尝试与现代信息技术，如互联网+、大数据、物联网建设等相结合的新型旅游产品，作为传统景点、景区的有效补充和未来创新方向。下一步需要完成易县旅游产品的独特性建设，进而扩大和提高易县旅游的全国知名度、美誉度，吸引更多的游客前来度假、旅游和观光。

最后，贫困户需要进一步积极参与、主动培养深度学习的能力。旅游扶贫是一种参与式扶贫，贫困户也是帮扶主体的一环，这与传统的救济式扶贫有着本质的区别。因此，贫困户应及时纠正自身"等、靠、要"的被动思想，主动参与旅游扶贫实践中，依靠自己的双手为自身创造财富。同时，也应积极参与政府及旅游企业组织的技能培训中，借此提高自身的参与能力，为后续获得更广阔的上升空间以及职业选择打下基础，并最终实现稳定就业、稳定脱贫。

五 调查案例分析：易县凤凰台村和太平峪村精准扶贫住户抽样调查

（一）调查对象和调查样本

本次调查总共发出25份调查问卷，采用现场调研方法，工作人员提出问卷中的问题，对调查对象进行询问，直接进行现场填写。25份调查问卷均为有效问卷。调查问卷直接采用中国社会科学院"扶贫百村调研"总课题组2016年设计的《精准扶贫精准脱贫百村调研：住户调查问卷》，问卷从家庭成员、住房条件、生活状况、健康与医疗、安全与保障、劳动与就业、政治参与、社会联系、时间利用、子女教育、扶贫脱贫共11个大项对被调查对象进行识别，并考察精准扶贫政策实施效应。

本次问卷调查选择了两个行政村，分别为易县西陵镇凤凰台村和太平峪村。易县西陵镇属于清西陵景区，旅游资源丰富。凤凰台村是满族风情村，全村96%人口为满族，属于非贫困村。截止到2017年年底，凤凰台村共有138户，其中贫困户5户，贫困户占比为3.6%。调查的5户非贫困户中，村干部为2户，普通农户为3户。太平峪村是贫困村，非旅游区行政村。截至2017年年底，太平峪村共有738户，其中贫困户24户，贫困户占比为3.3%。

两村共选择25户进行问卷调查，其中凤凰台村10户，太平峪村15户，具体情况见表9-1。

表9-1　　　　　　　　两村分别发放问卷情况　　　　　　　（单位：份）

村	建档立卡户	非建档立卡户	合计
凤凰台	5	5	10
太平峪	13	2	15
合计	18	7	25

资料来源：笔者自制。

（二）问卷分析

1. 基本情况

25份调查问卷中，受访者年龄主要分布在60—70岁，该年龄段占比达到48%（如图9-4）；文化程度为小学的受访者也达到48%（如图9-5）；大部分受访者已婚，已婚比例为60%（如图9-6）。25位受访者中有22位是普通农民，3位是村干部。另外76%的受访者患有长期慢性病或大病，或身体残疾，不具备劳动能力，无法外出务工（如图9-7）。但所有受访者都能享受到新型农村合作医疗保险以及城乡居民基本养老保险。

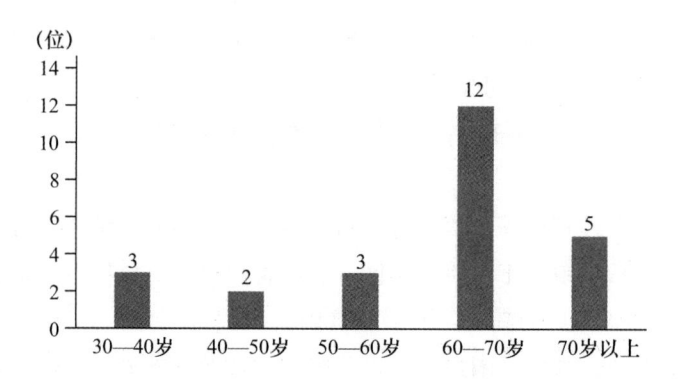

图9-4　受访者年龄结构

资料来源：笔者自制。

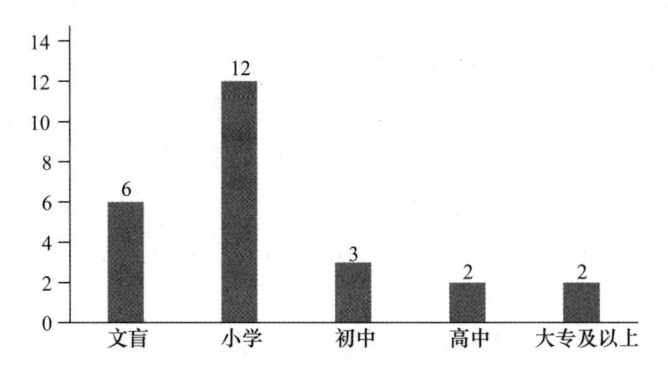

第九章 河北省易县精准扶贫调研报告 / 175

图 9-5 受访者文化程度分布

资料来源：笔者自制。

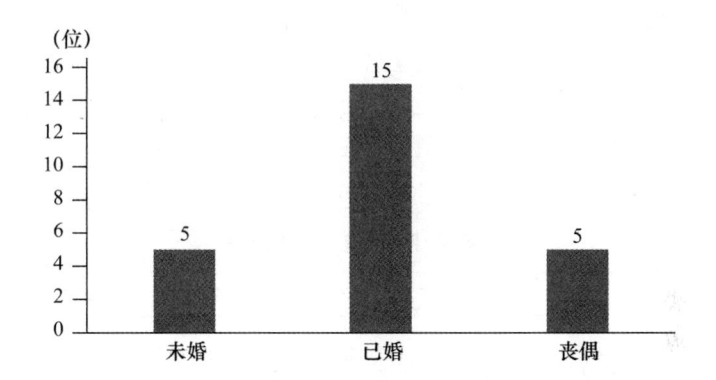

图 9-6 受访者婚姻状况

资料来源：笔者自制。

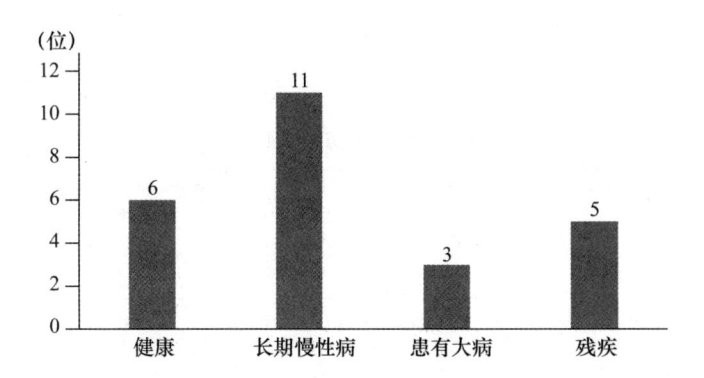

图 9-7 受访者健康状况

资料来源：笔者自制。

在对18位建档立卡户的调查中，可以明显发现，年龄阶段更加集中，文化程度相对较低，未婚和丧偶情况更多。18位受访者全部为普通农民，身体健康状况均为"不健康"状态，或患有长期慢性病，或身体残疾。这些贫困户都不属于"技能劳动力"类别，只有2位受访者属于"普通劳动力"类别，其余受访者则分别属于"丧失劳动能力"以及"无劳动能力"类别。具体情况见表9-2、表9-3、表9-4、表9-5。

表9-2　　　　　　　　建档立卡户受访者年龄结构

年龄阶段	建档立卡户	建档立卡—脱贫户	建档立卡—未脱贫户
50—60	1	1	0
60—70	12	9	3
70以上	5	5	0
合计	18	15	3

资料来源：笔者自制。

表9-3　　　　　　　　建档立卡户受访者文化程度

文化程度	建档立卡户	建档立卡—脱贫户	建档立卡—未脱贫户
文盲	6	5	1
小学	10	8	2
初中	2	2	0
合计	18	15	3

资料来源：笔者自制。

表9-4　　　　　　　　建档立卡户受访者婚姻状况

婚姻状况	建档立卡户	建档立卡—脱贫户	建档立卡—未脱贫户
已婚	8	8	0
未婚	5	3	2
丧偶	5	4	1
合计	18	15	3

资料来源：笔者自制。

表9–5　　　　　　　建档立卡户受访者健康状况

健康状况	建档立卡户	建档立卡—脱贫户	建档立卡—未脱贫户
长期慢性病	11	9	2
患有大病	3	3	0
残疾	4	3	1
合计	18	15	3

资料来源：笔者自制。

从表9–5中可以发现，所有建档立卡贫困户都存在健康方面的问题，因而不具备完整的劳动能力。调查问卷显示，18位建档立卡受访者中只有2位属于普通全劳动力，另外16位都出现不同程度的劳动能力丧失情况，具体情况见表9–6。"因病致贫"是受访者中占比最高的致贫因素类别。

表9–6　　　　　　　建档立卡户受访者劳动能力状况

劳动能力	建档立卡户	建档立卡—脱贫户	建档立卡—未脱贫户
普通全劳动力	2	2	0
部分丧失劳动能力	5	5	0
无劳动能力但是有自理能力	11	8	3
合计	18	15	3

资料来源：笔者自制。

2. 住房条件

住房条件是指受访者对当前自己拥有房屋的满意情况，以及居住情况。主要包括自己房屋的基本情况，以及居住环境。其中，自己房屋的基本情况由受访者经济条件等个体因素决定，居住环境由行政村基础设施建设水平和公共服务水平决定。从道路、饮水、能源、垃圾处理、污水排放等方面，可以发现凤凰台村相比太平峪村，基础设施建设水平相对较高，凤凰台村已经实现了全村通水泥或柏油路，铺建了入户天然气管道，修建了卫生厕所，同时铺设了生活污水排放管道。

在所有的住房条件包括的因素中，是否拥有多处自有房屋、住房是否是钢筋混凝土建造、沐浴是否使用电热水器、家中是否有互联网宽带是目测可区分建档立卡户与非建档立卡户的显性指标。所有建档立卡户都只有1处自有住房,与此同时,使用钢筋混凝土建造房屋、沐浴使用电热水器、家中有互联网宽带都没有出现在建档立卡户的回答中,已脱贫户也没有。

18位建档立卡户受访者中,对自己住房状况比较满意的达到9位,6位感觉一般,3位不满意。在这3位不满意的受访者中,2位的住房面积小于50平方米,1位的住房面积为80平方米。但所有受访者中,住房面积小于50平方米的一共有7位,这就意味着,还有5位住房面积小于50平方米的受访者对自己的住房状况并没有不满。

在所有25位受访者中,主要取暖设施没有明显差异,炉子和土暖气的使用基本上各占50%。淋浴设施指标中,没有淋浴设施的情况只存在于建档立卡户中。生活中使用柴草作为主要炊事能源的受访者达到13位,全部为建档立卡户。建档立卡户中使用柴草作为主要炊事能源的占比72%以上。

3. 生活状况

本次问卷调查中关于家庭收入的回答质量相对较差,出于个人隐私考虑,多数受访者不愿意回答收入的真实情况。从已得到数据观察,20%的建档立卡户家庭年收入为2000—5000元。建档立卡户中对上一年收入不太满意的占比达到55.6%,觉得前一年收入较低或非常低的占比高达66.7%。

在家庭财产状况方面,18位建档立卡户中只有2户没有彩色电视机,拥有1台彩色电视机的有16位。所有建档立卡户家庭中都没有拥有任何空调、电脑、轿车或面包车。

在生活评价中,44.4%的建档立卡户对现有生活不满意,全部受访者中这一比例为36%。

4. 健康与医疗

本次问卷调查中,18位建档立卡户中只有1户家中没有身体不健康成员,其余17位受访者家中至少有1名身体不健康成员,其中有7位受访者家中有2名身体不健康成员。疾病(包括身体残疾)成为本次调查中排在首位的致贫因素。而对受访者本人的提问显示,所有18位建档立卡户受访者身体都有健康问题，其中，年老者1位（90岁），长期慢性病12位，身体残疾5位。

大部分受访者在上一年都出现了发病需要治疗的情况，但是大部分受访者选择了自行买药，个别受访者前往门诊治疗或接受住院治疗。其中原因之一是大部分受访者患有长期慢性病。多数受访者可行走、生活可自理、日常活动影响不大，与此同时多伴有疼痛和不适，但出现焦虑或压抑的情况比较少见，只有2例。

5. 安全与保障

所有25位受访者在过去一年都没有出现过意外事故和公共安全问题，都对自己所在的居住社区（村）安全放心。所有受访者都没有出现挨饿的情况。对自己未来养老保障的考虑中，2/3的建档立卡户（12位）将养老金排在养老保障的首位，1/3的建档立卡户（6位）选择将子女排在首位。7位非建档立卡户中，有5位选择子女排在养老保障的首位，2位选择个人积蓄，没有人首先选择养老金。只有44.4%的建档立卡户（8位）表示对未来养老保障有信心，其中的6位都选择了将子女排在养老保障的首位。在受访者看来，子女是比养老金更加有保障的养老依靠。这从一个侧面说明在中国农村地区，传统思想认定的"养儿防老"可靠性高于制度化养老机制。

在农业资源和风险中，耕地面积和风险在建档立卡户和非建档立卡户之间不明显。

6. 劳动与就业

劳动与就业主要调查受访者家庭中的主要劳动力，以及在家务农和外出务工情况。1/3的建档立卡户家庭没有劳动力，一半的建档立卡户家庭只有一个劳动力。非建档立卡户有5户家庭拥有2人及以上劳动力，有2户家庭拥有1名劳动力。从劳动力人数看，建档立卡户家庭劳动力匮乏，这也是造成家庭贫困的主要原因之一。

劳动与就业中劳动时间和工资水平数据不详。

7. 政治参与

本次问卷调查中，18位建档立卡户中只有1位受访者是党员，55.6%的建档立卡户会参加本村的基层政治活动，但所有建档立卡户都没有参加乡镇人大代表投票。在政治参与方面，空间距离成为制约因素之一。

8. 社会联系

社会联系包括社会组织参与程度、家庭关系和社会联系。其中所有25位受访者的社会组织参与程度都相对比较低，原因之一可能与当地社会组织活跃程度有关。在涉及家庭关系的提问中，多数受访者不愿意回答，或者随意回答。这部分数据质量也比较差，无法进行测算和比较。在社会联系中，非建档立卡户相比建档立卡户更倾向于和直系亲属联系和寻求帮助，而更多的建档立卡户倾向于和亲戚联系和寻求帮助（见表9-7）。

表9-7　　　　　　　　排在首位的寻求帮助对象

	直系亲属	亲戚	邻居	村干部	朋友或同学
建档立卡户	5	7	3	2	1
—脱贫户	5	5	3	1	1
—未脱贫户	0	2	0	1	0
非建档立卡户	5	1	1	0	0
合计	10	8	4	2	1

资料来源：笔者自制。

9. 其他

除了上述8项内容外，问卷中还设计有时间利用、子女教育、扶贫脱贫三项。时间利用中，建档立卡户和非建档立卡户没有区别。子女教育一项中，所有建档立卡户家庭中都没有3—18周岁的子女，不涉及子女教育问题。因此，对上述两项内容的分析在此不作进一步分析，详细问卷结果见问卷整理表格。

扶贫脱贫主要涉及扶贫程序认定的合理性，扶贫项目和措施的合理性，以及扶贫效果的满意程度。经过25份调研问卷的统计和分析，发现所有受访者对精准扶贫政策实施的满意程度都比较高，说明扶贫政策的实施满足了贫困人口的基本需求，精准扶贫取得了较为理想的结果。

（三）问卷结论

1. 易县西陵镇凤凰台村和太平峪村，贫困人口致贫原因多为因病致贫

两个村的贫困人口都有健康方面的问题，这直接导致贫困人口劳动能力不健全。调查问卷显示，18位建档立卡户中只有2位受访者属于普通全劳动力，另外16位都出现不同程度的劳动能力丧失情况，18位建档立卡户中只有1户家中没有身体不健康成员，其余17位受访者家中至少有1名身体不健康成员，疾病（包括身体残疾）是受访者中占比最高的贫困因素。18位建档立卡户受访者身体都有健康问题，由于年老、生病、残疾、家人生病导致不具备劳动能力，或只有部分劳动能力，贫困人口无法通过外出务工实现收入增加。

2. 精准扶贫政策的实施提高了凤凰台村和太平峪村基础设施建设水平

易县西陵镇凤凰台村和太平峪村基础设施建设和公共服务水平相对较好，显示精准扶贫政策实施提高了农村基础建设水平，同时也推动了全国公共服务均等化进程。

3. 凤凰台村和太平峪村精准扶贫政策实施的满意程度都比较高

精准扶贫政策实施以来，两村农户都对精准扶贫认定程序、扶贫项目、扶贫措施，以及扶贫效果比较合理和满意。精准扶贫政策的实施满足了贫困人口的基本需求，精准扶贫取得了较为理想的结果。

总结篇

扶贫成效与经验总结

第十章

精准扶贫开发模式与地方实践

从2017年4月开始，中国社会科学院国情调研精准扶贫课题组开展了有计划的全国调研工作，相继深入河北、湖北、广西、新疆、云南五省区农村腹地、贫困县市进行实地调研，前后历时1年9个月，共获得微观数据近180万个。

无论是从地理区域分布上、贫困情况类型上，还是脱贫模式与成效上，课题组所选择的调查样本都极具代表性。其中河北省涞源县与易县属东部地区的"环首都贫困带"，且均被列入环首都扶贫攻坚示范区。涞源县与易县连续数十年作为国家扶贫开发重点县，2018年涞源县仍是河北省10个深度贫困县之一，而易县于2018年9月正式公布退出贫困县序列。西林县、龙州县以及太邑乡均位于中国贫困县集中度最高的西部地区。其中，西林县、龙州县、太邑乡同样地处中国西南边陲，尽管这三地具有一些区域性贫困的共性特征，但其具体贫情、资源禀赋、脱贫模式各不一致，对同类地区贫困县脱贫攻坚工作具有一定借鉴意义。2017年，西林县与龙州县仍在国家级贫困县之列，西林县作为广西的生态功能区、国家生态功能县，在以生态立县的基础上，发展当地特色农业以助力生态扶贫，并已取得显著成效。2019年4月，西林县脱贫摘帽。龙州县地处中国南疆要塞，与越南高平、谅山接壤，龙州县以"易地搬迁+驻边守疆+边贸致富"模式将移民搬迁、固边守边、脱贫致富三者有机结合起来，探索出边境贫困地区脱贫攻坚的新路径。2018年10月，龙州县脱贫摘帽。2016年5月，云南省太邑乡首创"富滇—格莱珉扶贫贷款"模式，创新了金融扶贫模式，为当地脱贫攻坚工作做出了巨大贡献。

本书按照"五个一批"扶贫思路，分别从产业扶贫、易地搬迁扶贫、生态扶贫、教育扶贫和社会保障兜底脱贫五个方面对中国扶贫攻坚相关政策实践进行了梳理。此外，由于金融对经济具有能动的反作用，且在脱贫攻坚新时期，金融扶贫在专项扶贫、行业扶贫、社会扶贫互为补充的扶贫大格局中地位日益突出，作用日益显著，本书还重点对金融扶贫的操作模式与政策实践进行了阐述和梳理。

一 中国精准扶贫模式总结

(一) 中国精准扶贫模式

中国目前众多的精准扶贫模式基本上都是从"五个一批"工具中创新拓展而来。2015 年 10 月 16 日，习近平总书记在"2015 减贫与发展高层论坛"发表《携手消除贫困，促进共同发展》[①] 的演讲，明确提出了精准扶贫、精准脱贫的"五个一批"基础工具，即"坚持分类施策，因人因地施策，因贫困原因施策，因贫困类型施策，通过扶持生产和就业发展一批，通过易地搬迁安置一批，通过生态保护脱贫一批，通过教育扶贫脱贫一批，通过低保政策兜底一批"。从根本上解决了脱贫核心问题之一——"怎么扶"的问题。

1. 产业扶贫

通过生产和就业发展脱贫一批，是精准扶贫的主要模式，即依据贫困人口的具体情况，对那些有劳动能力、有耕地，而缺投入资金、缺产业项目、缺专业技能的贫困人口，立足本地资源，通过扶持发展特色产业，实现就地脱贫；引导和支持贫困地区贫困人口实现外地劳务输出、本地就业和创业。产业扶贫是贫困地区、贫困人口实现持续脱贫、不返贫的重要途径。

农户家庭经营收入是贫困人口的主要收入来源，占可支配收入的 40% 左右。除传统的第一产业占主导地位外，中国国家统计局农村贫困监测调查数据显示，精准扶贫战略实施以来，中国贫困地区农村居民人均可支配收入中，第二、第三产业净收入占人均可支配收入的比例有所上升，

[①] 《携手消除贫困，促进共同发展》（2015 年 10 月 16 日），《十八大以来重要文献选编》（中），中央文献出版社 2016 年版。

从2016年的8.8%提高到2017年的9.6%[①]。这表明随着产业扶贫的推进，贫困地区发展产业、转移就业等脱贫模式和措施取得了明显成效。

产业扶贫模式主要包括农业产业扶贫，如特色农产品生产、家畜养殖等，以及旅游产业扶贫、光伏产业扶贫、农村电商扶贫等。既有贫困人口直接发展产业脱贫的形式，也有参与农业合作组织、龙头企业脱贫等多种形式。

2. 易地搬迁扶贫

易地搬迁，对于生存条件恶劣、自然灾害频发的贫困地区，不能就地脱贫的贫困人口，是一种重要的脱贫模式。易地搬迁是一个系统性工程，需要整合资源、确定补助标准、制定配套政策，解决财政资金问题。还要做全面规划、给出适宜搬迁规模和搬迁步骤，确定搬迁目标和任务，建设搬迁安置点等，这一系列工作都需要依照详细的规划，有步骤、有计划、有组织地统一安排和实施。一方面，需要考虑本地资源条件与环境承载能力的匹配程度，另一方面，还需要为搬迁贫困人口提供就业机会，确保搬得出、稳得住、能致富。

2015年，中国出台《"十三五"时期易地扶贫搬迁工作方案》，该方案提出："在五年时间内，对'一方水土养不起一方人'地方建档立卡贫困人口实施易地扶贫搬迁，力争'十三五'期间完成1000万人口搬迁任务。"2016年国家发展改革委颁布《全国"十三五"易地扶贫搬迁规划》（发改地区〔2016〕2022号），明确中国在"十三五"时期共投资约9500亿元完成981万建档立卡搬迁人口的易地搬迁工作。

2017年，中国贫困地区县级扶贫资金投入易地搬迁的比例达到23.2%，是所有扶贫资金投入最高的项目，而排在第二位的村通公路（通畅、通达工程等）只有12.2%。从资金投入方向中可以看出，易地搬迁是精准扶贫、精准脱贫的重要模式之一。

3. 生态扶贫

生态扶贫主要是指生态补偿扶贫模式，是在中国不宜进行系统性开发

[①] 国家统计局住户调查办公室：《中国农村贫困监测报告》（2017），中国统计出版社2017年版；国家统计局住户调查办公室：《中国农村贫困监测报告》（2018），中国统计出版社2018年版。

的贫困地区，进行生态保护和环境治理，同时将生态和脱贫二者有机结合起来，探索实现限制开发框架下的脱贫新路径。目前中国生态扶贫模式主要包括传统生态补偿制度，如退耕还林还草，这是使用范围最广的生态扶贫措施。另外就是贫困人口就地转成护林员，通过身份转变和就业，解决脱贫难题。另外还有"合作社＋管护＋贫困户"模式，这是对传统生态扶贫模式的一种探索。生态扶贫模式国家层面的最新尝试，是2018年《关于打赢脱贫攻坚战三年行动的指导意见》中提出的"鼓励纳入碳排放权交易市场的重点排放单位购买贫困地区林业碳汇"，这是一种完全市场化形式的创新生态保护补偿机制。

4. 教育扶贫

教育扶贫是贫困人口形成人力资本的重要路径。"治贫先治愚，扶贫必扶智。"教育是阻断贫困代际传递的根本手段。发展教育脱贫一批，就是采取超常规政策举措，精确瞄准教育最薄弱领域和最贫困群体，实现"人人有学上、个个有技能、家家有希望、县县有帮扶"，促进教育强民、技能富民、就业安民，坚决打赢教育脱贫攻坚战。

教育扶贫是提高贫困人口人力资本水平的重要途径，也是提高贫困人口内生脱贫能力的根本途径。目前因病返贫、因学返贫是中国占比最高的两个返贫因素，而健康状况、受教育程度是构建人力资本、形成人力资本积累的两个支柱，二者缺一不可。

目前中国教育扶贫模式的主要形式，一方面是帮助贫困人口子女接受教育，减轻负担，避免因学致贫、因贫辍学；另一方面是通过财政补贴、专项资金等形式，改善贫困地区农村办学条件，提高教育质量。《教育脱贫攻坚"十三五"规划》中明确提出了学前教育三年行动计划，全面改善贫困地区义务教育薄弱学校基本办学条件，农村义务教育阶段学生营养改善计划，学前教育资助政策，义务教育"两免一补"（免免杂费、免教科书费、寄宿生生活补助），普通高中学生资助政策，中等职业教育免费、补助生活费政策，高等教育学生资助政策等20项教育扶贫政策。

5. 社会保障兜底脱贫

社会保障兜底脱贫是针对贫困人口中完全或部分丧失劳动能力的贫困人群提出的扶贫保障措施，社会保障兜底措施是脱贫攻坚的基本防线。2015年年底，在中国7000多万贫困人口中，有2000万—2500

万人完全丧失或部分丧失劳动能力，这些贫困人口必须由国家社会保障来兜底。在脱贫攻坚战中要确保这些贫困人群病有所医、残有所助、生活有兜底，要通过最低生活保障及其他政策措施，确保基本生活有保障，实现脱贫①。中国社会保障兜底脱贫的主要实施方向有：完善农村最低生活保障制度，对符合农村低保申请条件的家庭，应扶尽扶、应保尽保；加大临时救助制度在贫困地区的落实力度；完善城乡居民基本养老保险制度等。

（二）中国精准扶贫模式创新路径

课题组从调研中发现，精准扶贫、精准脱贫模式创新主要是对"五个一批"工作的拓展。无论是传统扶贫模式的涞源易地搬迁、西林生态补偿，还是龙州创新的"易地搬迁+驻边守疆+边贸致富"边贸扶贫模式、云南太邑"富滇—格莱珉扶贫贷款"金融扶贫模式，都具有一个显著的共同特征：因地制宜，因人施策。而各调研地区出现的精准扶贫模式创新，无不来自于当地人民的扶贫实践，是在透彻了解和分析当地基本贫困状况、致贫原因的前提下，因地制宜，因人施策，充分利用当地资源条件所实施的最有效的脱贫方法与手段。

1. 涞源县精准扶贫模式创新实践

基于"发展产业带动脱贫一批，不具备生存条件搬迁脱贫一批，生态补偿一批，发展教育脱贫一批，兜底社会保障一批"的工作思路和要求，河北省涞源县实施了"4324"精准脱贫工程，即通过发展旅游产业，带动4万人稳定脱贫；建设优质核桃、优质杂粮和中草药3个十万亩农业种植园区；建设蔬菜产业带和鲜果产业带2个一万亩产业带；扶贫移民搬迁4万人。

通过发展旅游业，带动4万人稳定脱贫。主要是通过发展全域旅游，以白石山5A级景区、仙人峪景区、空中草原景区为核心发展项目，实施全县一景一区一策，推进"乡村观光游""康养游"，建设"民宿村"，推广"景区带村、能人带户"模式，全面提升旅游综合实力和水平，提

---

① 《在中央经济工作会议上的讲话》（2017年12月18日），新华网（http：//www.xinhua.com/politics/2017-12/20/c-1122142392.htm）。

高旅游带动群众脱贫致富的能力。辐射带动周边区域及景区道路沿线50余个村庄脱贫致富，直接和间接带动4万贫困人口增收。

建设十万亩优质核桃农业种植园区、十万亩优质杂粮农业种植园区、十万亩中草药种植园区，建设一万亩蔬菜产业带和一万亩鲜果产业带，实现特色农业脱贫。现在已经形成走马驿"国家优质核桃种植基地"、金家井"全国无公害谷子种植示范基地"、南屯和五十亩地"国家蔬菜标准园"、留家庄和南马庄"中草药标准化种植示范园"等重点发展项目。最终可带动4万多贫困人口实现就业增收。

易地扶贫搬迁助4万人脱贫。涞源县是河北省易地扶贫搬迁的"当头炮"和主战场，在精准识别的基础上，涞源研究制定了9种贫困信息统计表，把全县57898名贫困人口分门别类地摸清底码，全部细化分解到了"五个一批"计划里。特别是43535人的搬迁任务，全部精准到户，精准到人，为精准脱贫奠定了坚实基础。

2. 西林县精准扶贫模式创新实践

广西壮族自治区西林县实施的精准扶贫、精准脱贫措施，主要是在确保生态公益林不减少、严守生态保护红线的前提下，依托本地丰富的土地资源和生态资源，利用"西林沙糖桔""西林麻鸭""西林姜晶"为中国地理标志保护产品的优势，发展当地特色农业，并实施产业到户扶持工程，精准帮扶，确保每个贫困家庭都有1个以上的稳定增收项目，真正做到"滴灌式"扶贫。

在产业发展模式方面，采取"公司＋基地＋农户"经营，通过与龙头企业、合作社等新型农业经营主体的有机结合，充分发挥其在人才、技术、信息等方面的优势，促进扶贫产业的规模化发展。目前西林县特色农产品生产基地规模、区域布局基本形成，品牌化及提质增产初见成效，已获得"中国沙糖桔之乡""全国重点产茶县"的称号。特别是沙糖桔、茶叶种植、库区网箱养鱼多产业发展迅速。库区形成"养殖—垂钓—农家乐"于一体的休闲渔业，使休闲渔业成为库区移民增收的新亮点。特色养殖方面，建立区域性电商平台，形成"龙头企业＋专业合作社＋互联网＋农户"创新模式。

3. 龙州县精准扶贫模式创新实践

广西壮族自治区龙州县创新"易地搬迁＋"发展模式，形成"易地搬迁+驻边守疆+边贸致富"精准扶贫模式。通过紧邻边境建边贸城推进扶贫搬迁，鼓励内地贫困人口往边境一线搬迁，采取边贸政策帮扶、发展进口产品落地加工推进产业带动帮扶、加快边境经济合作区发展推进转移就业帮扶等措施，既实现了扶贫搬迁户搬得出、留得住、能致富，又达到了"驻边、守边、富边、稳边"的效果。

龙州扶贫模式创新以边民互市贸易为主要抓手，发挥边境小额贸易和对外经济技术合作带动作用。边民或是通过直接参与互市贸易获取收益，或是进入边贸产业园就业，或是通过边贸运输、装卸货物等途径获得多重收入，实现贫困边民脱贫致富。龙州县已成立边民互助组231个，引导1.87万边民参与边贸运输、装卸、进出货物代理，其中贫困人口4045人，通过边贸扶贫可实现年人均增收3000元左右。

4. 太邑乡精准扶贫模式创新实践

云南省大理市太邑乡太邑村"富滇—格莱珉"扶贫贷款属于精准扶贫模式中金融扶贫模式创新。该模式创新主要通过太邑乡"富滇—格莱珉"扶贫专项基金，由富滇银行搭架业务架构，驻村扶贫工作队实施。2016年该项目在太邑乡太邑村成功发放首批贷款。截至2017年8月，项目点会员户数达到270户，贷款户数为206户，贷款余额为241.03万元，还款率为98%。项目累计发放贷款资金490.7万元，其中累计向当地93户建档立卡贫困户发放贷款210.6万元。

二 产业扶贫的操作模式与政策实践

在开发扶贫方式中，产业扶贫是其他扶贫措施取得实效的重要基础，易地搬迁、生态保护、发展教育等脱贫措施都离不开产业扶贫的支撑。帮助贫困人口通过发展农业生产提高收入，摆脱贫困，是全球反贫困理论与实践的核心议题，也是中国开发式扶贫的基本路径。在现有扶贫开发模式中，中国将产业扶贫作为脱贫的根本之策。产业扶贫是贫困地区实现"内生性"增长的关键，是将扶贫问题由"输血式"扶贫转向"造血式"扶贫的重要途径。正所谓"授人以鱼，不如授人以渔"。改革开放之初，中国农村居民处于普遍贫困状态，正是通过实施家庭承包经营责任制等改革措施释放农户发展生产的积极性、主动性，农村经济才得以快速发展，农村扶贫开发短期内取得了全球瞩目的辉煌成效。实践证明，发展农业生产促进脱贫，是中国农村扶贫开发的一条基本经验。

在此背景下，推进实施产业扶贫的意义重大。第一，产业扶贫切实增加贫困户的增收和可持续发展能力。而只有具有发展潜力的产业，贫困户才能得以拥有稳定持续的收入来源。第二，产业扶贫有助于提升贫困户自我发展能力。在产业发展过程中，贫困户有机会参加相关学习与培训，能获得有助于他们脱贫致富的技术手段。第三，产业扶贫是促进社会经济发展，实现共同富裕的重要途径。地方产业的快速发展，必然拉动地方经济的迅速发展，而社会经济的发展又能提供更多的就业机会，保障扶贫工作的资金投入，最终实现共同富裕。

（一）政策回顾

自20世纪80年代中国农业产业化开始以来，中国产业扶贫政策体系发展大体上可以划分为1984—2000年的初步探索阶段、2001—2010年的政策常规化与地方实践阶段、2011—2014年的政策调整与推进阶段和2014年至今的新时期政策强化阶段四个阶段。

1. 1984—2000年：产业扶贫的初步探索阶段

产业扶贫政策始于农业产业化的出现。1984年9月，中共中央、国务院印发《关于帮助贫困地区尽快改变面貌的通知》，该通知提出"过去国家为解决贫困地区的困难花了不少钱，但收效甚微，原因在于政策上未能完全从实际出发，将国家扶贫的资金重点用于因地制宜发展生产"，并明确"改变贫困地区面貌的根本途径是依靠当地人民自己的力量，按照本地的特点，因地制宜，扬长避短，充分利用当地资源，发展商品生产，增强本地区经济的内部活力"。这是中国开发式扶贫的雏形，亦是从国家层面通过发展特色产业脱贫致富的政策探索阶段。

1985年，中国农村绝对贫困人口有1.25亿人，占当时农村人口的16%，占全国总人口的12.5%。当时大多数人都处于贫困状态，因此当务之急是大力发展生产，尤其是大力推动农村经济发展。国家层面相继出台了一系列政策以推动农村经济社会发展。1985年中共中央、国务院印发的《关于进一步活跃农村经济的十项政策》指出"在农村生产向商品经济转化中还存在着种种不协调现象……生产布局和产业结构不合理，地区优势不能发挥，一部分地区贫困面貌改变缓慢……"为使农业生产适应市场的需求，促进农村产业结构的合理化，进一步把农村经济搞活，该文件明确"改革农产品统派购制度、并积极发展多种经营以大力帮助农村调整产业结构"。1987年，国务院办公厅印发《关于农村改革试验区的请示》，明确试验的内容主要有：乡、村合作经济组织和土地承包制的完善化、制度化；土地规模经营和农业现代化建设；乡镇企业制度建设；创立各种农村经济联合体的试验和政策；农产品流通体制改革和供销社改革；农村金融体制改革；农产品基地建设和农业服务体系建设；国营林场和国营农场体制改革等。"十项政策"的执行和农村改革试验区的试验，进一步解放了农村生产力，农村经济生产的快速发展又惠及众多身处绝对贫困线以下的农村居民，为减贫事业做出了巨大贡献。

20世纪90年代，农业产业化建设开始被纳入国家发展计划，产业化概念也开始引入中国开发式扶贫工作之中。1994年，中共中央、国务院印发《国家八七扶贫攻坚计划（1994—2000年）》，明确提出"扶贫开发的主要形式有：依托资源优势，按照市场需求，开发有竞争力的名特稀优产品。实行统一规划，组织千家万户连片发展，专业化生产，逐步形成一定规模的商品生产基地或区域性的支柱产业……坚持兴办贸工农一体化、产加销一条龙的扶贫经济实体……引导尚不具备办企业条件的贫困乡村，到投资环境较好的城镇和工业小区进行异地开发试点，兴办二、三产业……"。1997年，国务院颁发《国家扶贫资金管理办法》，其中专门提出"实施扶贫项目应当亦有助于直接提高贫困户收入的产业作为主要内容"。

2. 2001—2010年：产业扶贫政策常规化与地方实践阶段

2001年中共中央、国务院印发《中国农村扶贫开发纲要（2001—2010年）》，明确提出继续把发展种养业作为扶贫开发的重点、把积极推进农业产业化经营作为新世纪扶贫开发的重要内容和途径。文中指出："因地制宜发展种养业，是贫困地区增加收入、脱贫致富最有效、最可靠的途径。要集中力量帮助贫困群众发展有特色、有市场的种养业项目。"农业产业化发展重点在于产业规划、组织模式层面以及产业链这三个方面的工作要到位。其中产业规划主要指要通过政府宏观调控引导农业产业集中发展，发挥其规模优势；而组织模式层面主要指通过培育规模经营主体带动小农户以及贫困户发展生产；产业链方面主要指从为生产者产前、产中、产后提供系列化服务，实现农产品从田间到餐桌的品质保障及中间成本的缩减。这三方面内容构成了中国产业扶贫体系发展的雏形。此外，2003年国务院颁发了《关于2003年减轻农民负担工作意见的通知》，将对农业生产性费用中不合理收费和搭车收费进行治理列入2003年专项治理的重点工作，以减轻农民负担，让更多的农民受益脱贫。

3. 2011—2014年：产业扶贫政策调整与推进阶段

这一阶段，关于产业扶贫的政策密集出台。2011年中共中央、国务院印发的《中国农村扶贫开发纲要（2011—2020年）》将发展特色优势产业作为扶贫开发的主要任务之一，即"到2015年，力争实现1户1项增收项目，到2020年，初步构建特色支柱产业体系"。将产业扶贫列为七个专项扶贫板块的重要内容之一，明确提出"培植壮大特色支柱产业，大力推进旅游扶贫""通过扶贫龙头企业、农民专业合作社和互助资金组织，带动和帮助贫困农户发展生产"，这也是扶贫开发纲领性文件中第一次正式提出"产业扶贫"。《中国农村扶贫开发纲要（2011—2020年）》全文有四十九条，其中有十条出现产业扶贫、特色产业等内容，可见产业扶贫的重要地位。

2012年，国务院扶贫办和农业部、林业局、旅游局共同下发了《关于集中连片特殊困难地区产业扶贫规划编制工作的指导意见》，要求相关地区编制产业扶贫规划，明确提出各片区、县用于产业发展的扶贫资金要占财政专项扶贫资金的70%以上。2014年，中共中央办公厅、国务院办公厅印发了《关于创新机制扎实推进农村扶贫开发工作的意见》将特色产业增收工作列为重点解决的十个突出问题之一，并将"改善对农业产业化龙头企业、家庭农场、农民合作社、农村残疾人扶贫基地等经营组织的金融服务"作为完善金融服务机制的重要内容。

4. 2014年至今：新时期产业扶贫政策强化阶段

精准扶贫方略实施以来，围绕建档立卡贫困人口增收脱贫目标，政府出台一系列政策推进产业扶贫：强调特色产业脱贫、因地制宜开展光伏扶贫、鼓励实施乡村旅游扶贫、积极推进电商精准扶贫，希望通过发展产业激发贫困地区和贫困人口的内生动力，提高自我脱贫能力，如期完成脱贫任务。新时期产业扶贫新措施主要包括以下三个方面。

一是强调发展特色产业脱贫。特色产业扶贫是通过引导和扶持有劳动能力的人，开发当地具有比较优势的资源，通过发展特色产业为贫困人口创收、使其就地脱贫。从2015年发布的《中共中央国务院关于打赢脱贫攻坚战的决定》到2016年发布的《中华人民共和国国民经济和社会发展第十三个五年规划纲要》《贫困地区发展特色产业促进精准脱贫指导意见》《"十三五"脱贫攻坚规划》和《特色农产品区域布局规划（2013—2020年）》均将发展特色产业脱贫作为扶贫攻坚的重点发展方向，并对具体举措进行了阐述（详见表10-1）。

表10-1　　　　　2014年至今发展特色产业脱贫相关政策

时间	文件名	发展特色产业具体举措
2015年12月	《中共中央　国务院关于打赢脱贫攻坚战的决定》	实施精准扶贫方略：发展特色产业脱贫
2016年3月	《中华人民共和国国民经济和社会发展第十三个五年规划纲要》	把特色产业扶贫列为八个脱贫攻坚重点工程之首
2016年5月	《贫困地区发展特色产业促进精准脱贫指导意见》	推动贫困地区发展特色产业
2016年11月	《"十三五"脱贫攻坚规划》	第二章从农林产业扶贫、旅游扶贫、电商扶贫、资产收益扶贫和科技扶贫五个方面对产业发展脱贫的具体方向和举措进行了阐述
2016年11月	《特色农产品区域布局规划（2013—2020年）》	阐述了特色农产品品种范围和优势区域布局

资料来源：课题组收集整理。

二是因地制宜开展光伏扶贫。光伏扶贫是通过在光能丰富的贫困地区建设光伏发电站，将所得收益用于建档立卡贫困村和贫困人口的脱贫，实现贫困户、贫困村集体有长期、稳定、可持续的资产性收入的一种脱贫方式。2014年10月，国家能源局、国务院扶贫办印发《关于实施光伏扶贫工程工作方案》，明确"到2020年，开展光伏发电产业扶贫工程"。2016年3月，国家发改委、国务院扶贫办等5部门发布《关于实施光伏发电扶贫工作的意见》，决定在全国具备光伏发电建设条件的贫困地区开展光伏扶贫工程。

三是鼓励实施乡村旅游扶贫。2014年1月和11月，《关于创新机制扎实推进农村扶贫开发工作的意见》和《关于实施乡村旅游富民工程推进旅游扶贫工作的通知》相继出台。2016年8月,《乡村旅游扶贫工程行动方案》发布,从战略层面明确了其具体部署和目标。同年9月,国家旅游局印发了《关于实施旅游万企万村帮扶专项行动的通知》,明确主要通过结对帮扶、景区带村、安置就业、项目开发、输送客源、定点采购、培训指导、宣传营销等方式来开展旅游帮扶专项行动。

(二)产业扶贫的地方实践

实践表明,产业扶贫的顶层设计,经过省、县等层级政府的贯彻落实和创造性转化,在不同地区形成了不同特色的产业扶贫模式,都取得了比较明显的扶贫成效。

1. 河北省涞源县产业扶贫实践[①]

涞源县在产业扶贫实践方面,紧紧围绕"车间进农村、光伏上屋顶、旅游全县域、农业产业化"四大主导产业扶贫体系,综合实施特色农产品、光伏发电、全域旅游、家庭手工业等相关产业扶贫措施。

第一,特色农业扶贫。为实施产业精准扶贫,涞源县提出了"三种特色农业脱贫"和"两个一万亩产业带脱贫"的政策措施。其中,三种特色农业和两个万亩产业是根据涞源县传统种植优势选择的核桃、杂粮、中草药以及蔬菜和鲜果。2017年已经形成白石山旅游片区、走马驿"国家优质核桃种植基地"、水堡和金家井"香菇种植基地"、金家井"全国无公害谷子种植示范基地"、南屯和五十亩地"国家蔬菜标准园"、留家庄和南马庄"中草药标准化种植示范园"六大特色农产品种植基地。

第二,光伏产业扶贫。除了传统的产业扶贫模式之外,涞源县还依托其自然、地理优势,充分利用国家光伏产业扶贫政策,建立集中式光伏扶贫电站以及村级光伏扶贫电站,通过户用光伏发电扶贫、村级光伏电站扶贫、地面光伏电站扶贫、农光互补电站扶贫四种基本扶贫形式实现脱贫。其中:户用光伏发电扶贫是利用贫困户住房屋顶,安装3—5千瓦分布式光伏发电系统,建设资金可通过财政扶贫资金、农户银行贷款、扶贫小额

[①] 如无说明,资料均来源于课题组收集和整理的当地调研材料。

信贷资金等渠道筹措，产权和收益全部或部分归贫困户（如按每户5千瓦，每年贫困户收益不少于3000元）；村级光伏电站扶贫是以村集体为建设主体，利用村集体的荒坡荒地建设100—300千瓦的小型电站，产权归村集体所有，收益由村集体、贫困户按比例分配；地面光伏电站扶贫是利用荒山荒坡建设10兆瓦以上的大型地面光伏电站，产权归投资企业所有或与政府共有，企业捐赠或政府自有一部分股权，由政府将这部分股权收益分配给贫困户；农光互补电站扶贫是利用农业大棚等现代农业设施上方支架建设光伏电站，产权和收益根据投资比例，归投资企业、政府和贫困户共有[①]。

第三，旅游产业扶贫。河北省旅游资源近2/3在燕山—太行山片区，立足片区资源优势，发展生态旅游、红色旅游、冰雪旅游和文化旅游，协同京津，推动全域旅游与精准扶贫深度融合，以景区带村、能人带户，将脱贫攻坚与乡村旅游、美丽乡村建设、现代农业、山区综合开发相结合，以景带游、以游促产，实现片区旅游产业发展与脱贫攻坚双赢。涞源县通过旅游带动农业发展和贫困户就业，实现旅游脱贫，直接和间接带动4万贫困人口增收。

第四，家庭手工业扶贫。家庭手工业扶贫是指贫困户通过在自己家中或某一集中手工加工点，从事服装、箱包、玩具等手工加工项目，获得加工费，增加家庭收入，实现增收脱贫的扶贫方式[②]。由于雄安新区建设，一批手工制造业工厂迁出。这些手工制造业工厂在涞源县投资建设，也是该县实施家庭手工业扶贫的一种发展契机。

2. 广西壮族自治区西林县产业扶贫实践[③]

广西壮族自治区西林县产业扶贫实践主要是实施特色产业"4510"工程和集体经济"1110工程"。特色产业"4510"工程中，"4"是指发展、打造4个十万亩特色产业，即：十万亩水果、十万亩茶叶、十万亩油茶、十万亩以铁皮石斛为主的林下经济；"5"是指贫困户户均拥有水果或油茶5亩以上；"10"是指贫困村村集体拥有水果10亩以上。集体经

[①] 资料来源：涞源县政府信息公开平台（www.xxgk.laiyuan.gov.cn）。
[②] 同上。
[③] 如无说明，资料均来源于课题组收集和整理的当地调研材料。

济"1110工程",是指每个贫困村购买1个门面、入股1个市场、种植10亩水果。2017年,全县共整合资金6824万元作为贫困户产业扶持补助资金,以"以奖代补"的方式发展户均5亩特色产业,平均每户获得9000—10000元;整合资金2500万元帮助41个贫困村发展集体经济。

3. 广西壮族自治区龙州县产业扶贫实践①

广西壮族自治区龙州县产业扶贫实践共包括四个基本方向,分别为发展扶贫产业、扶持龙头企业、组建农民专业合作社、发展壮大集体经济。

第一,扶贫产业发展。广西龙州县具有独特的自然资源优势和地理区位优势。基于自身优势,龙州县产业扶贫实践重点从"种、养、贸、游、工"五个方面下功夫。引导贫困户投入甘蔗、澳洲坚果、火龙果、百香果以及牛、羊、蜜蜂等特色种养业,因地制宜挖掘乡村旅游资源,实行"旅游+扶贫"模式,带动涉旅地区贫困群众增收。

第二,扶持龙头企业发展,带动贫困户增收。引导无劳动能力、无产业发展能力的贫困户,利用扶贫小额贷款,入股彩港、旭超、树春、那花边贸城等龙头企业,享受分红增加收入,2017年7月,已有435户、2175万元入股。另外,该县从财政涉农整合资金中安排2000万元,给予每户贫困户1万元作为委托经营资金,投入龙头企业获取红利回报,3年后企业把委托经营的本金退给政府,2017年投入北部湾现代农业公司1500万元,按照10%返利;彩港农业公司500万元,按照8%返利,贫困户每年可增收800—1000元。

第三,组建农民专业合作社,增强贫困户"造血"能力。2017年已成立农民专业合作社934家,解决贫困户单打独斗、自我发展能力弱、抵御市场风险差等问题,提高农业组织化程度。

第四,发展壮大集体经济,夯实贫困村产业发展基础。2017年,该县统筹安排2350万元,为每个贫困村提供50万元村集体经济发展资金。此项资金投入南华糖业委托经营,每年获得8%的红利回报(每村每年获得4万元)。同时南华糖业公司按照0.5元/吨的标准支付给每个贫困村甘蔗生产管理服务费。

---

① 如无说明,资料均来源于课题组收集和整理的当地调研材料。

4. 河北省易县产业扶贫实践①

河北省易县构建了"878"② 扶贫产业发展格局，以全域旅游为抓手，通过片区、园区、龙头企业、合作社、旅游、巢状市场、资产收益七种有效途径，与贫困户建立更加稳固的利益联结机制，增强扶贫产业"造血"功能、提高产业化水平、提升稳定增收能力，实现稳定增收、稳定脱贫不返贫。到2018年年底，全县共实施产业项目542个，投资2.7亿元。

易县在产业扶贫中创造推广了"片区+扶贫""园区+扶贫""龙头企业+扶贫""合作社+扶贫""旅游+扶贫""巢状市场+扶贫""资产收益+扶贫"七种扶贫产业模式。在全县建设了八大产业片区分别为：梁格庄、清西陵、易水湖旅游及相关产业片区，白马经济观赏型花卉苗木及特色种植产业片区，流井、桥头特色林果及特色种植产业片区，白沙河流域优质苹果、梨及经济观赏型花卉产业片区，良岗、坡仓核桃、板栗种植及蜜蜂产业片区，狼牙山红色旅游及绿色林果产业片区，紫荆关食用菌产业片区，中易水—西山北旅游及观赏型花卉产业片区。培育发展旅游、林果、养殖、种植、苗木花卉、光伏、电商、家庭手工业八大产业。

八大主导产业模式在易县扶贫中发挥了重要的作用。易县产业扶贫完全以特色产业为主导，以贫困户"增收到户"为目标，突出"扶贫产业化、产业商品化、商品品牌化、品牌效益化"。

第一，旅游产业。2018年易县有117个贫困村建起了采摘园，发展旅游产品百余种，各项产业项目搭上了旅游的快车，乡村旅游综合效益达到9000万元，清西陵、易水湖、狼牙山等重点景区人均增收达到8000元。

第二，林果产业。2018年，易县采取林粮、林药间作的方式，发展以"贺英牌""牛岗牌"为主的三优富士苹果、薄皮核桃、樱桃、磨盘柿等特色林果产业，林果种植面积达到40.9万亩，辐射带动6686户、9372人，年人均增收200元。

第三，养殖产业。在养殖种类上，2018年易县选择重点发展以肉鹅、生态鸡、肉驴等为主的养殖产业，辐射带动3951户、7737人，年人均增

---

① 资料均来源于课题组收集和整理的当地调研材料。
② 易县"878"扶贫产业发展格局是指：八大产业片区、七种模式、八大主导产业。

收 600 元。

第四，种植业。2018 年全县药材种植 2000 亩，红树莓种植 1200 亩，优质花生种植 5700 亩，食用菌种植规模 200 万棒，辐射带动 2822 户、6435 人，年人均增收 500 元。

第五，苗木花卉产业。2018 年，易县温室兰花种植 52 亩，易水玫瑰种植达到 6600 亩，薰衣草种植 780 亩，苗木种植面积 4.5 万亩，辐射带动 773 户、1959 人，年人均增收 700 元。

第六，光伏产业。2018 年全县共有光伏电站达到 142.76 兆瓦。建立村级光伏扶贫电站 138 个，贫困村的集体收入每年达到 2.2 万元以上。光伏产业覆盖带动贫困户 4409 户，年人均增收 800 元。

第七，电商产业。2018 年，易县 162 个贫困村全部建起了电商服务中心。

第八，家庭手工业。2018 年，易县砚台、铜雕、刺绣等家庭手工业，辐射带动 935 户、1855 人，年人均增收 1000 元。

三　易地扶贫搬迁的操作模式与政策实践

易地搬迁是农村扶贫开发的重要举措，能够从根本上解决居住在相对偏远、基础设施较为落后、生态环境极度脆弱和自然灾害高发地区的贫困人口的脱贫和发展问题。

（一）政策回顾

自 1982 年实施"三西"农业建设计划以来，中国易地搬迁政策大体上可以划分为四个阶段：

第一，1982—1990 年的初步探索阶段。这个阶段主要以"三西"农业建设计划的实施为主。具体途径有两条：一是定西、西海固等地贫困农民自愿流向河西、河套谋生，由迁出地和迁入地政府提供相关支持；二是通过"以工代赈"有计划地从甘肃中部和西海固招收农民工，在河西、河套新建水利工程，工程结束后愿意留下的可选择就地安家落户。

第二，1991—2000 年的易地搬迁政策常规化与地方实践阶段。这个阶段中国扶贫已经进入了"国家八七扶贫攻坚计划"时期，主要针对居于中西部的深山区、石山区、荒漠区、高寒山区、黄土高原区、地方疾病高发区以及水库库区的贫困人口开展易地搬迁工作。

第三，2001—2010年的易地搬迁政策调整与推进阶段。该阶段重点在于明确稳步推进移民自愿搬迁。在尊重双方意愿的前提下，处理好搬迁贫困人员与当地居民的关系，同时对迁出地自然环境等各个方面采用有力保护措施。

第四，2011年至今的易地搬迁政策强化阶段。这个阶段由于连片特困地区成为新时期扶贫攻坚的主战场，而在此主战场，普遍面临自然环境恶劣的难题，因而易地搬迁成为主要脱贫方式。2012年、2014年和2015年，国家也相继出台了《易地扶贫搬迁"十二五"规划》《关于做好新时期易地扶贫搬迁工作的指导意见》和《关于做好新时期易地扶贫搬迁工作的指导意见》，针对易地扶贫搬迁制定了更为详细具体的举措。

（二）易地扶贫搬迁的地方实践

1. 河北省涞源县易地扶贫搬迁实践

涞源县是河北省易地扶贫搬迁的主战场，扶贫搬迁对象全部规划到村、到户、到安置点。在搬迁工作上，涞源县按照"扎实推进，两步走"的思路，启动实施48个片区、43535人（建档立卡贫困人口27454人，同步搬迁人口16081人）的搬迁工程。第一批入住节点是2017年6月，包括县城、白石山等5个安置区建设，共涉及28个贫困村、4443户、12617名搬迁人员；第二批入住节点是2017年年底，包括各中心镇中心村43个安置区，共涉及123个村、10801户、30918名搬迁人员。通过这两批搬迁，全县共实现40000人全部入住新居。

第一批搬迁为集中安置。当地相关部门在安置工作前期，有针对性地开展了搬迁人口最终核实工作，对搬迁人口规模最新数据、人员增减变化、年龄结构组成、户类型特别是1人户进行了严格摸底。

第二批搬迁采取集中和分散安置相结合的方式，向中心镇、中心村聚集，共建设43个集中安置区，涉及123个村、10801户（建档立卡7346户、同步搬迁3455户）、30918人（建档立卡20707人、同步搬迁10211人）。

按照安置片区和产业园区"两区同建"思路，涞源县在县城和白石山片区周边，分别建设占地 180 亩和 150 亩的扶贫产业园区。2017 年 4 月，经过前期一系列的考察调研、对接，已经和河北省高碑店豆豆集团签订协议，县城安置片区由豆豆集团规划建设豆豆产业园区、绿色食品初加工产业园区、绿色食品制造产业园及标准化厂房；白石山安置片区安排箱包加工、肠衣加工、食用菌加工等劳动密集型企业入驻，吸纳搬迁人口劳动力全部就业。设置在各乡镇中心镇、中心村的安置区，各乡镇党委、政府结合当地产业基础和布局，建设相应产业园区，重点发展食用菌、核桃、中草药、小杂粮、鲜果等特色种植和牛、肉驴、蛋鸡等特色养殖业；在每一个乡镇集中安置区，至少建设一个手工业加工点和一个村级光伏电站。让搬迁群众挣薪金、拿佣金、分股金，确保搬迁群众持续稳定增收。

另外，为用足、用好增减挂钩政策，国土部门结合本次土地整治规划修编，对所涉及村庄进行规划调整，把搬迁村庄腾退土地全部纳入土地整治规划范围，对搬迁村庄进行复垦，结余指标向外销售，指标收益用于农村基础设施建设和偿还易地扶贫搬迁贷款。对搬迁村庄复垦土地和村民原有土地进行整体流转，引进安国市优质中草药种植、加工企业，充分利用涞源有利的气候、土壤条件，发展建设中草药种植基地，建设现代农业产业园区。贫困群众通过土地流转获得土地流转金收益，解决群众搬迁后种地难的后顾之忧。

除此之外，涞源县政府还加大就业技能培训力度，将培训项目向易地搬迁区域倾斜，力争让搬迁群众掌握一技之长，实现"一人就业、全家脱贫"的效果。政府公益性岗位优先吸纳搬迁户就业，支持符合自主创业条件的搬迁户，按标准享受相关扶持政策。通过实施退耕还林工程等，让搬迁群众就地转为护林员。通过这些政策叠加，有效解决搬迁群众的收入问题。

2. 广西壮族自治区西林县易地扶贫搬迁实践

围绕"搬得出、稳得住、有事做、能致富"的目标要求，广西壮族自治区西林县同样对居住在生存条件恶劣、生态环境脆弱、居住分散、交通不便、扶贫成本高的贫困区域人口，推进易地扶贫搬迁工程。西林县易地扶贫搬迁工作，坚持"统一规划、分期实施、群众自愿、积极稳妥"的原则，以集中安置为主，采取依托重点乡镇、产业园、乡村旅游区、中心村安置等多种模式相结合。2018年年底该县完成易地扶贫搬迁8846人，达到计划搬迁人数。

广西壮族自治区西林县在易地搬迁工作中，出现了搬迁群众反对拆除旧居的问题。中国易地扶贫搬迁的相关规定，明确要求实施易地扶贫搬迁时，需要拆除旧房，完成宅基地复垦。但是西林县部分少数民族、村寨都有保留祖屋、祭祀祖先的风俗。旧居拆除的反对情绪相比北方地区较为严重。当地政府针对这种普遍存在的情况，在开展易地扶贫安置点建设的同时，进行了搬迁户旧房拆除意愿调查工作，其中，调查搬迁住户3650户、16552人，同意拆除旧房的搬迁对象1173户、5495人，约占1/3。之后经过调整，西林县最终列入国家"十三五"易地搬迁计划8846人。

3. 广西壮族自治区龙州县"易地搬迁+"扶贫模式

龙州县"易地搬迁+驻边守疆+边贸致富"模式，是通过紧邻边境建边贸城推进扶贫搬迁，鼓励内地贫困人口往边境一线搬迁，采取边贸政策帮扶、发展进口产品落地加工推进产业带动帮扶、加快边境经济合作区发展推进转移就业帮扶等措施，既实现了扶贫搬迁户搬得出、留得住、能致富，又达到了"驻边、守边、富边、稳边"效果。"易地搬迁+驻边守疆+边贸致富"是易地扶贫搬迁模式的重要拓展。"十三五"时期，龙州县计划搬迁3498户、11881人，其中建档立卡贫困户3184户、10781人。

第一，易地搬迁与危房改造相结合。当地在实施易地扶贫搬迁时，首先坚持"先搬迁、再危改、后修缮"的思路，结合易地扶贫搬迁推进危房改造工作。2017年，龙州县搬迁2892户、9741人。危房改造总户数2136户，其中建档立卡贫困户1542户，非贫困户594户。

第二，利用区位优势，科学规划搬迁安置点。龙州县充分利用沿边地缘优势，在贴近边境口岸和中越边民互市贸易区（点），统一规划建设水口、布局、科甲三个安置点，此外规划建设2个县城安置点、5个中心村和集镇安置点。

第三，加强后续产业扶持。龙州县通过边民互市、建设扶贫产业园等产业发展方式，吸引加工企业创造就业岗位；通过建设经济合作区推进转移就业。另外，当地还组织人社、发改、农业、商务、教育等部门研究出台易地搬迁后，涉及的相关的产业、就业、收入来源、子女读书等生活保障后续帮扶方案；以此切实消除搬迁户后顾之忧，确保搬迁户"搬得出"

"能致富"。

4. 河北省易县易地扶贫搬迁实践

河北省易县搬迁人口为298户、889人（建档立卡搬迁88户、228人，同步搬迁210户、661人）。其中，集中安置建档立卡搬迁户26户、50人，分散安置建档立卡搬迁户62户、178人。当地把易地扶贫搬迁作为扶贫工作的一项硬任务，从搬迁政策宣传入手，实地入户核查，了解群众居住条件、搬迁意愿，严格户申请、村核准、乡申报、县把关的操作程序。2018年，流井乡建新村集中安置项目全面竣工，搬迁户全部入住，分散安置全部到位。另外，当地政府编制了《易县易地扶贫搬迁后续产业发展规划》，积极发展后续产业，为建档立卡搬迁户实现产业扶持全覆盖。2018年，流井乡建新村集中安置区被确定为全国易地扶贫搬迁定点监测联系点。

四 生态扶贫的操作模式与政策实践

生态扶贫是生态文明建设与贫困治理的有机结合，是经济水平发展落后、生态环境脆弱的地区利用自身生态优势加速贫困地区经济健康可持续发展的有效途径，是建设生态文明、保护生态发展与实现贫困人口脱贫的重要保障。生态扶贫是针对贫困地区面临"发展经济还是保护生态"这一巨大难题探索出的双赢渠道，旨在以生态经济发展作为基础，将第一产业中的农业、林业、牧业与旅游业等第三产业紧密结合，从而实现地区经济发展与生态保护的协调、可持续发展。

在传统的发展模式中，经济发展与环境保护总是对立的，经济发展总要以生态环境的牺牲为代价。但是贫困地区的可持续发展，必须探索走一条绿色发展之路，避免先污染后治理的传统发展思路。精准扶贫不仅必须要实现绿色发展，而且也具备实现绿色发展的可能。习近平总书记曾在哈萨克斯坦访问时指出："我们既要绿水青山，也要金山银山。宁要绿水青山，不要金山银山，而且绿水青山就是金山银山。"这一理念的提出充分强调了生态环境与经济发展相平等甚至更为重要的地位，体现了生态环境在经济发展中的优先性和重要性。在此意义上，生态扶贫是实现贫困地区绿色发展的最有效途径，体现了经济社会发展与扶贫开发相结合，在提高生态资源利用效率和环境保护的过程中，实现经济发展，真正做到在保护中发展、在发展中保护。

(一) 政策回顾

中国现行生态扶贫主要有两种模式：一是对具有生态资源禀赋的农村贫困地区进行生态补偿；二是根据农村贫困地区的条件，帮扶其发展绿色产业，以助其脱贫。生态补偿是以保护生态环境为目的，利用经济手段将生态建设外部性内部化，实现区域绿色发展的有效机制。党的十八大及十八大之后的历次会议中多次提出要实行资源有偿使用制度和生态补偿机制。生态补偿机制作为生态文明建设的重要内容，逐渐成为社会各界关注的重点。生态补偿与扶贫开发政策的有效结合对生态资源丰富的贫困地区意义重大。"十三五"脱贫攻坚"五个一批"的其中之一为生态补偿脱贫一批。2016年5月，国务院办公厅印发《关于健全生态保护补偿机制的意见》，明确将"结合生态保护补偿推进精准脱贫"作为健全生态保护补偿机制的重点任务。该意见指出，在生存条件差、生态系统重要、需要保护修复的地区，结合生态环境保护和治理，探索生态脱贫新路子。重点生态功能区转移支付要考虑贫困地区实际状况，加大贫困地区新一轮退耕还林还草力度，合理调整基本农田保有量。开展贫困地区生态综合补偿试点，创新资金使用方式，利用生态保护补偿和生态保护工程资金使当地有劳动能力的部分贫困人口转为生态保护人员。而绿色产业主要是指通过发展农业产业、旅游产业等生态产业以确保在保障绿水青山的前提下，发展绿色产业以为贫困农户增收脱贫。相关政策已在本章第一节中详细介绍，此处不再赘述。

(二) 生态扶贫的地方实践

1. 广西壮族自治区西林县生态扶贫实践

广西壮族自治区西林县依托当地的林地资源、生态资源，积极实施退耕还林、生态产业园区等重点生态扶贫工程，并且在扶贫项目审批和资金方面给予政策支持，实现了生态保护和脱贫攻坚双赢。在林业生态扶贫方面，西林县利用当地林地、林木资源丰富，林业发达的优势，通过更新造林、退耕还林、停伐补助等多项举措，实现了增收脱贫、生态保护的双重目标。

第一，更新造林，增收脱贫。2017年，西林县实施万亩人工迹地更新造林项目，全县共有53户建档立卡贫困户参加该项目，获得补助金18万元。第二，退耕还林，惠民脱贫。2016年，西林县新一轮退耕还林面积为1万亩。其中，全县共有341户建档立卡贫困户参加，实施面积达到2110亩，获得政策补助316.5万元，户均增收9281.5元。第三，停伐补助，优先指标。2016年以来，西林县将建档立卡贫困户纳入天然商品林停伐协议工程，参与工程的建档立卡贫困户达到133户，兑现资金补助22万余元。与此同时，西林县优先安排建档立卡贫困户的木材生产计划指标。2016年以来，西林县为509户建档立卡贫困户共安排木材生产计划指标8.48万立方米，户均增收49980元以上。第四，发展油茶"双千计划"，生态农业助力脱贫攻坚。2016年以来，西林县引导、带动全县644户建档立卡贫困户发展油茶种植业，种植面积达到6657亩，累计兑现补助资金332.89万元，户均增收5169.1元。第五，生态补偿，开发生态公益岗位。西林县有划定自治区级以上生态公益林86.432万亩，而每年参与生态公益林管护协议的建档立卡贫困户达到4465户，共兑现生态效益补偿资金356.45万元。另外，2017年，西林县开始在有劳动能力的建档立卡贫困户中选聘人员担任生态护林员。其中，生态护林员每年每人有1万元补助资金。2017年以来，全县共聘用生态护林员560名，每人每年增收1万元，实现了"聘用一人护林，带动一户脱贫"的就业脱贫目标。

2. 河北省涞源县生态扶贫实践

在生态扶贫方面，河北省涞源县林业生态扶贫以公益林护林员补助、生态公益林补偿、国家森林抚育补贴、造林补贴等生态补助政策为切入，在生态保护修复、生态保护补偿机制方面进行了拓展和应用。

第一，全面加强贫困地区生态工程建设。涞源县根据河北省农村扶贫开发工作的要求，重点实施退耕还林、退牧还草、水土保持、防护林体系建设等生态修复工程；建立健全区域性生态补偿机制，加大重点生态功能区生态补偿力度。涞源县是京津冀生态环境支撑区重点县，借助三北防护林工程、中央财政造林项目、京冀扶贫协作造林项目等重点工程，涞源县大力推进造林绿化。2014年以来，全县累计造林面积8.09万亩，落实资金1626.4万元。

第二，招聘贫困人口生态护林员。2016年，涞源县林业局、财政局、扶贫办按照"县建、乡聘、村用"的原则，联合下发了《涞源县建档立卡贫困人口生态护林员招聘工作的通知》，制定了《涞源县建档立卡贫困人口生态护林员选聘实施方案》，并组织实施了选聘工作。2018年以来，涞源县累计聘用生态护林员1335名，人均每年增收8000元。

3. 河北省易县生态扶贫实践

河北省易县坚持"生态为本、绿色优先、持续发展"的发展理念，从林业生态脱贫的基本政策出发，退耕还林脱贫一批、生态治理脱贫一批、生态保护脱贫一批、干果经济林提质增效脱贫一批、林业产业脱贫一批。2016年以来，全县累计投入生态建设资金1.2亿元，全面推进植树造林、营林护林工程。在林业项目资金安排使用上，易县优先安排西部深山区、贫困程度深的贫困村，全县每年植树造林10万亩，林木覆盖率每年以1.3%的速度递增。2018年，易县林果种植面积40.9万亩，林业总产值达到7.9亿元。与此同时，易县利用生态补偿和生态保护工程资金，把当地有劳动能力的建档立卡贫困人员聘为生态保护人员，每人每年劳务管护补助10000元。2017年以来，全县共计选聘建档立卡贫困户生态护林员244名。

五 金融扶贫的操作模式与政策实践

改革开放以来，中国金融扶贫政策在调整中日趋完善。当前，中国金融扶贫也进入了精准扶贫阶段。金融精准扶贫政策设计的理念依据、运行机理、制度安排等充分反映了"精准"的核心思想。扎实推进金融精准扶贫是一项系统工程，需要不断改善和完善金融精准扶贫的顶层设计，持续把金融精准扶贫推向深入。

（一）政策回顾

尽管"金融扶贫"的提法在20世纪80年代才出现，但实际上早在新民主主义革命时期，中共中央就已有过解决贫困群众高利贷问题的文件，这可以说是最早关于金融扶贫的政策性文件。新中国成立以来，我国各地方就已涌现银行贷款以帮助贫困农民的诸多实践，随着20世纪

80年代中国转型时期金融体制改革伊始,金融在扶贫工作中的重要性进一步提高,理论界与政策界亦围绕如何进一步发挥金融在脱贫攻坚中的撬动作用展开讨论与实践。例如,1981年伊始,中国人民银行制定了一系列政策措施以推动贫困地区发展经济、脱贫致富①;1985年,上海崇明县②农业银行就已将扶贫工作作为银行、信用社日常工作的重要内容③。从1985年开始,国家每年安排一定数量的"老少边穷"专项贷款④。

1986—1993年,中国扶贫主要采取"企业扶贫"的方式,配合信贷扶贫政策的支持。将扶贫工作从政府中分离出来,通过企业传导到贫困户,这些企业被称为"扶贫经济实体",并以扶贫贴息贷款的方式对企业所开展的扶贫项目予以支持。在此期间,要求这些"扶贫企业"大量吸收贫困人口就业,并保障其经济收入,当时将近80%的资金流入企业,在"扶贫企业"的设想上,县扶贫系统建立了扶贫公司,银行的扶贫贷款由扶贫公司统贷统还⑤。在此期间以中国农业银行为主的政策性银行开展扶贫贴息贷款业务,主要针对扶贫项目而非贫困户个体。例如,1986年,中国农业银行针对经济落后地区和贫困地区出台了更为具体的信贷扶贫举措。

1994—2010年,中国处于金融扶贫模式探索期,金融扶贫方式也由之前的以针对扶贫项目的扶贫贴息贷款为主转变为以针对贫困户个体的小额信贷为主。1994年,《国家八七扶贫攻坚计划(1994—2000年)》出台,不仅明确了中央的财政、信贷和以工代赈等扶贫资金集中投放在国家重点扶持的贫困县,还提出要对贫困户和扶贫经济实体使用扶贫信贷政策。鉴于贴息贷款扶贫方式存在的缺陷和问题,从20世纪90年代中期开始,在借鉴国外小额信贷经验的基础上,中国一些机构和国际援助扶贫项目开展了主要以扶贫社为载体的小额信贷扶贫的试验⑥。1998年2月,国

---

① 李小林:《扶贫的金融后盾》,《中国民族》1991年第5期。
② 现为上海崇明区,于2016年撤县设市。
③ 陈志超:《农村金融机构要切实做好扶贫工作》,《上海金融》1986年第8期。
④ 胡建刚:《发放扶贫贷款需解决的几个问题》,《浙江金融》1987年第11期。
⑤ 周彬彬:《我国扶贫政策中几个值得商榷的问题》,《农业经济问题》1991年第10期。
⑥ 吴国宝:《农村小额信贷扶贫试验及其启示》,《改革》1998年第7期。

务院扶贫办召开全国扶贫到户工作座谈会,会议指出,小额信贷扶贫到户是有效扶贫形式,并鼓励积极试点、稳步推广。1999 年,中央扶贫开发工作大会强调小额信贷是一种有效的扶贫到户形式,明确了其在扶贫开发中的重要作用,并指出要积极稳妥地推行。与此同时,小额信贷的管理体制也在不断发展变化,1999 年以前主要由政府部门单独运作管理,具体由国家扶贫办下设的扶贫社代理中国农业发展银行开展扶贫贴息贷款工作,而 1999 年之后由政府部门与银行共同管理,银行开展小额信贷直接到村入户。

2001 年,《中国农村扶贫开发纲要(2001—2010 年)》明确"继续安排并增加扶贫贷款",积极稳妥地推广扶贫到户的小额信贷,并执行优惠利率。值得一提的是,这一时期中央政府和金融监管部门制定了一系列政策推动我国普惠金融的发展,被排斥于金融服务之外的大规模贫困和中低收入客户群体普遍地受惠。与此同时,为理顺管理体制、明晰产权关系,国家对农村信用社进行了改革,并放宽农村金融机构准入机制,引导各类资金流向农村地区发展金融服务[1]。

2011 年,《中国农村扶贫开发纲要(2011—2020 年)》提出"金融服务"概念,即此时不再是以前的单一扶贫信贷政策支持,更是针对贫困地区、贫困户创新金融产品和服务方式,是对扶贫开发在金融支持方面所进行的供给侧结构性改革。这一阶段,随着农村金融体系愈加完善,中国金融扶贫模式也愈加成熟多样。尤其在 2014 年"精准扶贫"提出与实施之后,中国农村金融制度进一步深化,资金瞄准度与利用率进一步提高。2014 年 3 月,《关于全面做好扶贫开发金融服务工作的指导意见》出台,明确了"到 2020 年使贫困地区金融服务水平接近全国平均水平,初步建成全方位扶贫贫困地区各阶层和弱势群体的普惠金融体系"[2]。

(二) 金融扶贫的地方实践

2015 年年底大理市未脱贫建档立卡贫困户 2755 户、9434 人,2016

---

[1] 宁爱照、杜晓山:《新时期的中国金融扶贫》,《中国金融》2013 年第 8 期。
[2] 《关于全面做好扶贫开发金融服务工作的指导意见》(http://www.gov.cn/xinwen/2014-04/10/content_ 2656095.htm)。

年贫困退出264户、950人。其中：易地搬迁39户、农村危房改造153户、产业带动250户、教育帮扶139户、就业培训193户、有序转移就业74户、金融扶持183户、生态扶持170户。大理市金融扶贫在脱贫攻坚战中独树一帜，通过富滇银行和市农村合作银行为代表的金融机构进行的一系列金融扶贫模式探索，取得了显著成效。在此以大理市太邑乡"富滇—格莱珉扶贫贷款"模式，以及大理市剑川县金融扶贫模式为例。

1. 大理市太邑乡的金融扶贫模式——"富滇—格莱珉扶贫贷款"

大理市政府和富滇银行立足云南边疆少数民族地区扶贫工作实际，积极探索金融精准扶贫新路径，在国内首家引进诺贝尔和平奖获得者穆罕曼德·尤努斯的孟加拉格莱珉银行（又称乡村银行）扶贫模式，在太邑乡成立了富滇格莱珉工作部，引入"格莱珉模式"技术，创新"富滇—格莱珉"扶贫小额信用贷款产品。2016年2月，大理市政府和富滇银行与格莱珉有限公司签订了《富滇—格莱珉项目技术服务合同》，由富滇银行提供项目运营所需经费和项目实施所需信贷资金，格莱珉有限公司按合同约定提供模式技术支持和日常运营管理，共同合作推动项目。具体实施过程中，富滇银行成立富滇—格莱珉金融扶贫事业部统筹项目并设立富滇—格莱珉扶贫小额信用贷款产品。与此同时，设立驻村扶贫工作队，加强与太邑乡党委政府沟通协调，整合力量形成推力。在制度建设上，建立月报告制度，每月向上级部门通报当月贷款发放、重点工作等事项。另外，双方共同设立太邑乡富滇格莱珉扶贫专项基金。

2016年5月26日，该项目在大理市太邑乡太邑村举行揭牌仪式并成功发放首批贷款。截至2017年8月，项目点会员数达到270户，贷款客户数206户，贷款余额为241.03万元，还款率为98%。项目累计发放贷款资金490.7万元，其中累计向当地93户建档立卡贫困户发放贷款210.6万元。

2. 大理市剑川县的金融扶贫模式

剑川县金融扶贫模式主要有三种：传统金融机构直接信贷扶贫（扶贫到户贷款）、基层党员带领群众创业致富贷款以及"三权三证"抵押贷款。

扶贫到户贷款是剑川县最早开展的金融支持扶贫开发方式，也是目前最成熟的金融支持扶贫开发方式。扶贫到户贷款是一种小额信用贷款，具体业务由农村信用社经营。政府通过财政贴息来降低贫困农户的融资成本,通过扶贫办甄别贫困农户和扶贫项目,确保贫困农户特别是建档立卡贫困户能够获得贷款,确保农村信用社贷款资金"放得出、有效益、能发展、收得回",做到金融和扶贫开发紧密相连。扶贫到户贷款根据当地经济发展趋势和贫困农户的生产生活情况,将扶贫开发的着力点放在农业和农产品销售环节,重点对贫困户发展种植业、养殖业和创业进行支持。截至 2016 年 12 月,云南大理市相关农村合作银行累计发放扶贫贴息贷款 1.5 亿元,其中:到户贷款发放 9850 万元,获贷农户共 2845 户(建档立卡贫困占 2053 户)。

剑川县扶贫到户贷款项目的运行按照《云南省扶贫贷款贴息管理暂行办法》的要求实施。通过农户自愿申请,乡村初审筛选,贷款审查等程序,完成贫困户实地走访和调查,审核通过后公示并进行放贷。另外,该项目由财政局设立监督贷款贴息资金"专户管理"和报账制度,并由信用社进行贷后管理。扶贫到户贷款对家庭条件困难和无不良贷款记录的贫困农户优先审批和发放贷款。经过多年的探索和改进,扶贫到户贷款工作已形成了政府主导、财政贴息、农村信用社管理和农户受益的良性循环机制,既支持了贫困户发展生产,又在乡村促进了和谐文明的诚信之风。

基层党员带领群众创业致富贷款是指贷款人依托党组织在农村中的核心领导和致富引领作用,依靠党的基层组织对借款人进行综合审查,认可其具备申请贷款资格后,独立审核发放的贷款。基层党员带领群众创业致富贷款是利用基层党组织熟悉农村情况和密切联系群众的优势来降低农村信用贷款的交易费用和规避违约风险,是近年来金融支持扶贫开发的创新形式。2013 年,剑川县积极向省级部门争取金融扶贫政策,率先在云南省和大理州开展"基层党员带领群众创业致富贷款"试点工作。基本程序为:个人申请、党员介绍、组织推荐、农村信用社审批、利率优惠和党委备案。即:借款(申请)人向村党组织提出"基层党员带领群众创业致富贷款"申请,普通群众贷款要有两名本村正式党员作为贷款介绍人,村党组织召开总支部会议对其进行资格审查,村党组织对借款人初审合格并公示后,给予贷款人推荐意见,农信社再根据村党组织的推荐意见核发贷款,贷款发放后,农村信用社经营网点每月向所在乡镇党委进行放贷备案。该模式实行"一次核定、随用随贷、余额控制和循环使用"的授信和用信管理方式，为党员和困难群众提供方便和快捷的绿色通道。仅2013—2014年，剑川县共发放"基层党员带领群众创业致富贷款"1.05亿元，支持1719户农户脱贫，帮助近2000人实现创业梦想。

剑川县还积极探索"三权三证"抵押贷款服务扶贫开发模式。该模式以农民的林权、土地承包权、房屋所有权和宅基地使用权作为抵押物进行贷款，盘活农村资源，把资源资产化、资产资本化，让农村"沉睡资源"变成"活动资金"。与扶贫到户贷款和基层党员带领群众创业致富贷款不同的是，"三权三证"抵押贷款在贷款审批通过后和贷款发放前，要对抵押物进行估价和抵押，在贷款人拒绝还款和贷款无法收回的情况下要通过法律手段对抵押物进行处置。到2014年，剑川县已经开展农村林权抵押贷款、农村土地承包经营权抵押贷款以及农村居民房屋抵押融资贷款等业务。

除了"富滇—格莱珉扶贫贷款"模式、剑川县金融扶贫模式外，大理市成功实施的金融扶贫模式还有大理宾川地区的富滇银行"金果贷"模式和传统的政府企业帮扶模式。

2013年8月，富滇银行和大理宾川县政府共同设立了面向高原特色水果种植行业的农业金融信贷产品——"金果贷"。"金果贷"以水果权证作抵押，果农只要持有当地县政府结合土地承包经营权、土地流转进经营权核发的水果权证，就可以到富滇银行申请贷款。贷款金额最高可达300万元，贷款期限根据水果生长周期确定，贷款到期日设立在水果上市售卖的季节，单笔贷款期限最长可达到2年，贷款利率按照优惠利率执行。产品推出前两年，累计向2600多户果农发放贷款3.4亿元，真正使果农的果园变资源、资源变资本、资本变资金，成为宾川水果产业转型升级的新动力。截至2016年，"金果贷"共支持了当地5600多户果农发展，累计发放贷款金额6.51亿元，余额2.28亿元，但"金果贷"产品不良率仅为0.45%。

传统的政府企业帮扶模式，主要是政府直接给予贫困户以财政支持，同时结合当地合作社或者企业的力量，对贫困户给予经济上的红利补偿。实施形式包括：互助组扶贫和"党支部+龙头企业+贫困户"形式。互助的扶贫形式是根据最新建档立卡贫困统计信息，并结合现实可操作性，选取10个建档立卡贫困村组建互助社，按照每个互助社30万元的补助标准，进行补助。"党支部+龙头企业+贫困户"形式是政府进行牵头和组织，按照扶贫的选择标准，对每个建档立卡贫困户进行一定数额的无偿使用的财政拨款。在尊重企业意愿的前提下，鼓励有条件的企业采取"1+1""1+多"或"多+1"的方式结对帮扶贫困村。政府将这笔钱按照每个帮扶的贫困户为一股，以股份形式入到企业中，让企业代为经营管理，贫困户直接分红。到目前为止，大理市按照每个互助社30万元的补助标准，共筹集拨付注册资金325.65万元，在10个建档立卡贫困村组建互助社，共有入社农户1188户，其中建档立卡贫困户834户。通过产业发展、金融扶持等一系列措施，充分调动起贫困农户的主动性、积极性，增强农户内生动力，变"要我脱贫"为"我要脱贫"，实现扶贫工作从"输血"到"造血"的转变。

六 教育扶贫与社保扶贫的操作模式与政策实践

"五个一批"扶贫工程中包括"社会保障兜底一批"与"发展教育脱贫一批"，前者是扶贫基石，后者则是长远脱贫的根本之策。这两大举措所瞄准的贫困人口主要包括老弱病残特殊群体和贫困学生，而这两类人群是否能脱贫决定了中国脱贫攻坚的"短板"之"短"，及实现长期目标的时间之"长"。其中，社保扶贫作为兜底扶贫惠民政策，意在保障老百姓实现老有所养、病有所医、伤有所助。2016年8月，人社部印发了《关于在打赢脱贫攻坚战中做好人力资源社会保障扶贫工作的意见》，提出了要提高贫困人口社会保险水平的政策措施。2017年，人社部、财政部和扶贫办三部门出台相关社会保险扶贫政策，提出要支持帮助贫困人员及其他社会成员参加社会保险，助力参保贫困人员精准脱贫，同时提高保障水平，避免参保人员因年老、伤病、失业等原因致贫或返贫。尽管由于中国社保制度发展时间较短，还有待完善，在脱贫攻坚中所发挥的作用还有待提高，但部分地区在这方面已经迈出了坚实的步伐，取得了不错的效果和成绩。

教育扶贫是阻断贫困代际传递的根本手段和重要方式，其目的是通过办好贫困地区和贫困人口的教育事业进而实现减贫脱贫的战略目标，其本质体现了社会公平正义的价值追求。这种价值追求表现为教育扶贫所体现的差别正义原则和起点公平理念、权利平等原则和过程公正理念、机会均等原则和结果公正理念等方面；而保障贫困地区和贫困人口的教育权利、教育条件和教育收益等，是实现教育扶贫起点公平正义、过程公平正义和结果公平正义的必要前提。教育在扶贫中具有重要的基础性作用，针对贫困家庭、贫困学生的教育扶贫亦是教育公平的体现。也正是因为如此，教育扶贫被赋予了"阻断贫困代际传递"的使命，其实现路径被描述为"让贫困家庭子女都能接受公平有质量的教育"。教育扶贫是实现教育公平的重要手段、也是实现长效稳定脱贫的根本之策。

（一）政策回顾

目前，农村贫困地区社会保障制度发挥着最基础的兜底扶贫作用，其中社会救助在精准扶贫中发挥着最直接的兜底作用，社会保险制度发挥的作用则不断在扩大，而社会福利制度的兜底扶贫作用相对较弱。

社会救助制度意在就处于生物贫困线以下的贫困人口实施社会救助，现行社会救助制度主要包括农村最低生活保障制度、特困人员救助供养制度、临时救助制度以及医疗救助、教育救助、住房救助等专项社会救助项目。其中，最低生活保障制度主要救助对象是家庭人均收入低于贫困线或低保线的家庭，确保其基本生存需要。农村贫困地区特困人员救助供养制度由农村五保户供养制度和特困户生活救助制度构成。贫困地区临时救助制度主要是对农村遭遇突发事件、意外伤害、重大疾病或其他特殊原因导致基本生活陷入困境，其他社会救助制度暂时无法覆盖或救助之后基本生活暂时仍有严重困难的家庭或个人给予应急性和过渡性救助。专业社会救助项目包括医疗救助、教育救助和住房救助等专项救助项目，主要对特定贫困人口实施直接现金援助。

农村社会保险中发挥兜底作用的保险主要包括新型农村合作医疗制度和新型农村养老保险制度。其中新型农村合作医疗制度采取的是个人缴费、集体扶持和政府资助的方式筹资，已于2018年与城镇医疗保险并轨为中国城乡居民基本医疗保险，保障水平与保障力度亦随之不断提高。而农村养老保险制度也已于2018年实行全国统筹，农村户口与城市户口开始享受无差别养老待遇。贫困地区针对贫困老年人根据地方实际制定了相应政策，通过采取农村家庭养老、土地养老、社区养老等方式来实现对贫困老年人基本生活的保障。

农村社会福利制度提供福利的对象重点包括老年人、残疾人和妇女儿童。随着人口老龄化的加剧，老年人在贫困人口中占比随之增大，老年人福利重在通过增加养老机构及相应设施以提升老年人的福利水平。扶贫攻坚进入到当前阶段，贫困人口中相当一部分人口是贫困残疾人。为建立健全残疾人专项社会福利制度，目前已经针对残疾人开展"阳光助残扶贫"项目和"阳光安居工程"，进一步提高其福利水平。妇女儿童福利重在对农村留守妇女儿童提供相应福利服务，针对妇女而言，主要提供教育、就业、卫生、生育等方面的福利；针对儿童而言，重点关注其基本营养需求、医疗卫生需求、教育津贴等方面的福利服务。

自1988年中国开始制定具体的教育扶贫计划以来，至今已有31年，目前教育扶贫政策体系已经相对完善。

中国教育扶贫第一个具体的计划——"燎原计划"，始于1988年，意在鼓励发展农村职业教育，提高农民生产生活技能，以促进其增产增收。1994年，《国家八七扶贫攻坚计划（1994—2000年）》明确要推进中国农村教育改革，开展扫盲。特别是针对贫困地区，要加大普及教育力度，并开展成人职业教育培训，帮助贫困地区人员掌握赖以谋生的技能。2001年，《中国农村扶贫开发纲要（2001—2010年）》中明确了将对农民的科学技术培训作为扶贫开发工作的一项重要任务，要求将农业发展与科教发展相结合。同时，还提出要进一步加大对贫困地区人员进行职业培训的投入，以帮助其就业。2003年，《关于进一步加强农村教育工作的决定》明确了巩固基础教育和拓展职业教育的重要性，并创新教育培训方式方法，结合现代信息技术实施远程教育工程。2004年，《中共中央国务院关于进一步加强农村工作提高农业综合生产能力若干政策的意见》与《关于加快国家扶贫开发工作重点县"两免一补"实施步伐有关工作意见的通知》发布，明确了针对贫困学子的"两免一补"政策，给予贫困家庭子女更多受教育机会，对巩固加强贫困地区普及基础教育具有重大作用。2006年，"雨露计划"开始实施。该计划主要针对农村居民，且以提高专业技能的职业教育为核心内容，重点包括专业就业技能培训、创业培训、农业实用技术培训等，以提高贫困地区人口创业和就业技能。2010年，《中国农村扶贫开发纲要（2011—2020年）》明确了要普及学前教育，推动农村中小学健康营养改善工作。2013 年,《关于实施教育扶贫工程的意见》中明确了开展教育扶贫工作的主要任务,即加强基础教育、加速职业教育的发展、提高高等教育的服务能力、强化贫困学子教育政策支持。2014 年,《关于创新机制扎实推进农村扶贫开发工作的意见》明确了中国教育扶贫应当侧重于保障义务教育的普及、促进职业教育的发展,并将相关教育扶贫政策进一步向贫困地区倾斜。2016 年,《教育脱贫攻坚"十三五"规划》再次肯定了教育扶贫在扶贫攻坚中的重要作用,并强调应当遵循分类施策、就业向导和政府主导的原则。在国家宏观政策框架体系下,各地方因地施策,也涌现了不少突出案例和先进经验。

(二) 教育扶贫的地方实践

河北省涞源县在教育扶贫方面开展了积极有效的工作。该县实施从幼儿园到高中阶段"15 年全免费教育"。自 2013 年以来,涞源县累计投入免费教育资金 2 亿多元,惠及 12.3 万名在校生。通过持续开展的"金秋助学"活动,自 2009 年以来,2019 名贫困本科生得到资助,发放助学金 677.05 万元,有效地解决了贫困学生上学难的问题。

2012 年,习近平总书记在河北省阜平县调研时指出:"治贫先治愚。要把下一代的教育工作做好,特别是要注重山区贫困地区下一代的成长。下一代要过上好生活,首先要有文化,这样将来他们的发展就完全不同。义务教育一定要搞好,让孩子们受到好的教育。"[①] 此后,涞源县加大了教育扶贫的投入力度,效果较为突出。包括推进义务教育阶段营养改善计划,全面改善贫困地区义务教育薄弱学校基本办学条件(简称"全面改薄"),实施学前免费教育、义务教育阶段"两免一补"高中阶段"三免一助"、金秋助学、"雨露计划"等相关政策。

第一,推进义务教育阶段营养改善计划。涞源县自 2012 年起,在全县农村义务教育阶段学校实施了营养改善计划。实施标准为每生每天 3 元,每年度供餐 200 天。2014 年 11 月起,营养改善计划执行标准由每生每天 3 元提高到 4 元,每年度供餐 200 天。目前涞源县享受农村义务教育

[①] 《在河北省阜平县考察扶贫开发工作时的讲话》(2012 年 12 月 29—30 日),载习近平《做焦裕禄式的县委书记》,中央文献出版社 2015 年版,第 24 页。

学生营养改善计划的学校共有156所，其中：中学8所（包括民办学校1所），小学148所（含教学点110个）；在校生15186人，其中：小学11383人，中学在校生3803人。2012—2016年，涞源县累计使用上级营养改善计划专项资金4331.4708万元，惠及全县农村义务教育阶段学校全部学生。

第二，"全面改薄"提升义务教育办学条件。在全面改善贫困地区义务教育薄弱学校基本办学条件（简称"全面改薄"）方面，截至2016年年底，涞源县已累计投入中央、省级改薄资金4438万元。涉及土建类项目共36个，总投资3706万元。其中，已竣工项目16个，在建项目12个，已完成招标工作准备开工项目8个。五年整体开工率达到83%，竣工率为24.73%，校舍建设项目资金支出率为29.89%。除土建类项目外，涞源县还投资732万元，为31所学校购置教学仪器、电脑等设备47000台、件。目前已全部购置完成，设备采购完成率达到100%。

第三，实施"两免一补""三免一助"、金秋助学、"雨露计划"。涞源县自2007年起，陆续实施学前免费教育、义务教育阶段"两免一补"、高中阶段"三免一助"、金秋助学、"雨露计划"等相关教育扶贫政策。从2007年秋季开始，涞源县九年义务教育阶段学生享受"两免一补"（免学杂费、免教科书费、补助寄宿生生活费）政策；自2011年起，涞源县高中实行"三免一助"（免学杂费、免教科书费、免住宿费、助学金）政策，其中应届高考并被二本以上院校录取且家庭困难的学生，享受金秋助学政策；2012年以来，户籍在涞源县的高中应届学生考取高等院校，实行生源地贷款及补助路费政策；自2013年起，涞源县在农村公办幼儿园实行学前免费教育；自2015年起，涞源县实行职业学校学生的"雨露计划"政策。

第十一章

中国精准扶贫成效分析

党的十八大以来，中共中央把扶贫开发工作纳入"四个全面"战略布局，把扶贫攻坚作为实现第一个百年奋斗目标的重点工作。精准扶贫思想成为中国新时期扶贫开发的指导思想。党的十八届五中全会提出："到2020年我国现行标准下农村贫困人口实现脱贫，贫困县全部摘帽，解决区域性整体贫困。"自实施精准扶贫战略以来，全国农村贫困人口规模从2012年的9899万人下降到2018年的1660万人，累计减贫8239万人，平均每年减贫1373万人；贫困发生率从10.2%下降到1.7%，累计下降8.5个百分点，平均每年下降1.42个百分点。截至2018年11月，全国832个贫困县中已有153个贫困县成功实现脱贫摘帽。贫困地区农村居民人均可支配收入[①]从2013年的6079元提高到2018年的10371元，平均每年实现名义增长12.08%，扣除价格因素，平均每年实际增长10.03个百分点，实际增速比全国农村平均水平高2.3个百分点。在消费方面，贫困地区农村居民消费支出从2013年的5404元提高到2017年的7998元，年均名义增长11.22%，年均实际增长9.3%。农村贫困人口生活、居住条件得到了极大改善；贫困地区基础设施建设水平显著提高，贫困人口上学难、就医难、行路难、饮水不安全等诸多贫困引致的难题得到逐步缓解。贫困地区基本公共服务水平与全国平均水平的差距逐渐缩小。精准扶贫、精准脱贫方略的实施，开创和引导了中国扶贫开发工作的新阶段，成为中

[①] 由于2012年国家统计局实施城乡住户调查一体化改革，贫困地区开始使用农村常住居民人均可支配收入，所以自2013年起，统一使用农村常住居民人均可支配收入以及农村常住居民人均消费支出的统计数据。

国打赢脱贫攻坚战，全面建成小康社会的关键一步。

一 中国精准扶贫成效概况

(一) 全国精准脱贫基本状况

党的十八大以来，在精准扶贫政策的指导下，中国精准脱贫成效显著。贫困人口规模大幅下降，贫困县退出数量逐年增加，贫困地区农村居民收入明显增长，生产生活条件得到极大改善。8000多万建档立卡贫困人口有稳定收入来源、人均可支配收入稳定超过国家扶贫标准，实现有效脱贫。

2012年，全国农村贫困人口9899万人，贫困发生率为10.2%。2018年年末，全国农村贫困人口1660万人，贫困发生率为1.7%。2012—2018年，全国平均每年减贫1373万人；贫困发生率年均下降1.42个百分点（如图11-1所示）。贫困发生率从2010年的17.2%下降至2018年的

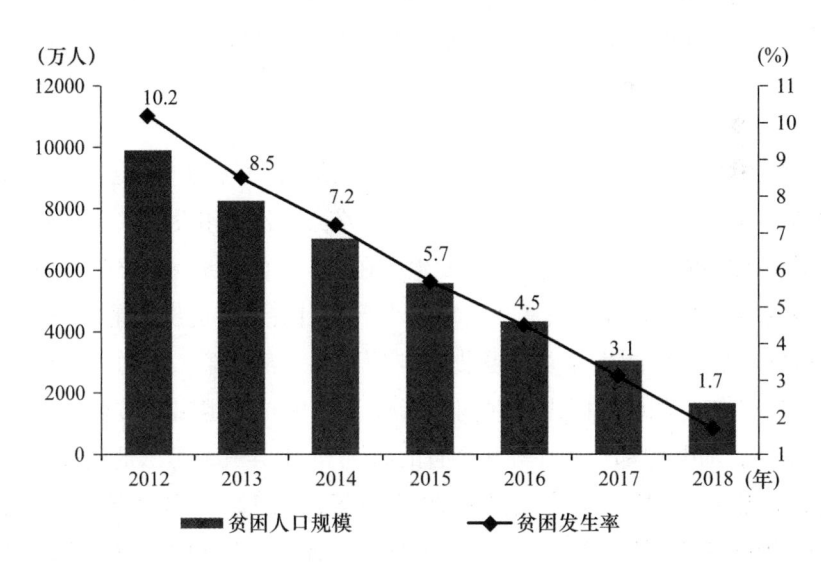

图11-1 2012—2018年全国农村贫困人口规模和贫困发生率变化

资料来源：国家统计局住户调查办公室《中国农村贫困监测报告》(2017、2018)，国家统计局《中华人民共和国2017年国民经济和社会发展统计公报》，国家统计局2019年2月15日统计数据发布《2018年全国农村贫困人口减少1386万人》(www. stats. gov. cn/tjsj/zxfb/201902/t20190215_ 1649231. html)。

1.7%（见表11-1）。

表11-1　现行贫困标准下中国2010—2018年农村贫困人口变化

年份	当年价贫困标准（元/年·人）	贫困人口（万人）	比上年减少（万人）	贫困发生率（%）
2010	2300	16567	—	17.2
2011	2536	12238	4329	12.7
2012	2625	9899	2339	10.2
2013	2736	8249	1650	8.5
2014	2800	7017	1232	7.2
2015	2855	5575	1442	5.7
2016	2952	4335	1240	4.5
2017	2952	3046	1289	3.1
2018	2952	1660	1386	1.7

资料来源：国家统计局住户调查办公室《中国农村贫困监测报告》（2017、2018），国家统计局《扶贫开发成就举世瞩目 脱贫攻坚取得决定性进展——改革开放40年经济社会发展成就系列报告之五》。

在贫困县脱贫摘帽方面，从2016年开始中国开启了贫困县退出机制。2016年4月27日，中共中央办公厅、国务院办公厅印发的《关于建立贫困退出机制的意见》提出，贫困发生率在2%（西部地区为3%）以下的贫困县市可以向国务院扶贫开发领导小组提出贫困县退出申请。2016年，全国共有9个省的28个贫困县提出申请，并且都在第二年通过了退出评估。2017年，江西井冈山、河南兰考成为中国首批退出的贫困县。2017年11月，河北望都、海兴等9个省的26个贫困县成为第二批宣布脱贫摘帽的贫困县。2018年，全国又有20个省区市的125个贫困县全部脱贫。截至2018年11月，全国832个贫困县中已有153个贫困县成功实现脱贫摘帽，还有679个贫困县待脱贫摘帽。

（二）东中西部精准脱贫成效

从分布区域看，中国农村贫困人口相对比较集中。2010—2018年，中国农村贫困人口中的一半以上都是集中在西部地区[①]。显然，地区贫困发生率与地区经济发展水平呈反比，经济发展程度最高的东部地区，贫困发生率最低。经济发展程度相对比较低的西部地区，贫困发生率一直是全国最高。与此同时，西部地区减贫规模最大、贫困发生率也下降得最快。2010—2018年，西部地区脱贫人口占全国脱贫人口比例一直保持在50%左右。

2010—2018年，西部地区脱贫规模达到7513万人，年均减贫939.13万人；中部地区累计脱贫人口4954万人，年均减贫619.25万人；东部地区脱贫规模达到2440万人，年均减贫305万人（如图11-2、见表11-2）。

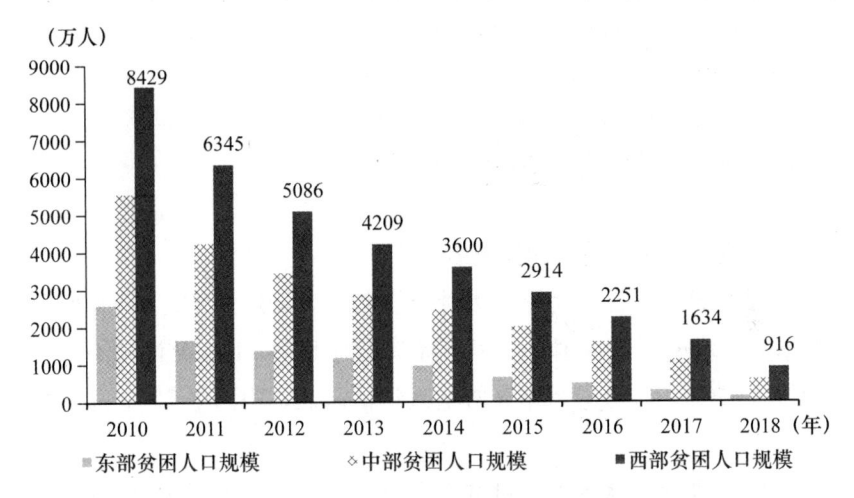

图11-2 2010—2018年全国分地区农村贫困人口规模变化

资料来源：国家统计局住户调查办公室《中国农村贫困监测报告》（2017、2018），国家统计局《中华人民共和国2017年国民经济和社会发展统计公报》，《扶贫开发成就举世瞩目 脱贫攻坚取得决定性进展——改革开放40年经济社会发展成就系列报告之五》，统计数据发布《2018年全国农村贫困人口减少1386万人》（www.stats.gov.cn/tjsj/zxfb/201902/t20190215_1649231.html）。

---

① 东部地区：包括北京、天津、河北、辽宁、上海、江苏、浙江、福建、山东、广东、海南11省（直辖市）。中部地区：包括山西、吉林、黑龙江、安徽、江西、河南、湖北、湖南8省。西部地区：包括内蒙古、广西、重庆、四川、贵州、云南、西藏、陕西、甘肃、青海、宁夏、新疆12省（直辖市、自治区）。

表11-2　2010—2018年全国分地区农村贫困人口与贫困发生率

年份	农村贫困人口规模（万人）			农村贫困发生率（%）		
	东部	中部	西部	东部	中部	西部
2010	2587	5551	8429	7.4	17.2	29.2
2011	1655	4238	6345	4.7	13.1	21.9
2012	1367	3446	5086	3.9	10.5	17.6
2013	1171	2869	4209	3.3	8.8	14.5
2014	956	2461	3600	2.7	7.5	12.4
2015	653	2007	2914	1.8	6.2	10
2016	490	1594	2251	1.4	4.9	7.8
2017	300	1112	1634	0.8	3.4	5.6
2018	147	597	916	—	—	—

注：中国国家统计局目前尚未公布2018年全国分地区农村贫困发生率数据。

资料来源：国家统计局住户调查办公室《中国农村贫困监测报告》（2017、2018），国家统计局《扶贫开发成就举世瞩目 脱贫攻坚取得决定性进展——改革开放40年经济社会发展成就系列报告之五》《2018年全国农村贫困人口减少1386万人》。

（三）全国各省区精准脱贫成效

由于自2016年起，北京、天津、上海、江苏、浙江、广东6个省（直辖市）的农村人口贫困发生率已经降到0.5%以下，统计局不再公布其贫困人口数据。在分省数据表格中只包括河北、山西等25个省（直辖市、自治区）。

表11-3所示，从各省农村贫困人口基本状况来看，2012—2017年，贵州、云南两省农村贫困人口规模一直位列第一、第二，其中排名第一的贵州省历年贫困人口规模分别为923万人、745万人、623万人、507万人、402万人、295万人，基本上每年都占全国贫困人口总数的10%左右。湖南、河南、广西、四川、甘肃五省（自治区）每年都排在前七位之内。2010—2017年，贵州、云南、河南等排名前七的省（自治区），贫困人口之和超过全国贫困人口总数的50%。从贫困发生率来看，每年排在前五位之内的省都是西藏、新疆、甘肃、贵州、云南，都属于长期深度贫困省（自治区）。2012—2016年，这五个省（自治区）每年贫困发生率都在10%以上；2017年在全国各省（直辖市、自治区）贫困发生率都

低于10%的情况下，这五个省（自治区）贫困发生率仍为7.5%—9.9%。

2017年，中国各省（直辖市、自治区）农村贫困发生率都降至10%以下，全国贫困发生率低于3%，从概念上可以认为全国平均水平的精准脱贫成效已经非常显著。2018年全国有23个省（直辖市、自治区）[①]农村贫困发生率降至3%以下。

表11-3　　2012—2017年全国农村贫困人口与贫困发生率

	贫困人口规模（万人）						贫困发生率（%）					
	2012年	2013年	2014年	2015年	2016年	2017年	2012年	2013年	2014年	2015年	2016年	2017年
河北	437	366	320	241	188	124	7.8	6.5	5.6	4.3	3.3	2.2
山西	359	299	269	223	186	133	15	12.4	11.1	9.2	7.7	5.5
内蒙古	139	114	98	76	53	37	10.6	8.5	7.3	5.6	3.9	2.7
辽宁	146	126	117	86	59	39	6.3	5.4	5.1	3.8	2.6	1.7
吉林	103	89	81	69	57	41	7	5.9	5.4	4.6	3.8	2.7
黑龙江	130	111	96	86	69	50	6.9	5.9	5.1	4.6	3.7	2.7
安徽	543	440	371	309	237	158	10.1	8.2	6.9	5.8	4.4	3
福建	87	73	50	36	23	—	3.2	2.6	1.8	1.3	0.8	—
江西	385	328	276	208	155	107	11.1	9.2	7.7	5.8	4.3	3
山东	313	264	231	172	140	60	4.4	3.7	3.2	2.4	1.9	0.8
河南	764	639	565	463	371	277	9.4	7.9	7	5.8	4.6	3.4
湖北	395	323	271	216	176	114	9.8	8	6.6	5.3	4.3	2.8
湖南	767	640	532	434	343	232	13.5	11.2	9.3	7.6	6	4.1
广西	755	634	540	452	341	246	18	14.9	12.6	10.5	7.9	5.7
海南	65	60	50	41	32	23	11.4	10.3	8.5	6.9	5.5	3.9
重庆	162	139	119	88	45	21	6.8	6	5.3	3.9	2	0.9
四川	724	602	509	400	306	212	10.3	8.6	7.3	5.7	4.4	3.1
贵州	923	745	623	507	402	295	26.8	21.3	18	14.7	11.6	8.5
云南	804	661	574	471	373	279	21.7	17.8	15.5	12.7	10.1	7.5
西藏	85	72	61	48	34	20	35.2	28.8	23.7	18.6	13.2	7.9
陕西	483	410	350	288	226	169	17.5	15.1	13	10.7	8.4	6.3
甘肃	596	496	417	325	262	200	28.5	23.8	20.1	15.7	12.6	9.7

---

① 这23个省（直辖市、自治区）是北京、天津、河北、内蒙古、辽宁、吉林、黑龙江、上海、江苏、浙江、安徽、福建、江西、山东、河南、湖北、湖南、广东、海南、重庆、四川、青海、宁夏。

续表

	贫困人口规模（万人）						贫困发生率（%）				
	2012年	2013年	2014年	2015年	2016年	2017年	2012年	2013年	2014年	2015年	2016年	2017年
青海	82	63	52	42	31	23	21.6	16.4	13.4	10.9	8.1	6
宁夏	60	51	45	37	30	19	14.2	12.5	10.8	8.9	7.1	4.5
新疆	273	222	212	180	147	113	25.4	19.8	18.6	15.8	12.8	9.9

资料来源：国家统计局住户调查办公室《中国农村贫困监测报告》（2017、2018）。

表11-4所示，从每年脱贫人口规模看，2012—2016年，贵州省脱贫人口规模连续四年稳居全国第一，2017年位列第二。贵州省也是唯一保持每年脱贫人口超百万的省份，历年脱贫人口分别为178万人、122万人、116万人、105万人、107万人，占全国脱贫总人口的10.79%、9.9%、8.04%、8.47%、8.3%。从贫困发生率下降幅度看，西藏每年都排名全国第一，下降幅度均超过5个百分点。2013—2017年，西藏贫困发生率下降幅度分别为6.4个百分点、5.1个百分点、5.1个百分点、5.4个百分点、5.3个百分点。2014—2016年，甘肃、贵州每年贫困发生率下降幅度都分别位于第二和第三。2017年，贵州贫困发生率下降幅度为全国第二位。

表11-4　2013—2017年全国脱贫人口规模和贫困发生率下降情况

	脱贫人口规模（万人）					贫困发生率下降（%）				
	2013年	2014年	2015年	2016年	2017年	2013年	2014年	2015年	2016年	2017年
河北	71	46	79	53	64	1.3	0.9	1.3	1	1.1
山西	60	30	46	37	53	2.6	1.3	1.9	1.5	2.2
内蒙古	25	16	22	23	16	2.1	1.2	1.7	1.7	1.2
辽宁	20	9	31	27	20	0.9	0.3	1.3	1.2	0.9
吉林	14	8	12	12	16	1.1	0.5	0.8	0.8	1.1
黑龙江	19	15	10	17	19	1	0.8	0.5	0.9	1
安徽	103	69	62	72	79	1.9	1.3	1.1	1.4	1.4
福建	14	23	14	13	—	0.6	0.8	0.5	0.5	—
江西	57	52	68	53	48	1.9	1.5	1.9	1.5	1.3
山东	49	33	59	32	80	0.7	0.5	0.8	0.5	1.1
河南	125	74	102	92	94	1.5	0.9	1.2	1.2	1.2

续表

	脱贫人口规模（万人）					贫困发生率下降（%）				
	2013年	2014年	2015年	2016年	2017年	2013年	2014年	2015年	2016年	2017年
湖北	72	52	55	40	62	1.8	1.4	1.3	1	1.5
湖南	127	108	98	91	111	2.3	1.9	1.7	1.6	1.9
广西	121	94	88	111	95	3.1	2.3	2.1	2.6	2.2
海南	5	10	9	9	9	1.1	1.8	1.6	1.4	1.6
重庆	23	20	31	43	24	0.8	0.7	1.4	1.9	1.1
四川	122	93	109	94	94	1.7	1.3	1.6	1.3	1.3
贵州	178	122	116	105	107	5.5	3.3	3.3	3.1	3.1
云南	143	87	103	98	94	3.9	2.3	2.8	2.6	2.6
西藏	13	11	13	14	14	6.4	5.1	5.1	5.4	5.3
陕西	73	60	62	62	57	2.4	2.1	2.3	2.3	2.1
甘肃	100	79	92	63	62	4.7	3.7	4.4	3.1	2.9
青海	19	11	10	11	8	5.2	3	2.5	2.8	2.1
宁夏	9	6	8	7	11	1.7	1.7	1.9	1.8	2.6
新疆	51	10	32	33	34	5.6	1.2	2.8	3	2.9

资料来源：国家统计局住户调查办公室《中国农村贫困监测报告》（2017、2018）。

二 中国贫困地区精准扶贫减贫规模

（一）贫困地区减贫成效

2011年《中国农村扶贫开发纲要（2011—2020年）》提出将集中连片特困地区作为扶贫攻坚主战场，将包括片区县和扶贫开发工作重点县在内的共832个县确定为贫困县。中国贫困地区包括集中连片特困地区680个县和片区外的国家扶贫开发工作重点县152个，共832个县，覆盖全国22个省（直辖市、自治区），行政区划面积464万平方千米，约占全国行政区划总面积的48%；户籍人口3.05亿人，占全国总人口的22.2%。截至2018年11月，全国832个贫困县中已有153个贫困县成功实现脱贫摘帽。到2020年要如期完成所有贫困县退出的任务，还有679个贫困县待脱贫摘帽。

从贫困区域看，从2012年以来，中国贫困地区、集中连片特困地区的减贫成效尤为显著，区域性整体贫困情况得到明显改善。根据国家统计局数据，2017年年末，中国贫困地区农村贫困人口为1900万人，贫困发生率为 7.2%，五年内累计减贫 4139 万人（如图 11 - 3）。2013—2017 年，脱贫人口分别为 969 万人、753 万人、827 万人、836 万人、754 万人，分别占当年全国脱贫总人口的 58.7%、61.1%、57.4%、67.4%、58.5%（见表 11 - 5）。其中，贫困地区中的集中连片特困地区，属于贫困地区中贫困相对集中、贫困发生率相对高的地区，也是中国脱贫攻坚的主战场。2017 年年末，14 个集中连片特困地区贫困人口规模为 1540 万人，贫困发生率为 7.9%（见表 11 - 5）。从 2012 年开始，14 个集中连片特困地区每年脱贫人口规模达到 926 万人、623 万人、643 万人、693 万人、642 万人，每年的减贫贡献都在 50% 左右。

图 11 - 3　2012—2017 全国及贫困地区农村贫困发生率

资料来源：国家统计局住户调查办公室《中国农村贫困监测报告》（2017），国家统计局《中华人民共和国 2017 年国民经济和社会发展统计公报》。

表 11 - 5　　　　　　2012—2017 年全国及区域基本贫困状况变化

年份	贫困人口规模（万人）			贫困发生率（%）		
	全国	贫困地区	集中连片特困地区	全国	贫困地区	集中连片特困地区
2012	9899	6039	5067	10.2	23.2	24.4
2013	8249	5070	4141	8.5	19.3	20.0
2014	7017	4317	3518	7.2	16.6	17.1
2015	5575	3490	2875	5.7	13.3	13.9

续表

年份	贫困人口规模（万人）			贫困发生率（％）		
	全国	贫困地区	集中连片特困地区	全国	贫困地区	集中连片特困地区
2016	4335	2654	2182	4.5	10.1	10.5
2017	3046	1900	1540	3.1	7.2	7.9

资料来源：国家统计局住户调查办公室《中国农村贫困监测报告》（2017），国家统计局《扶贫开发成就举世瞩目 脱贫攻坚取得决定性进展——改革开放40年经济社会发展成就系列报告之五》。

中国贫困地区覆盖河北、山西、内蒙古、吉林、黑龙江、安徽、江西、河南、湖北、湖南、广西、海南、重庆、四川、贵州、云南、西藏、陕西、甘肃、青海、宁夏、新疆22个省（直辖市、自治区）。表11-6所示，从2012—2017年贫困地区具体分省贫困状况看，贵州、云南、甘肃三省贫困人口规模排在前3名。在贫困发生率排名上，除了2015—2017年新疆连续进入前五名之外，西藏、甘肃、山西、贵州、云南是贫困发生率排名较高的省（自治区）。

表11-6　2012—2017年全国贫困地区农村贫困人口与贫困发生率

	贫困人口规模（万人）						贫困发生率（％）					
	2012年	2013年	2014年	2015年	2016年	2017年	2012年	2013年	2014年	2015年	2016年	2017年
河北	354	304	265	197	147	97	23.8	20.4	19	14.2	10.6	7.0
山西	157	126	107	83	67	49	27.3	21.7	18.9	14.6	11.9	8.6
内蒙古	134	110	95	66	46	34	19.7	16.1	13.4	9.3	6.6	4.8
吉林	16	15	14	12	10	8	14.6	13.6	12.9	10.8	9	6.8
黑龙江	104	89	82	68	53	38	20.4	17.3	15.5	12.7	10	7.0
安徽	333	301	252	209	155	108	18.7	15.6	12.9	10.7	7.9	5.5
江西	255	215	176	141	103	71	22	18.1	14.9	11.6	8.5	5.9
河南	444	370	328	287	221	158	15.9	13.3	11.3	9.5	7.3	5.2
湖北	286	216	180	148	117	79	23.5	17.7	14.9	12.2	9.6	6.5
湖南	501	423	343	279	205	139	24.8	20.8	18.3	14	10.3	7.0
广西	249	196	164	135	100	77	24.4	19.1	15.7	13.1	9.7	7.5
海南	10	9	12	11	9	6	12.2	12.5	15.9	14.4	11.2	8.1
重庆	103	97	83	68	35	17	12.3	10.4	9.7	7.9	4	2.0
四川	399	331	273	203	150	103	22.5	19.7	16.3	12.1	9	6.1

续表

	贫困人口规模（万人）						贫困发生率（%）					
	2012年	2013年	2014年	2015年	2016年	2017年	2012年	2013年	2014年	2015年	2016年	2017年
贵州	756	654	545	444	346	252	27.2	23.6	19	15.3	11.9	8.7
云南	744	607	536	448	352	264	26.7	21.9	20.3	17.4	13.7	10.2
西藏	85	72	61	48	34	20	35.2	28.8	23.7	18.6	13.2	7.9
陕西	312	271	227	180	140	102	22.1	19.4	17.2	13.6	10.6	7.7
甘肃	540	451	381	296	235	175	32.8	27.5	23.4	18.3	14.5	10.8
青海	82	63	52	42	31	23	21.8	16.4	13.4	10.9	8.1	6.0
宁夏	36	33	30	23	18	13	17.4	16.1	14.4	11.1	8.7	6.5
新疆	138	117	111	101	80	67	24.5	20	18.7	15.8	12.8	8.7
贫困地区	6039	5070	4317	3490	2654	1900	23.2	19.3	16.6	13.3	10.1	7.2

资料来源：国家统计局住户调查办公室《中国农村贫困监测报告》（2017、2018）。

云南、贵州、甘肃、湖南等省在每年脱贫人口规模排名中最靠前。每年排名前四、五位的省份脱贫人口之和占全部贫困地区脱贫人口规模的50%以上（见表11-7）。另外，西藏每年的贫困发生率下降幅度5%以上，在所有贫困地区省份中都位列第一。

表11-7　2013—2017年全国贫困地区脱贫人口规模和贫困发生率下降情况

	脱贫人口规模（万人）					贫困发生率下降（%）				
	2013年	2014年	2015年	2016年	2017年	2013年	2014年	2015年	2016年	2017年
河北	50	39	68	50	50	3.4	1.4	4.8	3.6	3.6
山西	31	19	24	16	18	5.6	2.8	4.3	2.7	3.3
内蒙古	24	15	29	20	12	3.6	2.7	4.1	2.7	1.8
吉林	1	1	2	2	2	1	0.7	2.1	1.8	2.2
黑龙江	15	7	14	15	15	3.1	1.8	2.8	2.7	3
安徽	32	49	43	54	47	3.1	2.7	2.2	2.8	2.4
江西	40	39	35	38	32	3.9	3.2	3.3	3.1	2.6
河南	74	42	41	66	63	2.6	2	1.8	2.2	2.1
湖北	70	36	32	31	38	5.8	2.8	2.7	2.6	3.1
湖南	78	80	64	74	66	4	2.5	4.3	3.7	3.3
广西	53	32	29	35	23	5.3	3.4	2.6	3.4	2.2
海南	1	-3	1	2	3	-0.3	-3.4	1.5	3.2	3.1
重庆	6	14	15	33	18	2	0.6	1.8	3.9	2

续表

	脱贫人口规模（万人）					贫困发生率下降（%）				
	2013年	2014年	2015年	2016年	2017年	2013年	2014年	2015年	2016年	2017年
四川	68	58	70	53	47	2.8	3.4	4.2	3.1	2.9
贵州	102	109	101	98	94	3.6	4.6	3.7	3.4	3.2
云南	137	71	88	96	88	4.8	1.6	2.9	3.7	3.5
西藏	13	11	13	14	14	6.4	5.1	5.1	5.4	5.3
陕西	41	44	47	40	38	2.7	2.2	3.6	3	2.9
甘肃	89	70	85	61	60	5.3	4.1	5.1	3.8	3.7
青海	19	11	10	11	8	5.2	3	2.5	2.8	2.1
宁夏	3	3	7	5	5	1.3	1.7	3	2.4	2.2
新疆	21	6	10	21	13	4.5	1.3	2.9	3	4.1
贫困地区	969	753	827	836	754	3.9	2.7	3.3	3.2	2.9

资料来源：国家统计局住户调查办公室《中国农村贫困监测报告》（2017、2018）。

（二）集中连片特困地区减贫成效

中国集中连片特困地区包括六盘山区、秦巴山区、武陵山区、乌蒙山区、滇桂黔石漠化区、滇西边境山区、大兴安岭南麓山区、燕山—太行山区、吕梁山区、大别山区、罗霄山区、西藏区、四省藏区、南疆三地州共14个片区，覆盖全国21个省（自治区、直辖市）680个县，2015年行政区划面积为402万平方千米，占全国行政区划总面积的42%；户籍人口为2.43亿人，接近全国总人口的20%。根据全国农村贫困监测以及国家统计局相关公报数据，在实施精准扶贫战略之前，2012年中国集中连片特困地区农村贫困人口达到5067万人，贫困发生率高达24.4%。2017年年末，全部片区贫困人口下降至1540万人，贫困发生率下降至7.4%。五年间共实现减贫人口3527万人，年均减贫700万人以上，减贫规模接近70%，贫困发生率下降17个百分点。

表11-8所示，从各片区基本贫困状况看，2012—2017年，滇桂黔石漠化区、秦巴山区、武陵山区、乌蒙山区、大别山区一直是贫困人口规模排名前五位的片区，而且超过全片区60%[1]的贫困人口都集中在这五个

---

[1] 2012—2017年，滇桂黔石漠化区、秦巴山区、武陵山区、乌蒙山区、大别山区五片区贫困人口占全部片区贫困人口的比例分别为64.5%、64.2%、63.7%、63.9%、63.1%、61.9%。

片区。其中，滇桂黔石漠化区①一直是 14 个片区当中贫困人口规模最大的集中连片特困地区。同期，乌蒙山区、西藏区、四省藏区、南疆三地州一直是贫困发生率最高的片区。其中，乌蒙山区是贫困人口规模大、贫困发生率又特别高的典型地区。

表 11-8　2012—2017 年集中连片特困地区贫困人口与贫困发生率

片区	贫困人口（万人）						贫困发生率（%）					
	2012年	2013年	2014年	2015年	2016年	2017年	2012年	2013年	2014年	2015年	2016年	2017年
六盘山区	532	439	349	280	215	152	28.9	24.1	19.2	16.2	12.4	8.8
秦巴山区	684	559	444	346	256	172	23.1	19.5	16.4	12.3	9.1	6.1
武陵山区	671	543	475	379	285	188	22.3	18	16.9	12.9	9.7	6.4
乌蒙山区	664	507	442	373	272	199	33	25.2	21.5	18.5	13.5	9.9
滇桂黔石漠化区	685	574	488	398	312	221	26.3	21.9	18.5	15.1	11.9	8.4
滇西边境山区	335	274	240	192	152	115	24.8	20.5	19.1	15.5	12.2	9.3
大兴安岭南麓山区	108	85	74	59	46	35	21.1	16.6	14	11.1	8.7	6.6
燕山—太行山区	192	165	150	122	99	71	20.9	17.9	16.8	13.5	11	7.9
吕梁山区	87	76	67	57	47	29	24.9	21.7	19.5	16.4	13.4	8.4
大别山区	566	477	392	341	252	173	18.2	15.2	12	10.4	7.6	5.3
罗霄山区	175	149	134	102	73	49	18.8	15.6	14.3	10.4	7.5	5.0
西藏区	85	72	61	48	34	20	35.2	28.8	23.7	18.6	13.2	7.9
四省藏区	161	117	103	88	68	51	38.6	27.6	24.2	16.5	12.7	9.5
南疆四地州	122	104	99	90	73	64	33.6	20	18.8	15.7	12.7	9.1
全部片区	5067	4141	3518	2875	2182	1540	24.4	20	17.1	13.9	10.5	7.4

注：南疆四地州在 2016 年及以前为南疆三地州。

资料来源：国家统计局住户调查办公室《中国农村贫困监测报告》（2017、2018）。

从脱贫人口规模看，2013—2017 年，乌蒙山区、武陵山区、秦巴山区、大别山区、滇桂黔石漠化区、六盘山区是脱贫人口规模比较大的片区。2013 年，乌蒙山区脱贫人口为 157 万人，是脱贫人口最多的片区。

---

① 滇桂黔石漠化区是集民族地区、革命老区和边境地区于一体，是扶贫开发攻坚战主战场中少数民族人口最多的片区。

2014年,脱贫人口最多的片区为秦巴山区,脱贫人口达到115万人;2015年,脱贫人口最多的片区仍为秦巴山区,脱贫人口达到98万人;2016年,脱贫人口最多的片区为乌蒙山区,脱贫人口达到101万人;2017年,脱贫人口最多的片区为武陵山区,脱贫人口达到97万人。另外,2013—2017年,累计脱贫人口最多的片区是秦巴山区,该片区脱贫总人口达到512万人。武陵山区、乌蒙山区、滇桂黔石漠化区分列第二、第三、第四位,五年累计脱贫人口分别为483万人、465万人、464万人。秦巴山区、武陵山区、乌蒙山区、滇桂黔石漠化区四个片区五年累计脱贫人口达到1924万人,占同期14个片区总脱贫人口的54.6%(见表11-9)。

在贫困发生率下降幅度方面,2013年,南疆三地州贫困发生率较上年下降13.6个百分点,是当年下降幅度最大的片区。2014年,贫困发生率下降幅度最大的是西藏区,下降了5.1个百分点;2015年,贫困发生率下降幅度最大的是四省藏区,下降了7.7个百分点;2016年,贫困发生率下降幅度最大的是西藏区,下降了5.4个百分点;2017年,贫困发生率下降幅度最大的仍然是西藏区,下降了5.3个百分点。其中,四省藏区是2013—2017年贫困发生率下降幅度最大的片区,下降幅度达到29.1个百分点。西藏区、南疆三地州、乌蒙山区紧随其后,贫困发生率下降幅度分别达到27.3个百分点、24.5个百分点、23.1个百分点。其中,乌蒙山区又一次成为脱贫人口较多,同时贫困发生率下降也比较高的典型地区(见表11-9)。

表11-9　　　　　2013—2017年集中连片特困地区脱贫
人口规模和贫困发生率下降情况

片区	脱贫人口规模(万人)					贫困发生率下降(%)				
	2013年	2014年	2015年	2016年	2017年	2013年	2014年	2015年	2016年	2017年
六盘山区	93	90	69	65	63	4.8	4.9	3	3.8	3.6
秦巴山区	125	115	98	90	84	3.6	3.1	4.1	3.2	3
武陵山区	128	68	96	94	97	4.3	1.1	4	3.2	3.3
乌蒙山区	157	65	69	101	73	7.8	3.7	3	5	3.6
滇桂黔石漠化区	111	86	90	86	91	4.4	3.4	3.4	3.2	3.5

续表

片区	脱贫人口规模（万人）					贫困发生率下降（%）				
	2013年	2014年	2015年	2016年	2017年	2013年	2014年	2015年	2016年	2017年
滇西边境山区	61	34	48	40	37	4.3	1.4	3.6	3.3	2.9
大兴安岭南麓山区	23	11	15	13	11	4.5	2.6	2.9	2.4	2.1
燕山—太行山区	27	15	28	23	28	3	1.1	3.3	2.5	3.1
吕梁山区	11	9	10	10	18	3.2	2.2	3.1	3	5
大别山区	89	85	51	89	79	3	3.2	1.6	2.8	2.3
罗霄山区	26	15	32	29	24	3.2	1.3	3.9	2.9	2.5
西藏区	13	11	13	14	14	6.4	5.1	5.1	5.4	5.3
四省藏区	44	14	15	20	17	11	3.4	7.7	3.8	3.2
南疆四地州	18	5	9	17	9	13.6	1.2	3.1	3	3.6
全部片区	926	623	643	693	642	4.4	2.9	3.2	3.4	3.1

注：南疆四地州在2016年及以前为南疆三地州。

资料来源：国家统计局住户调查办公室《中国农村贫困监测报告》（2017、2018）。

三 2013—2017年贫困地区减贫增收情况

（一）收入增长情况

实施精准扶贫战略之后，农村贫困人口收入大幅度上升，收入增速均高于全国平均水平。2013—2018年，中国贫困地区农村居民收入与全国平均水平的差距逐年减少。2013年，贫困地区农村居民人均可支配收入是全国平均水平的64.5%，2018年这一比例上升至71%，年均变化1个百分点以上（如图11-4）。

《中国农村贫困监测报告》（2017、2018）相关数据显示，中国贫困地区农村居民持续增收能力不断提高。其中，2012—2016年，贫困地区农村居民人均工资性收入年均增长16.5个百分点，2017年也达到了11.8个百分点，与此同时贫困地区农户收入对第一产业的依赖度下降，出现了收入多元化的情况。

2013—2017年，贫困地区、14个集中连片特困地区人均可支配收入

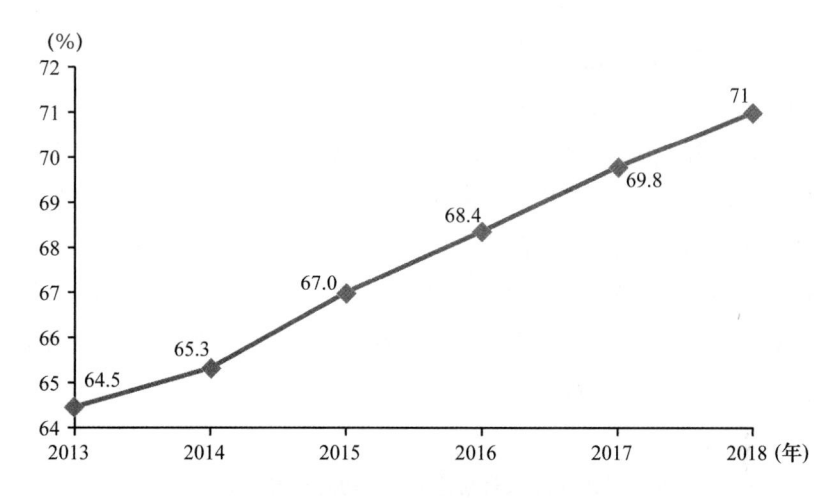

图 11-4　2013—2018 年贫困地区农村居民人均可支配收入与全国平均水平之比

资料来源：国家统计局住户调查办公室《中国农村贫困监测报告》（2017、2018），国家统计局《中华人民共和国 2017 年国民经济和社会发展统计公报》，统计数据发布《2018 年全国农村贫困人口减少 1386 万人》（www.stats.gov.cn/tjsj/zxfb/201902/t20190215_1649231.html）。

名义增速均超过全国农村平均水平。其中，除 2013 年外，2014—2017 年集中连片特困地区（片区）贫困人口收入增速连续 4 年超过贫困地区平均水平。2017 年全国农村常住居民人均可支配收入较上年增长 8.6%，贫困地区农村居民人均可支配收入增速达到 10.9%（见表 11-10）。

表 11-10　2013—2017 年农村常住居民人均可支配收入及增速

年份	农村居民人均可支配收入（元）			人均可支配收入名义增速（%）		
	全国	贫困地区	片区	全国	贫困地区	片区
2013	9430	6079	5956	12.4	16.6	15.4
2014	10489	6852	6724	11.2	12.7	12.9
2015	11422	7653	7525	8.9	11.7	11.9
2016	12363	8452	8348	8.2	10.4	10.9
2017	13432	9377	9264	8.6	10.9	11.0

资料来源：国家统计局住户调查办公室《中国农村贫困监测报告》（2017），国家统计局《中华人民共和国 2017 年国民经济和社会发展统计公报》。

（二）消费增长情况

2013—2017 年，中国贫困地区农村居民人均消费水平从 5404 元上升到 7998 元，名义水平增加 48%。2014 年之后，贫困地区农村居民人均消费支出与全国农村居民平均水平差距稳定上升。贫困地区农村居民人均消费支出与全国农村居民人均消费支出之比，从 2014 年的 71.6% 提高到 2015 年的 72.2%、2016 年的 72.4%，以及 2017 年的 73%。与此同时，除 2014 年外，2013 年、2015—2017 年中国贫困地区人均消费支出名义增速均超过全国农村居民平均水平（见表 11 - 11）。

表 11 - 11　2013—2017 年农村常住居民人均消费支出及增速

年份	农村居民人均消费支出（元）			人均消费支出名义增速（%）		
	全国	贫困地区	片区	全国	贫困地区	片区
2013	7485	5404	5327	12.1	14.9	14.2
2014	8383	6007	5898	12	11.2	10.7
2015	9223	6656	6573	10	10.8	11.4
2016	10130	7331	7273	9.8	10.1	10.7
2017	10955	7998	7915	8.1	9.1	8.8

资料来源：国家统计局住户调查办公室《中国农村贫困监测报告》（2017、2018），国家统计局《中华人民共和国 2017 年国民经济和社会发展统计公报》（2017）。

随着消费支出的持续增长，贫困地区农村居民消费结构也有所变化。2017 年贫困地区农村居民的恩格尔系数为 33.6%，比 2013 年下降 5.6 个百分点。与此同时，交通通信、教育文化娱乐支出增长占比快速提高，其中，交通通信消费占比从 2013 年的 9.5% 上升至 2017 年的 11.7%，提高了 2.2 个百分点；教育文化娱乐支出占比从 2013 年的 9.3% 上升至 2017 年的 11%，改善型消费明显提升。

四　2013—2017 年贫困人口生产生活环境变化

（一）物质生活条件改善

实施精准扶贫战略之后，中国贫困人口的生产生活条件得到了积极的改善，耐用消费品拥有和使用比率大幅度上升。贫困地区的基础设施建设水平和公共服务水平也得到了显著的改善。贫困人口的基本物质生活条件在五年内得到了较大的缓解（具体情况见表11-12）。

表11-12　2013—2017年贫困地区和片区农户生产生活条件改善情况

指标		贫困地区					集中连片特困地区				
		2013年	2014年	2015年	2016年	2017年	2013年	2014年	2015年	2016年	2017年
一、农户生产生活条件	1. 居住竹草土坯房的农户比重（%）	7	6.6	5.7	4.5	4.1	7.5	7	6.1	4.8	4.4
	2. 使用照明电的农户比重（%）	99.3	99.5	99.8	99.3	98.8	99.3	99.5	99.8	99.2	98.8
	3. 使用管道供水的农户比重（%）	53.6	55.9	61.5	67.4	70.1	53.6	55.9	61.2	67.4	70.5
	4. 使用经过净化处理自来水的农户比重（%）	30.6	33.1	36.4	40.8	43.7	29.3	31.7	34.7	38.5	41.8
	5. 饮水无困难的农户比重（%）	81	82.3	85.3	87.9	89.2	80	80.9	84	86.9	88.6
	6. 独用厕所的农户比重（%）	92.7	93.1	93.6	94.2	94.5	92	92.5	93	93.9	94.1
	7. 炊用柴草的农户比重（%）	58.6	57.8	54.9	51.4	49.7	59.6	58.8	55.5	52	50.3
二、农户耐用消费品拥有情况	1. 百户汽车拥有量（辆）	5.5	6.7	83	11.1	13.1	5.3	6.2	7.9	10.6	12.4
	2. 百户洗衣机拥有量（台）	65.8	71.1	75.6	80.7	83.5	65.1	70.1	75	80.4	83.3
	3. 百户电冰箱拥有量（台）	52.6	60.9	67.9	75.3	78.9	52.3	58.5	65.8	73.8	77.6
	4. 百户移动电话拥有量（部）	172.9	194.8	208.9	225.1	234.6	175.3	196	210.5	226.1	235.6
	5. 百户计算机拥有量（台）	7.9	11.1	13.2	15.1	16.8	7.7	9.8	12	13.6	15.3

资料来源：国家统计局住户调查办公室《中国农村贫困监测报告》（2017、2018），国家统计局《扶贫开发成就举世瞩目 脱贫攻坚取得决定性进展——改革开放40年经济社会发展成就系列报告之五》。

在基本生活条件方面，2017年中国贫困地区农村居民户均住房面积比2012年增加21.4平方米；居住在钢筋混凝土房或砖混材料房的农户比重比2012年上升18.9个百分点，达到58.1%。中国贫困地区居住在竹草土坯房的农户比重从2013年的7%下降到2016年的4.5%，集中连片特困地区的这一指标也从2013年的7.5%下降至2016年的4.8%。2013—2017年，贫困地区、集中连片特困地区使用生活照明电的农户比重一直保持在99%以上，基本上贫困人口生活照明用电实现了全覆盖。

在安全饮水方面，贫困人口饮水安全得到了极大的保障。贫困地区饮水无困难的农户比重从2013年的81%上升到2017年的89.2%；集中连片特困地区这一指标从2013年的80%上升到2016年的86.9%。其中，贫困地区使用管道供水的农户比重从2013年的53.6%提高到2017年的70.1%，上升速度非常快；集中连片特困地区这一指标在2016年上升到67.4%，基本上与前者保持一致。2013年，贫困地区使用经过净化处理自来水的农户比重只有30.6%，只有不到1/3的农户生活使用自来水。到2017年，该指标上升至43.7%，已经有接近1/2的农户可以使用经过净化处理的自来水。

另外，自2013年以来，贫困地区、集中连片特困地区农村居民独用厕所的农户比重一直都保持在92%以上。2017年，超过1/3的贫困地区农户在使用卫生厕所。

在耐用消费品方面，贫困地区购买汽车、计算机的比例迅速上升。2013年，中国贫困地区农村每百户拥有汽车仅为5.5辆；2017年，每百户汽车拥有量已经上升到13.1辆。每百户计算机拥有量也从2013年的7.9台上升到2017年的16.8台。电冰箱、洗衣机、彩电等传统耐用消费品每百户拥有量与全国平均水平差距逐渐缩小。

（二）基础设施和公共服务水平提升

2013—2017年，中国贫困地区的农村基础设施和公共服务水平得到了显著提高。其中，贫困地区有线电视信号覆盖比率增长最为迅速，所在自然村能接收有线电视信号的农户比重从2013年的79.6%上升至2016年的94.2%。2017年年底，中国贫困地区自然村通电基本实现全覆盖。另外，从2013年开始，贫困地区、集中连片特困地区的其他基础设施水平都得到了稳定提升。例如：自然村通电话比重、自然村通宽带比重、村内主干道路面经过硬化处理的比重、通客运班车的自然村比重等指标都实现了逐年增长。贫困地区和集中连片特困地区农村基础设施情况变化见表 11-13 所示。

表 11-13　　　　2013—2017 年贫困地区和片区农村
基础设施和公共服务改善情况

指标	贫困地区					集中连片特困地区				
	2013 年	2014 年	2015 年	2016 年	2017 年	2013 年	2014 年	2015 年	2016 年	2017 年
1. 所在自然村通公路的农户比重（%）	97.8	99.1	99.7	99.8	99.9	98	98.9	99.7	99.8	99.9
2. 所在自然村通电话的农户比重（%）	98.3	99.2	99.7	99.9	99.8	98.1	99.2	99.7	99.9	99.9
3. 所在自然村能接收有线电视信号的农户比重（%）	79.6	88.7	92.2	94.2	96.9	76.8	86.5	90.4	93.4	96.3
4. 所在自然村进村主干道路硬化的农户比重（%）	88.9	90.8	94.1	96	97.6	88.4	90.1	93.7	95.6	97.3
5. 所在自然村能便利乘坐公共汽车的农户比重（%）	56.1	58.5	60.9	63.9	67.5	53.5	55.4	58.3	61.2	65.7
6. 所在自然村通宽带的农户比重（%）	—	—	71.8	79.8	87.4	—	—	70	77.4	85.6
7. 所在自然村垃圾能集中处理的农户比重（%）	29.9	35.2	43.3	50.9	61.4	30.3	34.8	43.1	49.5	59.1
8. 所在自然村有卫生站的农户比重（%）	84.4	86.8	90.4	91.4	92.2	83.6	86.2	89.2	90.6	91.3
9. 所在自然村上幼儿园便利的农户比重（%）	71.4	74.5	76.1	79.7	84.7	70.8	74.2	75.3	77.9	84.7
10. 所在自然村上小学便利的农户比重（%）	79.8	81.2	81.7	84.9	88.0	79.5	81.2	81.2	85.2	88.0

注："—"表示数字无法获得。

资料来源：国家统计局住户调查办公室《中国农村贫困监测报告》（2017、2018），国家统计局《扶贫开发成就举世瞩目 脱贫攻坚取得决定性进展——改革开放 40 年经济社会发展成就系列报告之五》。

在基础公共服务方面，中国贫困地区贫困人口的教育文化水平、医疗卫生水平比2013年都有明显提升。2017年，贫困地区84.7%的农户所在自然村上幼儿园便利，88.0%的农户所在自然村上小学便利，这两个指标在2013年分别为71.4%和79.8%。2013年，集中连片特困地区所在自然村上幼儿园便利的农户比重，以及所在自然村上小学便利的农户比重分别只有70.8%和79.5%；2017年，这两个指标分别上升到84.7%和88%，上升幅度分别达到13.9和8.5个百分点。另外，2017年贫困地区农村居民16岁以上家庭成员均未完成初中教育的农户比重为15.2%，比2012年下降3个百分点。有文化活动室的行政村比重为89.2%，比2012年提高14.7个百分点。2017年，贫困地区所在自然村有卫生站的农户比重达到92.2%，而2013年只有84.4%。2017年，贫困地区拥有畜禽集中饲养区的行政村比重为28.4%，比2013年提高约10个百分点；所在自然村垃圾能集中处理的农户比重达到61.4%，这一指标在2013年只有29.9%，4年内提高了31.5个百分点。

第十二章

中国精准脱贫重难点与对策建议

一 中国精准扶贫战略实施过程中遇到的重难点及对策建议

(一) 精准扶贫重难点

1. 贫困对象精准识别难

精准识别是脱贫攻坚"六个精准"中最基础的一环,是精准扶贫中最重要的概念之一,直接关系到精准扶贫的最终成效。所谓精准识别,主要是指按照科学合理的方法和机制有效识别出贫困村、贫困户,以详细了解其贫困状况,剖析贫困原因,从而有针对性地采取相应措施帮助其脱贫。精准扶贫要做到"精准"二字关键在于以下三个方面:第一,识别的内容要精准。精准识别的对象是贫困村、贫困户等贫困人口,贫困对象的评判都是依据一系列的指标,只有设定合理、有效的指标体系才能识别出真正的贫困对象,而通过一系列指标识别出贫困人口后,致贫原因的识别也是精准识别的一项重要内容。第二,识别的方法要精准。"工欲善其事,必先利其器",先进的技术和方法是提高扶贫工作效率和质量的重要保障。方法不得当将会事倍功半。第三,识别的过程要精准。贫困对象的识别是动态化的过程,从模糊到清晰、从宏观到微观的不断渐进,整个流程都要确定,以保障识别过程的公平、公正、公开。只有做到这三个方面的精准,才能有效地识别真正的贫困对象。也就是说,有效识别贫困对象是精准识别的终极目标,其中,方法是工具,过程是保障。当前中国扶贫工作中,如何精准识别贫困对象既是重点,又是难点。

从识别内容来看,目前贫困人口识别主要通过对房产、土地等自然资本，以及所种养的农产品这些存量资本等易于观察和测量的内容进行识别以达到识别贫困人口的目的。比如，课题组走访的广西西林所制定的"八有一超"贫困户脱贫标准，即"有稳固住房""有饮用水""有电用""有路通自然村""有义务教育保障""有医疗保障""有电视看""有收入来源或最低生活保障""家庭人均纯收入超过国家扶贫标准"，其中"有稳固住房""有饮用水""有电用""有路通自然村""有电视看"等内容都是易于观察和测量的，而"有义务教育保障""有医疗保障""有收入来源或最低生活保障""家庭人均纯收入超过国家扶贫标准"这五项指标内容尽管在"有、无"方面比较易于观测，但实践中并不那么容易测量。例如，贫困户中不乏新型农村医疗保险等医疗保障，但由于个人认知、惧怕花费等原因仍然不愿看病；在课题组走访调查过程中同样发现有独户老人家庭人均纯收入指标达标仅仅是因为相关干部勒令其子女每月给予其生活费。因此，根据上述内容来识别贫困户，缺乏对现象背后的致贫原因进行识别和分析，很可能导致扶贫不能对症下药，效果事倍功半。

从识别方法来看，目前主要存在两个问题。一是体现在原始资料的收集上。此处的原始资料包括体现贫困状况的相应数据、资料，这些资料的收集方法相对粗略，基本采用观察、询问等定性方法，主要靠人工进行收集。因此所获取的信息容易出现不精确、不完整的情况。大数据技术是解决此类问题的一个较好的方法，不仅能够提高数据质量，还能有效提高工作效率。虽然由于技术力量、硬件设施等的不完善，目前该方法还难以在扶贫领域大范围应用，但这是未来该领域发展的一个方向。二是体现在对收集的数据资料的挖掘与分析上。目前对于收集的资料尚以定性分析为主，极少运用定量分析方法来分析数据资料的整体关联性和内在规律性，以研究预测贫困者的行为方式、价值判断以及导致其发展状态受阻或贫困状况加剧的致贫原因。因此，从识别方法上，其精准度还有待提高。

从识别过程来看，由于目前中国贫困农户的指标是逐级分配的，而不是通过核准每一户农户收入之后，自下而上地确定贫困户名额，由于上一级贫困名额数量上存在限制，难免会发生因争取贫困名额而产生纠纷的情况[①]。国家贫困人口的总量是国家统计局利用农村住户抽

---

① 汪三贵、郭子豪：《论中国的精准扶贫》，《贵州社会科学》2015 年第 5 期。

样调查数据估计得到的，基于该总量，统计部门依据估计出的各省和县的贫困发生率分配得到各地建档立卡名额的数量。一般允许各地有10%左右的上浮幅度。到县一级后，县级扶贫和统计部门根据县内的贫困分布状况将名额分配到乡和村，而贫困农户的具体确定则由村一级来实施。一般而言，村两委借助民主评议的方法，由各村民小组推荐贫困户再由村民代表大会讨论决定。采用民主评议确定贫困户的这个过程从形式上确保了其合法性问题，看似公平公正，但实际上由于农村"熟人社会"的缘故，同样存在偏差。因此，也会出现有些贫困户收入在贫困标准之上，而另一些收入在贫困标准之下的农户并未受到帮扶。课题组走访的贫困村中，几乎一半以上的村都有村民反映自己情况较评选的贫困户更差，却未能被认定为贫困户。

2. 基础设施建设水平落后，公共服务供给不足

农村基础设施对农村经济社会发展具有重要的推动作用，是农村生产生活的重要物质基础，对提高农业生产效率、改善农民生产质量、促进农民增收具有重要意义。很多先进地区的发展经验表明，经济社会的快速发展离不开较为完善的基础设施。有了坚实的物质基础，农村经济发展方式才能得以转化和升级。良好的基础设施不仅有助于农业生产效率的提高，还可以降低农业生产成本、产品运输成本、农产品存储成本等各种风险成本，提升中国农产品竞争力、促进农村经济活力[1]。近年来，越来越多的学者对基础设施建设与农村经济发展之间关系所进行的实证研究同样验证了上述观点。比如，肖海越（2015）以广东农村为例，基于广东省1985—2014年的时间序列数据，对农村基础设施建设与农业生产、非农生产和农民纯收入等三方面的内在关系进行了实证研究，研究结果表明，农村教育、道路及电力投资等基础设施建设对广东省农业生产、非农生产及农民人均收入三个方面都具有统计上的显著影响，且乡村基础设施建设在提高农业经济增长中呈现出规模经济效益[2]。董明涛、周慧（2014）基于2003—2010年中国农村地区的省

---

[1] 鞠晴江、庞敏：《基础设施对农村经济发展的作用机制分析》，《经济体制改革》2005年第4期。

[2] 肖海越：《广东省农村基础设施建设与农业经济增长的关系探究》，《中国农业资源与区划》2016年第8期。

级面板数据,采用误差修正模型对东中西三大地区农村基础设施建设水平与经济增长之间的关系进行了研究,结果显示,样本期间中国东中西地区的农村基础设施建设水平和农村经济增长之间存在长期协整关系,即在长时间内农村基础设施建设水平均显著促进农村经济增长[①]。由此可见,农村基础设施建设状况对农村经济社会发展的重要作用毋庸置疑。

尽管决策层与公众对农村基础设施建设水平之于农村经济社会发展的促进作用已了然于目,但一直以来由于农村基础设施建设所需资金巨大,地方财政收入难以支撑;尤其是贫困地区,因其特殊的自然地理环境,要达到全国基础设施建设平均水平所投入的人力、物力、财力将更大,其巨大的资金需求更难以得到满足。因此,即使扶贫开发和新农村建设已开展多年,但农村基础设施建设依旧滞后,尤其是贫困地区硬件设施条件依然难以得到改善,已然成为制约贫困地区脱贫和发展一个不容忽视的因素。产业扶贫方式是贫困地区脱贫与发展的重要方式之一,只有依托于产业,地区经济才能得到可持续发展。目前中国产业扶贫模式有很多,如"政府+龙头企业+合作社+贫困农户"多方参与治理模式、资源产业扶贫模式、金融精准扶贫模式、特色旅游产业扶贫模式、跨区域联合体发展模式、互联网复合治理模式、移民搬迁进程进园模式等[②],但无论是哪种模式,要促使产业走出去或吸引人流走进来,都离不开完善的基础设施,尤其是交通基础设施。目前,许多贫困地区,尤其是深度贫困地区均受制于交通基础设施的不完备,有的贫困地区有高品质的特色产品,但"走不出去",或是"走出去"的成本太高;有些贫困地区有风景优美的"绿水青山",但由于交通不便招揽不来游客。诸如此类,比比皆是。课题组走访的广西壮族自治区西林县,直到 2017 年 12 月县域内首条高速公路才开工,当地干部及民众均反映该县交通基础设施较为薄弱,对当地居民生产生活造成了不利影响;而交通瓶颈也一直是制约该县经济发展的一个重要因素,是亟待解决的一个突出问题。

除了基础设施明显薄弱,公共服务供给不足同样是绝大多数贫困地区

---

① 董明涛、周慧:《农村基础设施与经济增长的互动关系:基于省际面板数据的分析》,《贵州农业科学》2014 年第 9 期。

② 王春萍、郑烨:《21 世纪以来中国产业扶贫研究脉络与主题谱系》,《中国人口·资源与环境》2017 年第 6 期。

面临的一个难题。党的十九大报告中提出"新时代我国社会的主要矛盾，已经转化为人民日益增长的美好生活需要和不平衡不充分的发展之间的矛盾"，而保障公民生存和发展基本需求的公共服务则是满足人民美好生活需要的第一步，而促进公共服务均等化、提高贫困地区公共服务供给水平，更是解决当前中国发展不平衡不充分问题的必经之路。而众多研究亦表明，提高基本公共服务供给水平对降低贫困发生率、提高贫困人口脱贫能力具有显著正向作用，基本公共服务与扶贫开发具有一定程度的联动性[1]。

依靠科技进步、提供科技服务对促进贫困地区经济发展，帮助贫困人口脱贫致富具有明显助益，这也是中国开展科技扶贫项目的依据所在。当前农村地区所提供的科技服务主要可以分为两大类：一是生产性科技服务。主要指与发展生产有关，旨在提高生产效率的科技服务，如农业技术培训、科技信息服务、新品种新技术推广应用等，这类科技服务的提供可以增强贫困农民摆脱困境的造血能力。二是生活性科技服务。主要指以现代技术服务设施为载体，及时解决农民生活、文化、政治活动中的各种问题，以体现科学技术的服务功能，这类科技服务的提供不仅有助于改善贫困地区民生，更有助于提高其科技素养。但目前贫困地区科技服务存在供给不足、供给质量和水平不高的问题。贫困地区基层尤其缺乏相关专业人才，人才断层、后继乏人是当前农村科技服务发展所面临的一大难题，而现有农村科技服务人才队伍也存在专业性不强、服务观念淡化等问题。此外，深度贫困地区农村科技服务效率较低也是一个非常普遍的现象，有的地方甚至不能满足当地农民的科技需求。

国内外研究均指出人力资本对经济增长具有长期持续正向推动，农村经济发展亦不例外，对于贫困地区而言，教育的作用则更为重要，正所谓"扶贫必扶智，治贫先治愚"。在基础教育上，贫困地区农民受教育水平较低，青少年辍学仍有发生，且教育质量堪忧。贫困地区硬件设施相对较差，如小学、幼儿园基础设施仍然较薄弱，学校数量、教学设备、食宿条

---

[1] 张姗姗、吴春梅：《反贫困视角下贵州省农村公共服务研究》，《农业经济》2014年第7期；朴婷姬、李筱竹、郭洁、李瑛：《反贫困：推进民族地区基本公共服务均等化的思考——以武陵山片区为例》，《贵州民族研究》2016年第11期；左停、徐加玉、李卓：《摆脱贫困之"困"：深度贫困地区基本公共服务减贫路径》，《南京农业大学学报》（社会科学版）2018年第2期。

件均低于全国农村的平均水平。除此之外,最重要的"软件"资源——教师的匮乏,也是当前贫困地区发展教育所面临的一大难题。无论是生活条件、还是工作待遇,贫困地区的学校都远远落后于城市,这样的条件势必难以吸引、留住年轻教师,而较差的硬件设施同时也制约了现有老师教学水平的提高。除基础教育之外,职业教育对促进贫困地区脱贫致富也具有重要作用,是解决贫困地区人口就业最有效的突破口,但目前职业教育在贫困地区的发展比较落后[1]。

随着社会经济的快速发展,人们的物质生活水平逐渐提高,即使是贫困地区也是以相对贫困人口居多,鲜有处于绝对贫困状态,在此背景下,加强公共文化建设对社会机体的健康发展尤为重要。目前,中国城市公共文化建设已取得显著成绩,但广大农村地区公共文化建设相对滞后,存在供给不足的情况。尤其是贫困地区,公共文化产品与服务面临更严重的供给不足、需求不足和供需错位三大基本问题[2]。目前贫困地区的扶贫举措以物质扶贫为主,精神扶贫或文化扶贫相对滞后。有研究认为,贫困地区,尤其是深度贫困地区的贫困根源于文化贫困,即他们共有一套落后、守旧的价值观念、生活方式与行为规范,而这阻挡了他们脱贫致富的步伐[3]。因此,在进行物质扶贫的同时,必须加快文化扶贫的进程,提高贫困地区公共文化产品与服务的供给水平,以增强贫困人口的自我脱贫能力。

因病致贫、因病返贫是贫困人口陷入贫困状态的一个主要成因,医疗卫生服务均等化对减贫具有显著的正向作用[4]。从 2003 年新型农村合作医疗制度(以下称"新农合")试点,到 2010 年新农合逐步实现基本覆盖全国农村居民,至 2018 年城乡医保正式并轨,农村居民医疗保障力度逐步增大、覆盖面逐步扩大、保障水平逐步提高,农民"看病贵、看病

---

[1] 胡蝶:《扶贫必扶智:教育精准扶贫是摆脱贫困的内生动力》,《改革与开放》2016 年第 21 期。

[2] 边晓红:《贫困地区公共文化供给侧改革:观念构建与价值选择》,《图书馆论坛》2016 年第 10 期。

[3] 张世定:《文化扶贫:贫困文化视阈下扶贫开发的新审思》,《中华文化论坛》2016 年第 1 期。

[4] 邹文杰:《医疗卫生服务均等化的减贫效应及门槛特征——基于空间异质性的分析》,《经济学家》2014 年第 8 期。

难"的问题得到了较大程度的改善。但是，在贫困地区，贫困人口仍然面临医疗卫生服务供给不足的难题。由于贫困地区经济发展水平较低、居民支付能力较弱等原因，医疗卫生资源较为匮乏，主要体现在设备落后、技术水平不高、医务人员数量不足、服务效率和服务质量低下等方面。由于医疗卫生服务供给的严重不足，贫困人口一旦遇到疾病就如雪上加霜，更为困顿，即使成功脱贫，也可能再次因为疾病而返贫。因此，必须进一步提高贫困地区的医疗卫生服务供给水平，以提高贫困人口自我发展和保障的能力。

3. 县域自身造血功能差，缺乏合适的支柱产业

1986年以后，中国确立为以开发式扶贫为主、救济式扶贫为辅的扶贫模式，这也是此后贯穿中国扶贫工作的一个重要思路。开发式扶贫指的是创造条件让贫困户增强能力，增强区域造血功能，让贫困户自主创收，从而改善自己的生活水平①。要实现增强区域造血功能、提高贫困户自主创收能力，重在培育和发展产业的产业扶贫才是核心和关键。产业扶贫是一种内生发展机制，通过产业扶贫能够促进贫困户及其所在区域协同发展，根植发展基因，给地区经济注入发展活力，阻断贫困传递。

在当前精准扶贫背景下，产业扶贫更是其特色与重点。首先，大多数贫困地区因其较为优越的空气、水源、植被等自然条件，而具有丰富的特色资源，如特色农产品、中药材、特色种养殖以及生态旅游等。其次，要实现"绿水青山"向"金山银山"的转变，产业扶贫是最为有效的方式。基于贫困地区具有比较优势的生产要素禀赋，通过发展特色优势产业，将其资源优势、生态优势转化为经济效益。再次，在贫困地区进行产业扶贫将产生良好的社会效益。在经济落后地区培育与发展的特色产业以劳动密集型产业为主，而这能有效吸纳当地剩余劳动力就业，产业集聚更能对周边地区经济社会发展产生正的溢出效应。最后，以优势自然资源为基础的产业扶贫将产生良好的生态效益。

产业扶贫是中国当前精准扶贫框架体系内的重要扶贫模式，众多贫困地区与贫困户的脱贫经验及其持续性的脱贫效果也都证实了产业扶贫的有

---

① 杨雪：《农村扶贫的核心是产业扶贫——专访中国人民大学反贫困问题研究中心主任汪三贵》，《农经》2016年第7期。

效性，但接下来脱贫攻坚的任务更重、难度更大，若要产业扶贫继续发挥其重要作用，还应先解决以下两个关键问题。

第一，产业定位不精准。产业精准定位指的是要因地制宜，基于地方实际选择符合市场需求、具有比较优势的产业来发展。但目前，中国各地在实行产业扶贫时，存在产业定位趋同的现象。在当前的扶贫工作中，扶贫干部均意识到产业扶贫的重要性，并开始大力推进扶贫项目产业化发展。但是，在此过程中，有不少干部生搬硬套先进经验，没有明晰市场规律、结合当地实际，以致不能发挥当地比较优势，造成产业布局趋同，不仅不能实现贫困户脱贫致富，甚至有可能本利无归。在课题组走访的贫困地区中，农业产业布局趋同现象具有普遍性。农业的天然弱质性导致农产品具有自然风险较高、价格波动较大等特点，许多贫困地区在发展扶贫产业的选择上往往凭借个人经验，或试图通过复制其他脱贫地区的成功经验以实现自身脱贫，忽视了当地资源优势以及当时市场需求等内外部条件与环境；有些考虑了当地的优势资源，在当地产品中选择了易于培育与发展的品种，但未对相应市场进行详尽调研，以致产品无人问津。扶贫产业若定位精准，产业扶贫可谓成功了一半。而要定位精准，在内则应当对当地自然资源、人力资源等有明晰的认知，在外则应对市场需求、市场竞争状况等具有较为详尽的了解，这样才能通过发展优势产业实现脱贫的目的。

第二，产业政策不精准。由于贫困地区的产业扶贫大多以发展农业为主，农业的弱质性以及贫困地区的弱势性要求相关政策支持向其倾斜，产业扶贫工作的顺利进行必然是以精准的产业支持政策为前提的。目前，国家、省、市、县等各级政策层面都制定了产业扶贫的相关规划和支持政策，但这些规划和政策的落实度却有待提高，主要原因还在于规划和政策的精准度还有待提高，规划与政策都很"高大上"，但具体到贫困村的可操作性方面却不够"接地气"。相关规划与政策与实际脱轨，主要体现在两个方面：一是在贫困村所发展的某个具体特色产业上，未能及时制定精准度高、可操作性强的实施政策。二是鲜有针对产业经营主体的政策出台。在选定产业后，产业要发展，带头人是关键，尤其经济落后地区贫困户自身能力有限，培育与发展合适的产业带头人则是关系到产业扶贫成功与否的一个极其重要的因素。目前，对于构建中国新型农业经营体系、培育新型农业经营主体的呼声很高，扶持力度也日渐增大，但尚存在政策缺口，在贫困地区更是缺乏相应政策支持。

尽管中国绝大多数地区开展了产业扶贫项目，但由于产业定位不精准和政策支持不精准这两个关键问题未能很好解决，因此成功实现产业脱贫的并不多，没有支柱产业作为依托，便如无源之水、无本之木，即便贫困户暂时增收，也很容易返贫，无法实现"可持续脱贫"。

4. 专业技术人员匮乏

在脱贫进程中，"人"是最主要的参与主体，无论是开展扶贫工作的相关干部，还是被帮扶的贫困户，他们的个人素质、综合能力对结果具有至关重要的影响。当前，中国扶贫人才队伍面临部分干部态度消极、懈怠，或者身心压力较大等问题，而被帮扶的贫困户受教育水平较低、综合能力不强，部分扶贫对象"懒汉"思想严重，对扶贫工作不甚配合。

目前，中国扶贫的人才队伍主要包括乡镇干部、驻村第一书记或者挂帮干部以及基层调研和落实政策的干部这三类人员。关于扶贫人才队伍目前所面临的主要问题，主要在于两个方面：一是扶贫干部消极、懈怠、敷衍、不作为，甚至伪造数据以减轻工作量、贪污腐败从中牟利者亦不在少数；二是当前扶贫干部压力大、任务繁重，已然影响到其身心健康。

课题组在走访贫困村时发现，有一部分扶贫干部由于主客观原因，对扶贫工作滋生了"应付"心态，主要表现在形式主义严重和"拍脑袋"决策。形式主义具体表现在，一些扶贫干部为了尽快完成扶贫工作任务，在填入数据和表格时投机取巧，甚至虚报、代报，在走访贫困户时，也仅仅是走马观花，还有些驻村干部仅仅只是"挂名"扶贫。"拍脑袋"决策主要体现在产业扶贫方面，部分扶贫干部为了任期内的政绩表现，在产业项目选择上仅注重短期效益，而忽视了长远发展；还有部分扶贫干部盲目选择产业项目，在做决策之前未结合当地实际进行详尽调研，如此选择的产业项目或是早早地"流产"，或是难以为继。

有扶贫干部反映，当前扶贫工作千头万绪，工作压力巨大，已然严重影响了其身心健康。巨大的工作压力主要体现在以下两个方面：一是当前对于扶贫干部的考核和管理，相关体制机制尚有待完善。扶贫工作涉及财政、发改、医疗、教育、社保等多个部门，每个部门都会制定相应的扶贫方案，而这些方案的实施全靠基层扶贫干部，来自各个部门的压力可谓沉重。对上要面对来自各个部门的任务压力，对下要承担帮助贫困农户脱贫致富的压力。调研中发现，繁杂的扶贫表格和检查也已经成为基层扶贫干部的一个较大压力来源，数据精准的表格录入在耗费大量时间的同时，也挤压了其进行实际扶贫工作的时间。二是扶贫干部所在单位"本职工作"和"扶贫工作"之间的冲突，二者之间有待平衡。被选派到基层开展扶贫工作的干部一般都是单位的佼佼者，由于其在原单位的支柱作用，加之精准扶贫的阶段性特征，他们被选配开展扶贫工作的同时，其原单位的工作量并未减少。因此，对于很多扶贫干部而言，"5＋2"和"白＋黑"的工作模式已经习以为常。当长此以往，不仅身心健康堪忧，原单位和扶贫两边的工作亦难以兼顾。

扶贫对象的个人素质与综合能力直接关系到扶贫效果。截至2017年，全国农村贫困人口为3046万人，贫困发生率降至3.1%，但这些贫困人口大多居住在深度贫困地区，其受教育水平偏低，综合能力较差，凭借自身很难实现脱贫。不仅如此，甚至有相当一部分扶贫对象脱贫意愿较低、"懒汉"思想严重，不仅不配合扶贫干部相关工作，还以身为贫困户为荣，而这类"精神贫穷""头脑贫穷"的贫困户也是当前扶贫攻坚的难点所在。当然，贫困人口自身素质和综合能力的不足不仅有主观原因，亦有客观原因，比如农村教育体系的不完善、公共文化活动建设的不完善、基层农技推广与服务的不到位等。综合来看，当前中国扶贫对象在自身素质与综合能力的不足主要体现在以下两个方面：一方面，经过多年的扶贫工作，尽管大多数贫困户脱贫意愿有所加强，但其思想观念仍然守旧，更有甚者争戴"贫困帽"。在经济落后地区，扶贫对象思想观念守旧主要体现在不求进取、主观能动性较差、生活工作中自制性与自律性较差、遇到困难容易退缩和逃避。在改变贫困现状、突破自我的过程中会遇到很多挫折和困难，没有决心和信心，势必被困难和挫折所打倒。同时，思想不坚定的贫困户还容易出现道德滑坡的情况，如，为获得贫困户补贴而争此名额。另一方面，随着义务教育的普及和农村基础教育的加强，大多数贫困农民文化程度有所提高，但其技能水平较低。在当前的3000余万贫困人口中，除去1000余万持证残疾人和65岁以上的老人，剩下2000万左右贫困人口如果都有一技傍身，那脱贫将要容易很多。尽管他们文化程度有所提升，但科学素养并没有与时俱进，基础科学知识缺乏、接受新生事物较慢，使他们不能很好地掌握赖以生存的劳动技能。

5. 脱贫效果可持续性不强

精准扶贫的本质要求是质量扶贫，即要求高质量脱贫，要确保脱贫效果的可持续性。脱贫效果的可持续性不仅包括"可持续发展"中"在满足当代人的需要的同时不伤及对后代人需要满足的能力"这层含义，还包括"脱贫不仅要发挥短期的效用，还要产生长期的效用；不仅仅对少数人产生效用，还对其他人甚至整个区域发展产生效用"等丰富含义[①]。目前，尽管脱贫攻坚进行得如火如荼，但脱贫的质量还有待考究，部分地方出现返贫的现象，且有些地方尽管暂时未出现返贫的情况，但脱贫的内生动力不强，脱贫效果呈现减弱的趋势。具体地，目前脱贫效果可持续性问题上主要表现在返贫现象上。

为实现在 2020 年之前全面建成小康社会的目标，许多地方在扶贫过程中重数量而轻质量。如产业扶贫的趋同化就是一个典型例子，有些地方在选择扶贫产业项目时仅聚焦于见效快的项目，不考虑持续发展，甚至是以牺牲未来资源为代价。除此之外，还有些地方为了在短期内"出成绩"、实现脱贫目标，制定各种优惠政策和项目支持，但综合考虑地方的财力、物力、人力，这些优惠政策和项目支持基本难以为继。课题组在走访调研时发现一位贫困老人之所以能够脱贫是因为其三位子女所给予的养老费，加上当地政府的津贴，总收入高于贫困线。而在之前，由于其子女家境也相对贫寒，加之无行政力量驱使，未能按月给予老人养老费。显然，这类扶贫效果不可能具有长期效应。

（二）对策建议

1. 健全贫困户精准识别工作机制

首先，完善贫困信息系统，整合多维数据，充分发挥大数据优势。2014 年，国务院扶贫办印发了《扶贫开发建档立卡工作方案》。扶贫建档立卡工作无疑为中国贫困户精准识别工作的开展奠定了较好的数据基础，但同时也暴露出一些问题。例如，烦琐、耗时的填表体系，既让扶贫干部无足够精力与时间进行实际扶贫工作，也耽误了贫困户的务农时间。因

---

① 王春光：《贵州省脱贫攻坚及可持续发展研究》，《贵州民族大学学报》（哲学社会科学版）2018 年第 3 期。

此，在这种情况下，对于非深度贫困、基础条件允许的地区，探索如何运用现代科学技术收集相应数据、进行基础分析对扶贫效率和效果的提升都大有裨益。对于深度贫困地区，由于自然条件的恶劣，在收集数据上可能更加困难，应当因地施策，保证贫困户数据的真实、有效、规范、统一。另外，在数据收集上，还要注重多维标准。随着经济社会水平的提高，贫困的内涵也相应发生了变化，极少数人口处于生物贫困线之下，而相对贫困的表现形式多样，且是否为相对贫困状态也与各个地方的发展水平有很大关系。因此，为精准识别其相对贫困状态，有必要收集贫困户大数据，从不同维度对其贫困状态进行判别。在有了精准数据的基础上，还要升级完善全国扶贫开发信息系统，实施动态管理，定时更新。同时，在明晰各地经济社会条件各异的基础上，基于多维贫困标准构建贫困精准识别模型，高效率地对贫困人口进行有效识别。

其次，进一步细分贫困人口类别，以提高贫困识别的精准度。贫困人口具有个体异质性，且其致贫原因也涉及各个方面，如果能够对现行贫困人口进行更详细的分类，再因材施措，针对不同类别的贫困户、贫困人口采取不同的帮扶措施，将大大提高脱贫效果。例如，将没有劳动能力且生活不能自理的贫困人口分为一类，这类人需要政府负责供养开支，如果没有家属照顾的，还需要政府采取措施集中供养；将没有劳动能力但生活能够自理的贫困人口分为一类，这类人需要社会保障兜底，给予一定生活保障；将有劳动能力但无脱贫意愿的贫困人口分为一类，这一类人主要以精神扶贫结合对其子女的教育扶贫为主，以切断贫困的代际传递；将有劳动能力也有劳动意愿，但无论从年龄上还是综合素质上都很难通过教育培训有大的提升的贫困人口分为一类，这一类人应当授以基本务农技能或务工技能，主要为其就业或家庭种养业方面提供相应帮助；将有劳动能力也有劳动意愿且年龄与综合素质均适合进行再教育与技能培训的贫困人口分为一类，这一类人脱贫致富的辐射带动作用较强，可以通过对其进行教育培训、辅之以资金帮助，实现本地创业或进入城镇务工来脱贫；还有一类贫困人口是在学人员，对于这一类人也是脱贫攻坚的关键人群，主要以教育扶贫为主。

最后，调整和完善贫困户认定民主评议机制。现行贫困户认定机制是"农户申请、民主评议、公示公告和逐级审核"，完善的民主评议机制对贫困户认定结果的公平、公正起着关键性作用。但现行民主评议制度下，反映贫困户认定结果不公平事例时有发生，因此有必要进一步调整和完善评议机制。一是要对现行民主评议方式进行适当调整，进一步明晰权责。二是要建立追责制度，针对违反民主评议制度的行为制定相应处罚条例，做到有法可依。三是要健全监管体系，鼓励群众监督，提高群众的参与度。

2. 建立扶贫诚信体系和贫困户信用体系

扶贫中的诚信与信用问题的本质是解决或缓解信息不对称问题，主要在于两个方面：一是进一步保证贫困户信息的真实有效，减少贫困户以隐瞒自家收入和财产信息来争取贫困名额、获取扶贫资金；二是通过建立诚信和信用体系，充分发挥金融扶贫在扶贫开发中的重要作用。

有了诚信体系的约束，不仅有助于贫困人员如实报告其身体状况、财产状况等个人信息，同样有助于杜绝企业套取扶贫资金和政府寻租行为。诚信体系建设应当聚焦于贫困人员个人诚信、扶贫企业诚信和政府公信力这三个方面。为保证贫困人员个人诚信，应当建立诚信档案，并加大审查力度，提高其失信成本。当前有些贫困帮扶企业伪造扶贫信息以套取国家扶贫资金，为杜绝这类现象的发生，同样应当建立诚信档案，完善相应奖惩制度和监督机制。各级政府和村两委组织公信力的建设主要在于完善机制体制，增加扶贫工作各个环节的公开性和透明度，以确保公平公正。同时，还要建立严格的追责制度，提高违法成本。通过建立诚信体系，完善奖惩制度，改变各参与主体的思想观念，营造诚信帮扶和诚信脱贫氛围，形成良性循环。

当前金融扶贫方式以小额信贷为主，面临的一大难题就是银行无法很好地控制贫困人员信贷风险。由于贫困人员长期缺乏信用记录，同时也缺乏可供抵押之物、担保之人，因此尽管中国金融扶贫力度不断加大，但这类人群仍然很难获得融资。建立健全农村信用系统，是促进银行积极参与金融扶贫的一个制度保障，能够有效降低农民贷款时的机会主义和道德风险，形成良好信用风气。为此，首先应该建立农民信用档案，加强其信用评级，且从顶层设计层面制定相应制度，使农民信用体系发展统一化和规范化。其次，由于农村信用建设的实践者主要是村镇一级的基层政府，因此应当给予其一定正向激励促使其完成该项工作。此外，为确保农民信用状况的真实有效，还应引入第三方征信机构，不仅能够发挥再认定的作用，还能对相应数据进行进一步挖掘，以形成多元化的信用产品。

3. 健全农村贫困退出机制

当前，中国扶贫工作已经进入攻坚阶段，离2020年的消灭绝对贫困之期也越来越近，如何促进贫困人口、贫困村、贫困县有序退出，对确保精准扶贫阶段性工作的圆满完成具有重要意义。而且，当下所出现的"数字脱贫"、贫困人口福利依赖现象加剧、脱贫退出措施短期化等问题也表明了建立健全农村贫困退出机制的迫切性。

首先，要改进考核评估机制，优化验收工作程序。在做好贫困户相关情况及时跟进的基础上，明确考核标准，优化评估指标体系，做到脱贫退出有据可依。在优化评估指标体系之时，为确保其科学合理性，应综合考虑各个地区的各项经济指标，对评估指标进行实时调整，在统筹贫困户与非贫困户各自利益的基础上实现扶贫资源的有效利用。在评估贫困户是否退出时，要综合考虑各种信息，重点考核贫困户长期稳定脱贫的实力，以确保脱贫效果的可持续性。在制定好相应退出标准后的考核评估过程中，要建立起更加标准化、系统化和规范化的评估程序，以提高工作效率和效果。

其次，将明确的贫困退出期限落实到具体的贫困村、贫困县。尽管国家层面已经提出2020年以前要消灭绝对贫困，但是，由于国家级贫困县之名能够带来不少扶贫资源、资金，因此仍然不乏贫困村、贫困人口并不希望退出贫困，甚至通过隐瞒部分信息以获得名额。为进一步落实贫困退出计划，减少不必要的资源浪费，各级政府应当结合基层贫困村具体情况设定具体的贫困退出期限，并及时跟进并更新相关情况。

最后，优化扶贫政策体系，建立正向激励机制。优化扶贫政策体系要以激发贫困户内生动力为主，注重政策的衔接性和协同性，避免政策分化，加强政策的稳定性。而在贫困退出方面，有些地方出现了逆向激励政策，这种逆向激励显然不利于整个区域的长期发展。政府应当积极制定正向激励政策，建立正向激励机制，以鼓励贫困村、贫困县积极主动地寻求自身发展，真正实现开发式脱贫。在建立正向激励机制方面，需要注意两点：一是明确奖惩条例，尤其要注重对自主脱贫、稳定脱贫的贫困村和贫困县给予丰厚奖励；二是坚持"授人以渔"的原则，在结合地方实际的基础上，完善各项配套政策，提高贫困地区自我发展的能力。

4. 加快基础设施建设步伐，配合适度的易地搬迁

良好的基础设施建设对偏远、贫困农村地区生产生活的改善、经济的增长等方面具有显著正向作用。因此，为加快脱贫进度，使广大农民共享改革成果，有必要加快农村贫困地区基础设施建设步伐，尤其是深度贫困地区基础设施建设。基础设施建设是一项巨大的工程，投资巨大，且从规划布局开始就应具有前瞻性，以实现效用最大化。

由于基层政府财政有限，而基础设施建设耗资巨大，处地越是偏远，其耗资越大，因此筹资问题一直是基层政府所面临的一大难题。要加快基础设施建设步伐，首要解决的就是资金筹集问题。为此，可以从以下四个方面采取措施。

一是可以建立政府分类供给机制。在此过程中，首先要明确各级政府对各类农村基础设施建设的权责，以避免基础设施建设盲点的出现和各级政府责任推诿的情况发生。尤其是贫困地区专项基础设施的投入与建设应当主要由中央政府承担，由所在省级政府进行规划布局和统筹管理，并结合省级政府财政情况给予资金支持，由所在市、县级政府具体组织实施建设。

二是鼓励社会资本积极参与。贫困地区地处偏远、基础设施底子薄弱这是不争的事实，仅仅依靠政府财政恐怕难以使这些地区基础设施达到应有水平。因此，不仅要加大政府财政支持力度，还要鼓励社会资本积极参与，建立社会资本合作机制。为此，首先应当构建良好的投资环境，为社会资本投资免去后顾之忧。其次，要积极探索并推动基础设施建设的PPP模式。此外，还要允许社会资本以多种形式参与基础设施建设。更重要的是，要积极探索基础设施建设的运营补偿机制，如通过资源捆绑、援建奖励、政策优惠等方式来给予社会资本参与基础设施建设足够的激励。最后，可以探索政府与社会资本合作的基金形式。

三是建立多维融资保障机制。有研究表明，农村金融资源对农村基础设施建设投资具有明显正向作用，在有力的金融支持下，基础建设资金来源渠道更多且更易获得。因此，为加大贫困地区基础设施建设的金融支持力度，应当构建各类金融机构参与的多维融资保障机制。首先，要充分发挥政策性银行在推动农村基础设施建设中的重要作用，尤其要对贫困地区

基础设施建设有所倾斜。其次，要鼓励、引导商业银行利用现代金融科技手段，在风险可控的情况下加大对农村基础设施信贷投放力度。最后，政府要为金融机构参与构建良好环境，如加强农村信用体系建设，降低交易成本、提高交易效率。

除了统筹一切资源拓宽筹资渠道，在基础设施建设的规划布局方面还要具有前瞻性。首先，在规划布局时要考虑长期的、动态的发展，尽可能地延长基础设施的服务周期，使其效益最大化。为此，要选择专业人员进行规划和设计。其次，基础设施建设往往涉及不同乡镇区域，应该加强各乡镇之间的协作发展，明晰界定各自权责，合理分担成本，避免重复建设和无序建设，提高资源利用率。最后，在基础设施建设规划过程中，要聆听使用者的需求，即在广泛听取当地居民意见的基础上进行规划和布局，以保障满足居民的有效需求，使基础设施建设成为真正利民的民生工程。

建立健全监管机制是确保相应资金资源有效利用以及基础设施高质量完成的保障。首先，要建立资金监管制度。建议对资金实施动态管理，定期公示，增加其透明度。同时，还要明确各级政府的转移支付比例，确保资金及时拨付到位。其次，要建立科学的奖惩制度和评价体系。奖惩制度的建立主要在于对寻租行为的防微杜渐，一方面要明细奖惩措施，做到有据可依，另一方面要完善追责制度，提高违法违规成本。评价体系的建立有两个侧重点，一是将居民满意度纳入其中，明确目标导向；二是依此要激发基层政府加快基础设施建设的积极性。

四是因地制宜，根据贫困地区实际情况，适时适度开展易地搬迁工程。在易地搬迁扶贫过程中，既要创造就业机会，提供稳定生活保障，还要注意其身心健康。中国人向来有"安土重迁"的思想，越是偏远的农村地区，这种思想越严重。而对于易地搬迁的居民而言，搬迁后不仅仅是居住地址的变化，更可能是生活方式和生活状态的改变，这其中包括他们对当前自然环境的适应、与当地居民生产生活的融合等方面。若忽视对他们这方面的影响，不加以引导，扶贫效果可能与初衷相悖。

5. 因地制宜，打造自身特色产业

当前产业扶贫中主要存在产业定位不精准和政策定位不精准两大问题，针对这两大问题可以从以下两个方面着手解决。

第一，精准选择扶贫产业。无论选择何种产业，都要以良好的基础设施作为基础,否则外人无法"走进来",特色产品也无法"走出去"。在此基础上,产业的精准定位需要各方参与,尤其是政府政策宏观层面的规划,布局要科学合理,既要产业化生产,充分发挥规模效应和产业集聚效应,又不能因过密化而影响农户收益,更重要的是要注意结合当地实际,不能盲目跟风或追求短期效应。在政府宏观决策方面,应当结合当前大数据方法,基于数据分析进行决策,而非以往仅凭个人经验的拍脑袋决策。在产业布局方面,不仅要找好与之对标的竞品,同时还要注意地区之间的协作、产业链的建设和延伸,以及产业与产业之间的结合。政府除了需要在宏观层面对区域产业规划与产业布局进行精准决策之外,还需要辅助龙头企业、专业合作社等新型农业经营主体在产业扶贫过程中积极主动发挥其主体作用。其中,龙头企业是农户与市场之间的桥梁,可以提高农户的组织化程度,促使其进行专业化、产业化生产,提高农户的生产效率和产品质量。专业合作社是农民自愿的互助性经济组织,一般由当地的农村能人主导建立,由于地缘或亲缘关系,社员对于带头人一般比较信任和信服,有利于充分发挥农村能人的示范带头效应,同时该组织的建立也能够提高单个农户的谈价议价能力。

第二,完善产业精准扶贫的政策支持。首先,相应宏观政策要进一步细化,主要包括土地、财政、金融等。课题组在走访调研过程中发现,部分贫困村有好的产业扶贫项目,但却因为没有具体的政策支持,如拿不到用地指标等原因而无法落实。因此,在农村制度改革方面,针对贫困地区是否可以做一些调整,倾斜力度更大一点?而在一些金融政策和财政政策上,尽管上一级政府明令给予政策支持,但却没有在操作层面具体化,导致贫困农户仍然难以享受到政策优惠。其次,要建立有效的利益捆绑机制与共享机制。只有将贫困户与产业发展捆绑起来,即贫困农户与龙头企业成为真正的利益共同体,产业才能充分发挥其在扶贫中的积极作用,否则由于企业天然的趋利性,加之贫困农户的信息不对称,贫困农户很容易成为弱势群体,个人利益受到侵害。为此,要调动企业和贫困户的积极性,政府政策方面应当助力其发展,如将脱贫绩效纳入对企业的评价考核指标当中,并依此让利于企业,给予企业一定政策优惠和奖励。同时,政府还要注重引导企业对贫困农户技能技术的培训,加强贫困农户个人综合能力,使个人发展与企业发展结合起来。

6. 大力发展教育和培训，健全人才培养机制①

教育和培训是提升贫困人口自我发展能力、切断贫困代际传递的最佳方法，同时也是提高扶贫人员队伍综合素质的一个有效方式。纵观中国扶贫历史，教育和培训在帮助贫困人员脱贫方面产生了良好的效果，但当前的教育扶贫工作中还存在一些不足之处，如教育扶贫存在工作效率较低，教育扶贫内容比较单一，偏重贫困人员在文化知识层面的学习，缺乏专业技能培训和综合素质培养，等等。具体可以从以下四个方面加以改进。

第一，进一步完善扶贫政策体系。政府从顶层设计层面完善扶贫政策体系，构建"全方位、多角度、深层次"的教育扶贫体系，塑造立体化的教育扶贫格局。政府要引导教育资源合理向深度贫困地区倾斜，使深度贫困居民享受到发展的红利，以确保教育公平。同时，允许基层政府在进行教育扶贫实践时多措并举，要给基层政府足够的空间去因地制宜地结合地方实际采取多种方式进行教育扶贫。例如，政府可以树立标杆榜样学校，加强其示范效应，推广其先进经验。

第二，加强农村基础教育。尽管以往教育扶贫侧重于基础教育，但主要体现在基础教育硬件设施的改善上，基础教育质量却仍堪忧，尤其与城市基础教育质量差距渐增。因此，重点要增加农村中小学学校的软件投入，通过提高待遇、提供进修渠道、授以个人荣誉等方式吸引更多优秀乡村教师。同时，还要注重完善学前教育，通过引入民间资本盘活教育资源，提高学前教育质量。

第三，加强农村职业教育和继续教育。目前教育扶贫的薄弱环节之一是农村职业教育的缺位，职业教育对贫困人口脱贫具有显著作用。有一技之长，贫困人口就能实现快速就业，并获得稳定的经济来源，以实现自我发展和良性循环。在农村职业教育扶贫方面应当注意两点：一是在教育对象的选择上要优先照顾贫困家庭和特困家庭学子，并给予政策优惠；二是在技能的选择和培训上要结合当地实际，符合当地人才市场需求。以上提到的农村职业教育主要是针对贫困家庭适龄学子而言，除此之外，还要注重加强针对成年贫困人员的继续教育。成人教育具有自身规律和特征，而

---

① 檀学文：《中国教育扶贫：进展、经验与政策再建构》，《社会发展研究》2018年第3期。

且贫困人员本身组织化程度较低，因此要根据其特点创新教育方式方法，改变其思想认识，提高其专业技术技能。

第四，对于扶贫工作人员而言，定期教育和培训也是必不可少的。一是要注重实践锻炼，让扶贫干部们在干中学，提高学习效率和学习效果。二是制定详细的学习制度和考核制度。此外，除了专业素养和技能等方面的学习培训，还要注重加强扶贫干部的心理健康教育。在对扶贫干部的教育培训中适时增加健康心理学、认知心理学、组织行为学等科目，有利于他们了解自身及贫困人口心理活动规律，不仅能提高他们与贫困户的沟通效率，同时也能更好管理自己，避免产生工作倦怠以及消极的心理状态。

7. 加强第三方评估的监督作用

第三方评估主体具有独立性、专业性和权威性，在精准扶贫过程中引入第三方评估机构，是一种弥补传统评估主体单一性、内部化有效方式，能够对扶贫结果进行相对客观的评价，是检验是否"脱真贫"和"真脱贫"的重要手段，对保证扶贫效果和效率具有重要作用。为加强第三方评估在精准扶贫中的监督作用，可以从以下三个方面进行优化。

第一，完善评估制度，确保第三方评估的独立性。中国扶贫工作的第三方评估开展时间不长，近两三年才开始有第三方评估机构陆续对地方扶贫工作进行评估。但是，第三方评估过程中的经费主要来自被评估的政府部门，因此，资金上的非独立性导致第三方评估结果很容易受到相关部门或者相关领导人个人意志的影响。另外，现行第三方评估机构构成比较单一，代表性和专业性都有待提高，而且也更容易与被评估对象形成利益联结。因此，为确保第三方评估的独立性和专业性，首先要弱化第三方评估机构对政府部门资金的依赖。建议政府可以建立公益基金，独立审核，并充分吸纳社会公益资本投入。其次，建议第三方评估机构构成更加多样化，如由高等院校、科研院所、社会公益组织等组成第三方评估小组，共同承担评估工作。

第二，推进信息公开，细化评估内容，确保评估的准确性和权威性。第三方评估机构数据获取来源于被评估的政府和相应贫困人员，且一般通过短期调研获得，因此有可能存在信息不对称或者所获取的信息不真实等情况，从而影响评估结果。为此，应当推进信息公开程度，并针对贫困人员加大对相关政策的宣传和培训力度,以降低信息不对称。在信息真实、对称的基础上,还应当从多维角度构建评价指标体系并细化其评估内容,能够从各个方面考察当前扶贫工作的效果以及未来的发展与影响,提升其准确性和权威性。

第三,确保评估结果的实际应用,发挥其对扶贫工作的指导性作用。一般而言,第三方评估结果都是以报告的形式提交给被评估对象,但目前大多数情况下,该结果是否发挥了指导性作用不得而知。为此,首先应当充分披露评估结果,而非现行仅选择性地公布对其有用的信息,这样才有利于全社会对该结果进行监督。其次,结合评估结果对当前扶贫政策及举措做出了何种改变同样也应当予以公示,以充分发挥第三方评估的功能和作用,确保资源的有效利用。

二 2020年后中国贫困治理可能面临的困难

(一) 可能面临的困难

根据党的十八届五中全会提出的目标,到2020年中国要完成现行标准下农村贫困人口全部脱贫,贫困县全部摘帽,解决区域性整体贫困。这一农村贫困治理的阶段性成果,将为完成乡村振兴、实现农业农村现代化奠定重要的基础。

2020年完成精准扶贫、精准脱贫目标以后,中国农村贫困治理框架和战略必将发生重大的调整。基于目前全国精准脱贫取得的成效和工作经验,结合贫困治理的阶段性特征,以及乡村振兴国家战略等宏观背景,2020年以后中国贫困治理可能会转向常规化、基本公共服务均等化、城乡一体化的统筹治理框架。即从集中力量完成脱贫攻坚以后,扶贫工作成为常规工作的组成部分,通过进一步推动各地区、城乡基本公共服务均等化进程,从包括收入、消费等多维角度缩小贫困人口与中等收入群体的差距。贫困治理对象从农村绝对贫困人口进一步细分,可能会细分为不同贫困群体,如老年人、残疾人等。同时也可能会将城市贫困人口纳入统一的贫困治理体系,构建城乡一体化贫困监测、管理系统。

基于上述推断,2020年以后中国贫困治理工作可能面临的困难主要集中在以下四个方面。

第一，贫困标准重新制定的问题。目前中国农村贫困标准属于绝对贫困标准，2020年以后，贫困治理目标发生变化，相应的贫困标准也必须调整。调整的方向可能有：提高现有绝对贫困标准线、使用相对收入贫困标准线，或者使用综合性多维贫困标准线。不同的贫困标准设置，贫困治理目标、战略都不同。如何智慧地选择与发展阶段相适应的贫困标准和贫困治理战略，可能是下一阶段贫困治理面临的第一个难题。

第二，城乡一体化贫困治理的问题。精准扶贫阶段，中国扶贫措施主要是针对农村绝对贫困人群，城市贫困人口并没有纳入其中。下一阶段的贫困治理工作，重点可能会落在城乡一体化治理。中国开始实施乡村振兴战略，为城乡一体化发展提供了政策保障。城乡差距，包括城乡居民收入差距、消费阶段差距、基本公共服务差距等，都是城乡一体化贫困治理的目标。城乡统筹贫困治理，一方面是扩大社会保障覆盖面，建立全民保障体系；另一方面需要提高社会保障水平，使社会保障切实成为城乡贫困人口的最后防线。同时要有效完善针对不同贫困群体的专项救助政策。

第三，精准扶贫阶段政策延续性的问题。中国在精准扶贫、精准脱贫阶段已经取得了巨大的成效。进一步巩固脱贫成效，建立农村减贫长效机制，实现贫困人口收入稳定、可持续增加，如何甄别和延续实施上一阶段的有效政策，将是未来贫困治理工作面临的困难之一。

第四，预防个体返贫和群体性返贫现象。目前中国农村贫困人口返贫的因素主要是因病返贫、因学返贫。农村贫困家庭因为家庭成员患病或者就学，一次性支出就会直接导致贫困或者返贫。如何解决支出型返贫，预防个体返贫，也是下一阶段贫困治理的困难之一。另外，一些特殊深度贫困地区，脱贫措施有限，可持续增收比较困难，内生脱贫能力培养艰难，解决这部分地区可能的群体性返贫问题，也是难点之一。

（二）对策建议

针对上述可能出现的困难，相应的政策解决方向有：第一，使用公安户籍等现有信息，结合互联网大数据等辅助信息，对贫困人口规模、分布、基本特征进行调研，根据阶段性贫困特征，制定适宜的贫困标准。第二，基于城乡公共服务均等化进程，建立城乡统筹的一体化贫困治理框架。进一步消除城乡收入、消费、公共服务差距。第三，实施政策延续期，保持精准扶贫阶段的政策延续性，做好政策过渡实施准备。第四，加大医疗保障体系建设，提高义务教育阶段投入，增加中等职业教育财政补贴，扩大高等教育奖助学金比例和额度，最大限度地消除因病返贫、因学返贫的隐患。

第十三章

迈向自我成长的"思想扶贫"之路

消除贫困、改善民生、逐步实现共同富裕，是中华民族孜孜以求的梦想，也是全人类的共同愿景。2020年是中国全面建成小康社会和消除绝对贫困人口的时间节点，中国将实现现行标准下农村贫困人口全部脱贫，贫困县全部摘帽，解决区域性整体贫困问题。在解决深度贫困人群的收入提升问题之后，更进一步的问题是，如何避免陷入"脱贫、防贫、返贫"的怪圈？这不仅需要建立起长效可持续发展机制，走出一条自我发展的道路，而且更需要思想上的转变。如果贫困的思想没有转变过来，再多的人力物力投入、再精准的扶贫措施、再好的产业规划都有可能是昙花一现。只有解决精神层面的问题，才能真正激发摆脱贫困的内生动力，变被动救济为主动脱贫，提升自主脱贫能力。

从2017年4月开始，课题组相继深入河北、湖北、广西、新疆、云南五省（自治区）农村腹地、贫困县市开展了实地调研。在调研的过程中发现，在促进经济发展、产业带动脱贫的同时，"思想贫困"的问题日益凸显。具体表现为以下四个方面。

一是孝道文化缺失。在调研中我们了解到，河北涞源、广西西林和广西龙州60岁以上的贫困人口分别占当地总贫困人口的31%、12%和20%，贫困人口老龄化相对严重。其中大部分贫困老人都没和自己的子女住在一起，长期缺乏必要的关心、爱护，制约老年人脱贫的因素中除身体健康情况、劳动能力情况外，子女赡养问题尤为突出。在调研中甚至发现，出现有的贫困老人与儿女分户又分家后，子女之间互相推诿、老人有困难首先想到的是政府而不是子女，指望政府兜底的情况。

二是自身责任意识淡薄。部分贫困对象，尤其是中青年，缺乏家庭和社会责任。有的整天窝在家中或流浪在村中,"今朝有酒今朝醉",干活怕苦怕累,不愿意多付出;有的眼高手低,整天想着挣大钱,发大财,不愿意干小活;有的不知感恩,以"家贫"为借口,只想着索取,不想回报,极个别贫困户拿着国家的扶贫款和物资,不用于发展生产和为家庭、社会创造物质财富,而是拿去挥霍或者赌博。坐等政府发放扶贫物资,不靠自己的双手去努力工作,自然没有收入,还是会在穷人圈里打转转。政府的帮扶只是解决贫困问题的一个选项,但仅靠政府提供福利的方式是无法解决贫困问题的,提供太多的福利会阻碍人们脱贫的主观能动性。

三是贫困人员价值观"扭曲"。贫困思想在中国主要表现为:听天由命的人生观,安贫守旧的生活观,重农轻商的财富观,安土重迁的乡土观,好逸恶劳的恶习,"厚死薄生"的消费观,养儿防老、多子多福的生育观,不患寡而患不均的分配观,消极等待的时间观,老死不相往来的社群观,盲目排外的人际观,"急功近利、恶意'杀熟'的功利观"[1]。通过我们调研也发现,个别村民"等、靠、要"思想存在,主动脱贫动力不强。在精准扶贫政策实施前期,大部分贫困人口不了解政策效果,精准识别对象范围可能存在一定程度上的偏差。经过几年精准扶贫工作,由于扶贫政策"实惠"特别明显,有些贫困户以及非贫困户都产生了赖贫、争贫思想,为了获得更多的补贴,对帮扶干部隐瞒实际家庭收入情况,夸大贫困程度。个别贫困人员甚至只关注现金,或者是否能变现的物品,其他物资不予考虑,逐渐养成"靠着墙根晒太阳,等着别人送小康"的消极心态。

四是小农保守意识严重。受地理环境和文化习俗的影响,与他人的沟通交流仅限于本地的亲朋好友,缺少与外界的有效交流,思维方式和行为方式落后于现代社会基本要求。此外,通过调研还发现,贫困人口中多数人员文化程度较低,个人素质不高,对外界环境发生的变化感知迟钝,思想上不够开放;还有一些贫困群众缺乏自信心,解决问题保守,过分安于现状,久而久之把贫穷当作了一种习惯。

在精准扶贫进入攻坚期的今天,习俗、心态、观念、价值观上的偏差都是制约贫困人口真正成长的瓶颈。在如今通过分工创造价值的社会体系

---

[1] 李丰春:《农村文化扶贫的若干问题研究》,《安徽农业科学》2008年第25期。

中，如果贫困人口受"思想贫困"的束缚融入不了现代社会，基本不可能通过参与社会分工创造价值。

课题组通过调研分析发现，最有效的扶贫方式是物质扶贫和"扶智扶志扶德"思想扶贫相融合。因为单纯的经济扶贫、政策扶贫和项目扶贫等物质扶贫的方式可能会摧毁贫困人口应对贫困的动力和精神；反之，单纯的思想扶贫根本不能达到扶贫的目的。河北涞源、广西西林、广西龙州、云南大理和河北易县的实例表明，通过经济扶贫、政策扶贫和项目扶贫等物质扶贫让一部分"容易扶容易脱"的暂时性贫困或者结构性贫困对象已经逐渐摆脱了贫困，而另一部分"不容易扶不容易脱"的持续性贫困或者慢性贫困对象就逐渐被沉淀、被固化、被困于收入和福利的底层[1]。当然，随着中国扶贫攻坚的深入，预计2020年这部分贫困群体也会摘掉贫困帽子，但是"思想贫困"的问题也会日渐凸显。如果不能有效地解决"思想扶贫"问题，我们可以预期上述使用金融扶贫、旅游扶贫和易地搬迁的地区未来也可能会有部分贫困人口再次返贫。所以，从长远来看，从经济扶贫、政策扶贫和项目扶贫在整体上和最后的结果来看，我们必须承认纸面上的数字脱贫并不是彻底消灭贫困。贫困人口自幼受到亚文化基本态度和价值观的浸染，这种贫困文化通过代际传递，形成封闭的循环，从而使贫困群体无法摆脱自身的境遇[2]。真正最有效的扶贫不仅要能刺激贫困人口完成一次成功的脱贫攻坚，而且能够刺激贫困人口获得进一步发展的动力：从解决贫困到新的挑战，从解决温饱、生存问题到面临如何实现更好地发展问题。

中国农村贫困人口从2012年年底的9899万人减少到2018年年底的1660万人，累计实现脱贫规模达8239万人，按照这样的减贫效率，到2020年中国将告别农村绝对贫困。如果随着精准扶贫的不断推进，传统扶贫行为趋向于从经济扶贫、政策扶贫和项目扶贫等物质扶贫转移到成长中的人格，那么这一系列的扶贫就可以被解释为一种成长现象。就成长和持续发展而论，它面对的是越来越少的来自外部的挑战，不得不面对的是

---

[1] 李小云：《精准扶贫 实现共同富裕，啃下"贫困"这块硬骨头》，《人民论坛》2015年第S2期。

[2] 孟照海：《教育扶贫政策的理论依据及实现条件——国际经验与本土思考》，《教育研究》2016年第11期。

越来越多的来自内部的自身挑战。发展意味着成长中的人格或贫困样本趋向于成为自己的环境，自己的挑战者，自己的行为场所。换句话说，未来中国持续性减贫的重心应该转向"思想扶贫"，通过"扶智＋扶志＋扶德"，由被扶贫转变为要扶贫，逐渐趋向于自我脱贫、自我发展的过程。

事实上在人类社会中，当精神工具能够发挥作用时，精神工具要比物质工具占有更至关重要的地位。正是在此种意义上，物质扶贫是引导农民快速脱贫的捷径，而思想扶贫才是治本之策。贫困人口迈向自我成长的"思想扶贫"之路，应该从以下三个方面着手。

第一，弘扬孝道文化，重构传统价值体系。现阶段贫困人口脱贫难度不断加大，且这部分群众脆弱性较强，也是极易返贫的人口，光靠物质帮扶的方式并不能持续，扶贫不是养老，需要重视思想扶贫体系的建设，通过孝道文化的弘扬，实现对传统价值体系的回归与重塑，让传统美德成为每个个体的行动指南，只有这样才能让贫困老人真正地摆脱贫困，享受幸福的晚年。通过推动孝道扶贫机制建设，使赡养义务有法可依、有章可循，让赡养义务在法律和道德的双重约束下履行，逐步引导贫困老人子女从"要我赡养"向"我要赡养"的转变，让孝道落地生根[1]。

第二，建立"扶贫＋扶智＋扶志＋扶德"的多维扶贫模式。扶贫先扶志，扶贫必扶智，扶贫要扶德。扶志就是扶思想、扶观念、扶信心，帮助贫困群众树立起摆脱困境的斗志和勇气；扶智就是扶知识、扶技术、扶思路，帮助和指导贫困群众着力提升脱贫致富的综合素质；扶德是扶道德、扶尊严、扶价值观，帮助和引导贫困群众挺起脱贫的腰杆，致富路上不忘以德为先[2]。要通过宣传引导，激发贫困群众面对问题的勇气，树立知难而上的意志和信念，让贫困群众认识到学习、工作和自力更生的价值，从根源上摆脱"思想贫"，实现"扶志"的效果。尤其要重视文化和思想的宣传，引导其崇尚科学、破除陋习、抵制迷信、戒除赌博，促使贫困群众树立求真务实、积极进取，达到"扶德"的目的。

第三，反思"思想贫困"，更要反思扶贫工作本身。中国现阶段精准

---

[1] 胡光辉：《扶贫先扶志 扶贫必扶智——谈谈如何深入推进脱贫攻坚工作》，《今日海南》2017年第2期。

[2] 吴丹：《增强内生动力，以"扶志＋扶智"助推精准脱贫——以南宁市隆安县为例》，《中共南宁市委党校学报》2017年第6期。

扶贫工作任务繁重、时间紧迫，部分地方政府为了如期完成扶贫任务片面地追求经济发展指标，忽视了教育文化指标在精准扶贫工作中的重要性。因为这部分指标在政府绩效考核中所占比例少，实施周期长，效果不明显，不如经济发展的指标"看得见、摸得着、来得快"。因此，"思想扶贫"基本上来说都是处于"说起来重要、做起来次要、忙起来不要"的尴尬境地。还有一些地方为了如期、甚至在最短时间内完成脱贫目标或争抢扶贫资源，在制定本地脱贫计划时，提高了扶贫标准，或者不同部门从多个方面都实施了扶贫措施和施惠手段，这就造成地方上一些贫困户在短时间内获得了丰厚的经济收益，从而本地贫困户和非贫困户之间形成了矛盾，出现"悬崖效应"。贫困人口对政府扶贫资源的依赖，使其越来越依附于国家，丧失自主性。长此以往，个体的贫困人口习惯于被规模化、大范围推进的扶贫政策行动所遮蔽，也助长了一部分扶贫对象的"等、靠、要"心理。另外，扶贫的意义在于对低收入群体的帮扶，过高的扶贫标准，无偿积极地送资金、给产业，会使得一些贫困群众坐等帮扶，这在部分地区已经出现了明显的"福利陷阱"，对贫困人口内生脱贫能力的培养无益。另外，一些地区追求速效扶贫工作成果，更愿意使用直接给钱给物进行帮扶的工作手段，忽视以奖代补、以工代赈等能够培养内生脱贫动力的工作手段，也促生了"福利陷阱"。

改革开放以来，中国已经有7亿多贫困群众摆脱了贫困，贫困地区经济社会持续发展，贫困群众生产生活条件显著改善，全国人民共享改革发展成果，谱写了人类反贫困历史上的辉煌篇章。因而，我们现在取得的减贫成果一定会成为未来发展的巨大推动力。物质脱贫后也不能忽视可能的、潜在的精神贫困问题。因为在每个社会的每个阶段，总有一些思想道德问题会关系到社会未来的关键挑战，但是不管怎样，我们今天的社会以及后小康社会可能面对的持续性贫困挑战，毫无疑问将会是思想贫困的挑战而不仅仅是物质困难。

参考文献

《回顾与展望：对中国乡镇企业的回顾和反思》，选自《中国乡镇企业年鉴》，中国农业出版社 1978—1987 年版。

国家行政学院编写组：《中国精准脱贫攻坚十讲》，人民出版社 2016 年版。

李培林等：《中国扶贫开发报告（2016）》（扶贫蓝皮书），社会科学文献出版社 2016 年版。

李培林等：《中国扶贫开发报告（2017）》（扶贫蓝皮书），社会科学文献出版社 2017 年版。

周彬彬、高鸿宾：《对贫困的研究和反贫困实践的总结》，转引自中国扶贫基金会《中国扶贫论文精粹》，中国经济出版社 2001 年版。

周其仁：《城乡中国》，中信出版社 2013 年版。

陈秋华、纪金雄：《乡村旅游精准扶贫实现路径研究》，《福建论坛》（人文社会科学版）2016 年第 5 期。

陈升、潘虹、陆静：《精准扶贫绩效及其影响因素：基于东中西部的案例研究》，《中国行政管理》2016 年第 9 期。

崔红志：《乡村振兴与精准脱贫的进展、问题与实施路径——"乡村振兴战略与精准脱贫研讨会暨第十四届全国社科农经协作网络大会"会议综述》，《中国农村经济》2018 年第 9 期。

戴相龙：《当前农村金融形势和下半年主要工作》，《中国金融》1986 年第 9 期。

邓维杰：《精准扶贫的难点、对策与路径选择》，《农村经济》2014 年第 6 期。

邓小海、曾亮、罗明义：《精准扶贫背景下旅游扶贫精准识别研究》，《生态经济》2015 年第 4 期。

丁翔、丁荣余、金帅：《大数据驱动精准扶贫：内在机理与实现路径》，《现代经济探讨》2017 年第 12 期。

董家丰：《少数民族地区信贷精准扶贫研究》，《贵州民族研究》2014 年第 7 期。

杜晓山：《试论建立以扶贫为宗旨的乡村金融组织》，《农村经济与社会》1993 年第 2 期。

杜晓山：《以普惠金融体系理念 促进农村金融改革发展——对中西部农村地区金融改革的思考》，《农业发展与金融》2007 年第 1 期。

杜晓山：《中国农村小额信贷的实践尝试》，《中国农村经济》2004 年第 8 期。

杜晓山、孙若梅：《农村小额信贷：国际经验与国内扶贫社试点》，《财贸经济》1997 年第 9 期。

杜晓山、孙若梅：《中国小额信贷的实践和政策思考》，《财贸经济》2000 年第 7 期。

符绳发、余谦、赵临龙：《贫困村脱贫退出第三方评估工作的实践与思考——以安康市 2016 年贫困村脱贫退出第三方评估工作为例》，《经济研究导刊》2018 年第 16 期。

葛志军、邢成举：《精准扶贫：内涵、实践困境及其原因阐释——基于宁夏银川两个村庄的调查》，《贵州社会科学》2015 年第 5 期。

公衍勇：《关于精准扶贫的研究综述》，《山东农业工程学院学报》2015 年第 3 期。

宫留记：《政府主导下市场化扶贫机制的构建与创新模式研究——基于精准扶贫视角》，《中国软科学》2016 年第 5 期。

韩斌：《推进集中连片特困地区精准扶贫初析——以滇黔桂石漠化片区为例》，《学术探索》2015 年第 6 期。

郝福满（Bert Hofman）：《中国的有效社保成为扶贫基石》，《人民日报》2015 年 11 月 6 日第 22 版。

贺东航、牛宗岭：《精准扶贫成效的区域比较研究》，《中共福建省委党校学报》2015 年第 11 期。

洪名勇、吴昭洋、王珊：《贫困指标分解、民主评议与扶贫云系统失灵——兼论贫困户识别的基层民主方式》，《农业经济问题》2017 年第 12 期。

黄承伟、覃志敏：《论精准扶贫与国家扶贫治理体系建构》，《中国延安干部学院学报》2015 年第 1 期。

黄承伟、覃志敏：《中国农村贫困治理体系演进与精准扶贫》，《开发研究》2015 年第 2 期。

雷望红：《论精准扶贫政策的不精准执行》，《西北农林科技大学学报》（社会科学版）2017 年第 1 期。

李博：《项目制扶贫的运作逻辑与地方性实践——以精准扶贫视角看 A 县竞争性扶贫项目》，《北京社会科学》2016 年第 3 期。

李博、左停：《精准扶贫视角下农村产业化扶贫政策执行逻辑的探讨——以 Y 村大棚蔬菜产业扶贫为例》，《西南大学学报》（社会科学版）2016 年第 4 期。

李春明：《精准扶贫的经济学思考》，《理论月刊》2015 年第 11 期。

李鹍：《论精准扶贫的理论意涵、实践经验与路径优化——基于对广东省和湖北恩施的调查比较》，《山西农业大学学报》（社会科学版）2015 年第 8 期。

李伶俐、周灿、王定祥：《中国农村扶贫金融制度：沿革、经验与趋向》，《农村经济》2018 年第 1 期。

李毅：《精准扶贫研究综述》，《昆明理工大学学报》（社会科学版）2016 年第 4 期。

李裕瑞、曹智、郑小玉、刘彦随：《中国实施精准扶贫的区域模式与可持续途径》，《中国科学院院刊》2016 年第 3 期。

刘欢：《从绝对到相对转变视域下的中国农村脱贫新探析——基于精准扶贫背景的分析》，《软科学》2017 年第 5 期。

刘解龙：《经济新常态中的精准扶贫理论与机制创新》，《湖南社会科学》2015 年第 4 期。

刘彦随、周扬、刘继来：《中国农村贫困化地域分异特征及其精准扶贫策略》，《中国科学院院刊》2016 年第 3 期。

陆汉文、李文君：《信息不对称条件下贫困户识别偏离的过程与逻辑——

以豫西一个建档立卡贫困村为例》,《中国农村经济》2016年第7期。

马楠:《民族地区特色产业精准扶贫研究——以中药材开发产业为例》,《中南民族大学学报》(人文社会科学版)2016年第1期。

马尚云:《精准扶贫的困难及对策》,《学习月刊》2014年第19期。

毛峰:《乡村旅游扶贫模式创新与策略深化》,《中国农业资源与区划》2016年第10期。

莫光辉:《精准扶贫:中国扶贫开发模式的内生变革与治理突破》,《中国特色社会主义研究》2016年第2期。

沈茂英:《四川藏区精准扶贫面临的多维约束与化解策略》,《农村经济》2015年第6期。

施锦芳:《国际社会的贫困理论与减贫战略研究》,《财经问题研究》2010年第3期。

苏畅、苏细福:《金融精准扶贫难点及对策研究》,《西南金融》2016年第4期。

檀学文:《中国教育扶贫:进展、经验与政策再建构》,《社会发展研究》2018年第3期。

唐丽霞、罗江月、李小云:《精准扶贫机制实施的政策和实践困境》,《贵州社会科学》2015年第5期。

唐任伍:《习近平精准扶贫思想阐释》,《人民论坛》2015年第30期。

汪三贵、郭子豪:《论中国的精准扶贫》,《贵州社会科学》2015年第5期。

汪三贵、刘未:《"六个精准"是精准扶贫的本质要求——习近平精准扶贫系列论述探析》,《毛泽东邓小平理论研究》2016年第1期。

王国勇、邢溦:《中国精准扶贫工作机制问题探析》,《农村经济》2015年第9期。

王介勇、陈玉福、严茂超:《中国精准扶贫政策及其创新路径研究》,《中国科学院院刊》2016年第3期。

王树勤、李新海:《踏上新起点 迎接大开发——甘肃、宁夏"三西"资金专题调查报告》,《农村财政与财务》2000年第10期。

王宇、李博、左停:《精准扶贫的理论导向与实践逻辑——基于精细社会理论的视角》,《贵州社会科学》2016年第5期。

王雨磊：《数字下乡：农村精准扶贫中的技术治理》，《社会学研究》2016年第6期。

吴国宝：《农村小额信贷扶贫试验及其启示》，《改革》1998年第4期。

吴思麒：《中国农村信贷扶贫国际研讨会综述》，《经济学动态》1997年第9期。

吴晓燕、赵普兵：《农村精准扶贫中的协商：内容与机制——基于四川省南部县A村的观察》，《社会主义研究》2015年第6期。

吴雄周：《精准扶贫绩效第三方评估模型与应用》，《求索》2018年第2期。

吴雄周、丁建军：《精准扶贫：单维瞄准向多维瞄准的嬗变——兼析湘西州十八洞村扶贫调查》，《湖南社会科学》2015年第6期。

鲜祖德、王萍萍、吴伟：《中国农村贫困标准与贫困监测》，《统计研究》2016年第9期。

许汉泽、李小云：《精准扶贫背景下农村产业扶贫的实践困境——对华北李村产业扶贫项目的考察》，《西北农林科技大学学报》（社会科学版）2017年第1期。

杨立雄、谢丹丹：《"绝对的相对"，抑或"相对的绝对"——汤森和森的贫困理论比较》，《财经科学》2007年第1期。

杨秀丽：《精准扶贫的困境及法制化研究》，《学习与探索》2016年第1期。

杨园园、刘彦随、张紫雯：《基于典型调查的精准扶贫政策创新及建议》，《中国科学院院刊》2016年第3期。

易棉阳：《论习近平的精准扶贫战略思想》，《贵州社会科学》2016年第5期。

余欣荣：《特色产业扶贫重在"精准"》，《行政管理改革》2016年第4期。

詹国辉、张新文：《"救困"抑或"帮富"：扶贫对象的精准识别与适应性治理——基于苏北R县X村扶贫案例的田野考察》，《现代经济探讨》2017年第6期。

张明龙、池泽新：《贫困研究概况与述评》，《经济研究导刊》2015年第8期。

赵武、王姣玥:《新常态下"精准扶贫"的包容性创新机制研究》,《中国人口·资源与环境》2015 年第 S2 期。

赵晓峰、邢成举:《农民合作社与精准扶贫协同发展机制构建:理论逻辑与实践路径》,《农业经济问题》2016 年第 4 期。

郑瑞强、曹国庆:《基于大数据思维的精准扶贫机制研究》,《贵州社会科学》2015 年第 8 期。

郑瑞强、王英:《精准扶贫政策初探》,《财政研究》2016 年第 2 期。

左停、杨雨鑫:《重塑贫困认知:主观贫困研究框架及其对当前中国反贫困的启示》,《贵州社会科学》2013 年第 9 期。

左停、杨雨鑫、钟玲:《精准扶贫:技术靶向、理论解析和现实挑战》,《贵州社会科学》2015 年第 8 期。

邓小海:《旅游精准扶贫研究》,博士学位论文,云南大学,2015 年。

孙璐:《扶贫项目绩效评估研究——基于精准扶贫的视角》,博士学位论文,中国农业大学,2015 年。

附录一

调研手记

调研"苦"旅

张 涛

在烈日下填写问卷,在田野间问询走访,在崎岖的山路上行走,在余晖的夕阳下小憩……翻阅自己的朋友圈,重现调研"苦"旅,回味甘之如饴。

精准扶贫调研第一站:河北省涞源县(2017年4月25日)
农村空巢老年人是贫困发生率最高的群体之一。农村和老人的双重弱

附图1-1 河北省涞源县黄郊村孤寡老人的住所(2017年4月25日)

势地位是造成经济贫困的重要因素。在农村社会化养老机制尚未形成前，易地搬迁或许是脱贫的最有效路径。但是，精准扶贫不仅仅是解决物质上的困难，还要给予更多精神上的关怀。

精准扶贫调研第二站：湖北省恩施州朝阳村（2017年6月30日）

两天，六十户，听最朴实的白描……当下的贫困显然不是简单意义上物质的匮乏。因此，脱贫攻坚更显任重道远。扶贫的"精"在于"扶志"，变输血式扶贫为造血式、参与式扶贫。扶贫的"髓"在于"扶孝"，用孝老文化实现老有所依、老有所乐。

附图1-2　湖北省恩施州朝阳村入户调查（2017年6月29日）

精准扶贫调研第三站：广西壮族自治区龙州县（2017年7月22日）

这是一个有山有水的地方，贫困本不属于这里。这也曾是一个饱受战火（中法战争、中美战争、中越战争）的地方，好山好水却心未向往，贫困也就根植于这里。

因此，这里的扶贫具有双重意义。"边境贸易+跨境贸易""边境贸易+互助组"……边贸扶贫新模式，促兴产业富边民。边民富边疆稳，一个边民就是一个哨兵、一个家庭就是一个哨所。

附图1-3　广西壮族自治区龙州县产业园区（2017年7月21日）

精准扶贫第四站：云南省大理白族自治州太邑村之金融扶贫（2017年8月30日）

格莱珉模式（源自孟加拉乡村银行的小额信贷）创造了一个反主流的文化：穷人的诚信比富人强；格莱珉模式也颠覆了银行业的百年法典：借贷给无抵押担保的穷人。格莱珉模式专注的是贫困的社会边缘人，尤其是妇女，潜移默化的是储蓄习惯和个人责任感。

落地中国，格莱珉模式离不开本土化。从这个意义上来说富滇—格莱珉项目是一项极具挑战的金融扶贫模式的创新。以金融为载体，以产业为依托，以扶志为目的，这是精准扶贫的精髓。

调研路上，崎岖的上山路加剧了我的恐高，好在小马司机的高超车技让我心定许多；在山腰上与村民围坐，谈笑也好，诉说也罢，都是乡民最淳朴的宿愿；富滇银行项目组的小高、小曹、海涛，还有叫不出名字的许多年轻人，他们的热情、执着与无惧艰苦，都是为了实现这个最伟大的理想：看到这个世界摆脱贫困。

附图1-4　云南省大理白族自治州太邑村贷款按月收发现场（2017年8月29日）

精准扶贫第五站：新疆克拉玛依皓泰集团（2018年5月16日）

皓泰可以说是新疆民企最具代表的缩影。作为皓泰的带头人，方四明有多种标签：军人、包工头、企业家。但是无论身份如何转变，方四明心

附图1-5　新疆克拉玛依皓泰集团支援落后地区少数民族教育培训班（2018年5月16日）

里永远铭记着母亲的嘱托:"就希望你有一天富裕了也能回报给父老乡亲,能够'明四方'。"帮助乡亲摆脱贫困,他不仅对大山里的矶滩八村老乡有一种责任;更重要的是,作为一家新疆地方企业代表,他对新疆、对克拉玛依的扶贫事业也有一种使命感,这就是家国情怀。

以社保兜底筑牢贫困人口的安全网

王春蕊

附图1-6 河北省涞源县黄郊村(2017年4月25日)

2017年4月,我有幸作为中国社会科学院国情调研项目课题组成员,在导师张涛研究员带领下,参加了河北省涞源县的精准扶贫调研。作为土生土长的北方人,我对河北大地并不陌生,但当课题组进入保定涞源西团堡村的时候,我却对河北贫困地区有了更深刻的认识。曾经一度,有网络媒体将环首都贫困地区比喻成"貂皮大衣上的一块补丁",原来觉得这只是一个形象说法,但当我看到这些贫困村户大多住着泥瓦房,坑坑洼洼的街巷沿着破旧的由石头和泥块堆砌的房子蜿蜒徘徊时,简直让人难以想象这是在21世纪。

村子里的青壮年男女基本都外出务工,剩下老人和孩子留守。为了给孩子提供好的学习环境，有的农户也将孩子一并带进城里务工，留下老人独居，这也占了很大一部分比重。刘老伯是独居老人贫困户，在村子中间位置，需要走一个小陡坡，老人的房子已经年久失修，由石头和土坯搭建，一共两间，院前有一个小院子，一块块小碎石弯弯扭扭围起了一圈院墙。院子墙角处杂乱地堆放着柴火，丛生的杂草已经把院子大部分都盖住了，仅房屋门口到小院门口因来回进出走出了一条小路。因老人常年生病，缺乏劳动能力，只能做些简单家务，当看到我们到来时，老人非常热情，用带着方言的话语招呼我们坐下，与我们进行交谈。交谈中，我们了解到，老人因身体残疾一直未婚，没有子女，很多年前与妹妹相依为命，后来妹妹因其他原因搬离村子，目前只剩老人独自一人生活，考虑到老人的情况，在村里贫困户识别认定中，老人认定为低保贫困户，每个月能够领到政府的低保补贴和贫困补贴。同时，外加政府对农村居民的各种农业补贴、养老保险等，刘老伯的生活基本不愁，老人的最大爱好就是饭后到村里老年人聚集点闲坐，与其他老人聊天、晒太阳，生活非常简单。像刘老伯这样的贫困户，村子里还有不少。

党的十八大以来，为了消除贫困，实现 2020 年全面建成小康社会的目标，中国实施了"六个一批"精准扶贫方式，其中"社保兜底扶贫一批"就是解决无劳动能力贫困人口的脱贫问题。像刘老伯这样的无劳动能力、无子女的独居老人还有很多，尤其是因病、因残致贫的独居老年人，没有子女照顾，没有生活来源，只能靠社保为他们筑起安全保障网。社保兜底只能解决他们基本生活问题，老年人还需要更多的精神照顾和人文关怀，这将是精准脱贫后我们需要重点关注的领域。因此，将社保和社区养老有机结合，在解决贫困人口"两不愁、三保障"的基础上，创新后续针对老年群体的养老方式与服务机制，提高老年人生活质量和幸福感，让他们老有所依、老有所养，才能更好地提高老年人的生活品质。

倾听、表达和传递

姚慧芹

2017 年、2018 年中国社会科学院国情调研项目组前往全国贫困地区进行国情调研。我有幸参加了河北、湖北、广西、河南等多地的扶贫调研活动，对中国精准扶贫政策实施的基本情况，对中国南北贫困状况差异，对贫困人口的基本生活状态等都有了总体的了解。在回京后撰写调研报告、相关研究论文时，我总会不由自主地在字里行间看到调研活动时我们感受到的"乡土中国"。其中，在所有调研活动中，我印象最深刻的一幕发生在调研首站——河北省涞源县黄郊村。

附图1-7　河北省涞源县黄郊村（2017年4月25日）

黄郊村是一个典型的北方贫困山区自然村落，村中的面貌与抗战电影中的北方村庄景象极其相似。与中国大多数村庄一样，村中年轻人基本都外出打工。很明显，与第一代农民工不同，这代年轻人打工地点已经不完全集中在珠三角、长三角制造业工厂。打工情况更多呈现的是职业多元化、区域多元化。比如，这个村中的年轻人多是前往涞源县城、保定市区或者天津市、北京市打工。同时，这代年轻人有了更多的选择机会，在县城打工或者市区打工的部分人选择购买商品住房，部分完成了市民身份的转变。村中贫困人口大多为因病致贫或者无劳动能力致贫。这些处于弱势、无力改变生活的贫困群体，所谓"生活"只能是"生存"。我们进村调研时，村里上了年纪但还有生活自理能力的老年人，聚在村里的老戏台旁晒着初春的太阳。我们入户（建档立卡贫困户）调研时，满面扑来的一切都是"贫穷"和"无力"：低矮的旧房、屋里炕上躺着的病人、屋外激愤地向我们"反映情况"的村民，他们无奈地用自身的痛苦向我们展示着贫困。那一刻，我突然觉得我们能够做到的很有限，我们不能解决他们的病痛，不能给他们带来持续收入。贫困和病痛，从来没有什么感同身受。我们能做些什么呢？但同样也是在河北涞源县，光伏发电给无劳动能力的贫困人口带来资产收益，而当地旅游业为部分贫困人群带来就业机会。

数月后在湖北省恩施州朝阳村的调研活动中，面对同样贫困和深受病痛折磨的一位老人，听着她无奈的哭诉，我下意识地握着她的手，轻抚她弯成弓的脊背，让她把心中的郁郁宣泄出来。这时我才感觉到：面对贫困，我们这些"生活不在此地"的人，除了倾听和传达，其实所为是有限的。能够起到决定性作用的，仍然是"生活在此地"的人。广西西林通过专业化种植特色沙糖桔，由企业和农业大户带动贫困人口脱贫致富；广西龙州通过乡村旅游、特色扶贫产业园创造了扶贫就业岗位；河北易县建新村整村搬迁，无劳动能力的贫困群体统一入住到村集体负责的幸福院，同时村集体也为有劳动能力的贫困人员提供就业岗位。脱贫要靠国家政策、制度，而政策的实施、执行要靠"生活在此地"的人们。外来的帮扶、救济，能解决一部分贫困问题；但更重要的内生脱贫动力，还要源于贫困群体自身。

心安，才有风景
——湖北省恩施州朝阳村调研感想
危　薇

"一个洞、一座寨、一棵树、一口井、一首歌"是利川的地区名片，不过除此之外，该区域的佛宝山、玉龙洞、朝阳洞、苏马荡、富硒水等亦广为人知，利川风光之秀丽由此可见一斑。由于植被茂盛，六月的利川绿意盎然，相较其他地区倒似"凉城"。其中，朝阳洞便坐落在此次调研地点——朝阳村。

从利川市到朝阳村，驱车40余分钟，沿途绿水青山，旖旎风光使得暑气更消散几分。一行8人抵达村委办公室，了解全村大致情况及分配各组任务后，我们开始了本次60余户农户的入户调研工作。调研工作开始之初，笔者看到是不错的道路、桥梁、水利、通信、电力及农户住所等硬件设施水平，几乎家家通上了水泥路、户户住上了小楼房，由此可见该地区近年来在扶贫方面取得的不俗成绩。入户调研工作历时共两天，两天里我们与陪同的村干部、受访农户、热心邻居、爱热闹的留守老幼或深或浅地访问、交谈，而他们言语间流露的内心不安让我深受触动。这份不安不仅源于他们对未来物质生活的不确定，更源于对当下精神生活的不满足，特别是对于中老年人而言。

附图1-8　湖北省恩施州朝阳村入户调查（2017年6月29日）

党的十九大报告中指出，中国社会主要矛盾已经转化为人民日益增长的美好生活需要和不平衡不充分的发展之间的矛盾。美好生活一定是物质文化与精神文化的综合体，近年来各地区物质文化水平差异日渐缩小，但精神文化水平仍然存在较大的区域不平衡性，尤其对于地处偏远的贫困乡村，即便物质上已经实现脱贫，且置身如画山水中，仍有很多人未能感受到生活的美好，朝阳村如是。无疑，幸福感知能力的提升需要更加丰富的精神文化生活。此次受访人群里，有一大部分是日渐失去劳动能力的老人，他们对于未来老无所依、老无所倚的焦虑不安溢于言表，让人揪心但又无奈。

时隔近两年再次回顾这次调研之旅，有些细节已经淡化，但这份不安却一直盘旋脑海。可能是由于生于农村、长于农村的缘故，太过熟悉与理解这份不安，对于这份不安有了更深的思考。中国农村问题、贫困问题何其复杂，尽管道阻且长，但只要我们一直不断靠近，美好生活终会实现。至少，我怀有这样的期待与愿望，并将继续为之努力。

乡村振兴，中国圆梦

张卓群

2017年夏末，云南省大理白族自治州大理市，细雨迷蒙。沿着盘山公路蜿蜒而上，经过一个小时的车程，调研组来到了太邑彝族乡清水沟村。这一天是清水沟村民小组富滇——格莱珉贷款中心周会活动，贷款村民将在这一天结清本周贷款。

路面湿滑，通往村庄的最后一段距离车辆难以前行，在工作人员的带领下，我们徒步进入了村庄。首先映入眼帘的是沿着山路阶梯错落分布的建筑，有破旧的平房，也有崭新的小楼。拾级而上，我们到达了会议召开的地点——一座尚未完工的二层民居，大厅里几条长凳，一张木桌，坐满了前来开会的村民。

会议开始了，富滇银行员工拿着贷款的名册站在桌前，前来还款的村民按照顺序排队还款，一双双布满老茧的双手拿着新旧不一、面值不一的纸币，将总额50元或者100元的钞票还到工作人员手中，这是他们一周的还款额度。

富滇——格莱珉项目的孟加拉方专家告诉我们，这些贫困村民身无长物，没有任何物品可以抵押获取贷款，但仅需很少的资金，如5000元或者10000元，就能帮助一个家庭购买生产资料、发展产业、脱离贫困。因此，依托乡里乡亲熟人社会的信用监督机制，富滇银行为这些吃苦耐劳的彝族妇女提供低息或者无息的小额信用贷款，鼓励她们种植作物、饲养动物或者学习技能，并以每周小额还款方式减轻村民还款压力，帮助贫困家庭改变命运。

在之后的入户访谈中，我们可以深刻地感受到这种变化，村民的生活水平提高了，先期脱贫的村民有的已经盖起了新居，一位彝族妇女指着屋外玩耍的孩子告诉我们，等到孩子再大一点，生活条件再好一点，要把孩子送到县城去读书。

党的十九大报告指出，中国社会的主要矛盾是人民日益增长的美好生活需要和不平衡不充分的发展之间的矛盾。我想这就是人民对美好生活的需要吧，当解决温饱问题之后，靠着勤劳的双手建设美丽家园，努力使孩子能够走出大山，接受更好的教育，这是每一个中国人的向往，也是每一个中国人的中国梦。

附图 1-9 富滇银行"富滇—格莱珉"扶贫贷款项目太邑村工作点（2017 年 8 月 29 日）

扶贫先扶志
王正清

2017—2019 年，我们完成了对各个贫困县典型代表的调研任务。在过去三年的实地调研，我们了解了河北涞源的易地扶贫政策；我们了解了广西百色的产业扶贫政策，学习了如何将扶贫政策与边防工作相结合的智慧；我们了解了云南大理的金融扶贫政策，特别是了解了格莱珉精准扶贫模式在云南大理的实践；同时我们还调研了广西崇左、云南太邑等贫困市、县，对当地在扶贫中所做出的努力和创新进行了了解。其中，让我感触最深的是中国各地贫困人口对待贫困的态度。

附图 1-10　云南省大理白族自治州太邑村"富滇—格莱珉"扶贫贷款项目办公室（2017 年 8 月 29 日）

在这个过程中，我们见证了各种不同原因的贫穷，感受到面对贫穷的不同生活态度。一些具有劳动能力的人一味依赖国家补助，过度贫困的生活让他们早早对改变现状失去了信心与动力。与此相反，很多人因残、因病或因学致贫，可是他们表现出的并非怨天尤人、甘于现状，而是积极地响应国家号召，提出很多具有建设性的意见，为早日脱贫奋斗不已。我印象最深的一个贫困户，他们的家只有一间土坯房，坐落在距离马路 2.5 千米、人烟稀少的大山深处。进门的时候，看到他家的小女儿就坐在没有风扇的大堂写作业，因为家庭贫穷只有选择中等职业学校的她，并没有因为学校环境不好、学风不好放弃自己的学业，而是想通过自己的努力改变自己的命运。当时的温度比较高，阿姨看着我们一直在流汗，全程拿着蒲扇给我们扇风,还愧疚地一直说辛苦你们,这么热的天还麻烦你们跑一趟。问及致贫原因,阿姨叹了一口气:"孩子他父亲在前几年因为触电受伤,成了半个残疾人,现在只能在工地给人打打下手,一天收入70块钱。我自己身体不好,患有心脏病和高血压,花了家里不少钱。大女儿虽然出嫁了但是身体很不好,至今没有收入来源,现在想在镇上开一个小店,多少能赚点。小女儿还小,还在读书,还好她争气不让我们担心。"寥寥数语,看起来似乎很多家庭都是如此。可是因残因学因病,当三个主要致贫原因集中到一起的时候,才会发现生活会变得多么艰难。"如果不是政府,孩子也许根本就没有机会读书。我跟他爸也没有那么多钱来治病,更不用说开店了。"没有更多感谢的话,一句"如果没有政府"表达了他们想要表达的一切,长期以来沉默寡言,习惯了面朝黄土背朝天的他们,说不出多么令人热泪盈眶的话语。农民是朴实的,他们在用最简单的语言讲述他们最不简单的生活。在提出光伏发电、种植、养殖产业等脱贫措施时,阿姨表示只要符合条件,都愿意尝试,只要能够脱贫,再苦再累都愿意。而这份决心,珍贵而难得。然而,不乏有一些丧失斗志的人。他们极力地展示自己有多么贫穷,期待来自政府乃至四面八方爱心人士的捐赠。他们甘于贫困,甚至享受贫困,拿着贫困户的身份洋洋自得,这些人令人可气又可悲。想坐享其成,不劳而获,是"可气";身处贫困,却甘于贫困,丧失尊严,一味索求,这是"可悲"。精准扶贫,就是要求我们做到准确识别,类似这类"贫困户",应该予以剔除,甘愿贫志,不可救,亦不必救。在入户过程中,很多人提及五保和低保,他们认为所谓扶贫就是经济捐助,每个月给他们几百元度日即可。古人云"授人以鱼不如授人以渔",要想真正帮助他们摆脱贫困,只有一个办法,那就是给予他们创造财富的方法与指导。导致贫困的方法千差万别,首要任务就是准确找到致贫原因,然后才能"因材施教"。治标不治本,往往都是徒劳无功。要想解决贫困这个难题,还是要从源头出发,究其根本。

脱贫攻坚战,是一场充满希望和必胜的"战争"
吕指臣

在过去两年中,自己作为精准扶贫项目的主要参与者,和研究团队一起在广西、云南、湖北和河北等集中贫困地区进行了实地调研,切切实实地感受到了扶贫实践中的各种困难和问题,也增添了许多在学术研究外的生活体验。尤其是在广西农村的调研过程中,感受最深的就是村民的淳朴和善良好客,无论我们走到哪户人家访谈,总是可以感受到村民的质朴友善和热情接待,每到一户,家中的村民都积极热情地和我们交谈,主动寒暄问暖打招呼,会主动邀请我们进家里坐坐,拿出当地的食物招待。我们充分地感受到了村民的热情好客和发自内心的善良。

附图 1-11　湖北省恩施州朝阳村调研(2017 年 6 月 29 日)

通过访谈了解到他们每一家的真实贫困问题和相应扶贫项目启动后的改善情况,我们也由衷地感到开心,也深深地被村民们的各种行为和语言感动,即便是身处艰苦的生活环境下,但没有从他们身上看到贫困带给他们的消极悲观,他们依然愿意表达自己的诉求和期待,当地村民可能由于语言等原因面临有效沟通的障碍,但是访谈过程中真正拉近了我们与村民内心的距离,使得我们更清楚直观地感受到扶贫的艰巨和必要性。

这里的大多数村民生活贫困，纵使近几年国家推行的相应扶贫政策取得了一定成效，无论从资金还是基础设施等方面的扶贫力度都有所加大，村民生活也有了相应改善，但是由于交通、文化和教育等基础设施的不完善，当地并没有相应的后续产业保障，多数村民还是以外出打工为主要收入，生活中的各种问题如子女教育、生老病死等依然很难承担。

这次扶贫调研让我感受颇深，只有深入实地去感受了解，才能拉近与贫困地区村民的距离，真正了解他们的生活疾苦和贫困现状，感受他们生活中的酸甜苦辣，了解他们的实际需求，才能在此基础上提出更好的政策建议。很多策略或许并没有我们想象的那么美好，只有通过实际行动全方位地普及推动，让每一个扶贫行动都可以来得更有效、更美好，能够使得所有村民都能过上富足幸福的生活。

陪伴是最温暖的孝心
——记易县建新村调研

梁　潇

2018年12月，调研团队一行5人，赴保定市易县流井乡建新村开展了精准扶贫专项调研工作。我们深入基层一线，考察村情村貌，联系村干部，走访贫困户，感慨良多。

从易县县城出发，沿着小路不断前行，地势随之升高，一座崭新的现代化小区呈现在我们眼前，建新村的易地搬迁户便居住于此。通过与当地的干部们座谈并实地考察后，我们了解到：该村的村民曾经生活在不远处的低洼地段，那里的道路窄小而泥泞，那里的房屋多为年久失修的土坯房，房子内部阴暗潮湿，冬天只能靠传统的土炕勉强御寒，夏天则需时刻警惕山洪的侵袭。如今，当地村干部在精准扶贫理念的指导下，带领全村26户贫困户全部搬进了位于高地的现代化小区，生活条件发生了翻天覆地的变化。

在建新村孟支书的陪同下，我们随机走访了小区内的贫困户。当我们敲开一户贫困户的家门时，一位老汉热情地给我们搬来了凳子。老汉家是两室一厅，屋子宽敞明亮，彩电、冰箱一应俱全。老汉笑吟吟地回答了我们提出的问题，并讲述了自己的故事，从20多岁一直谈到80岁高龄，把我们完全当作了久别重逢的亲人。在交谈中，老汉提到最多的就是"热闹"。以前乡亲们住得很分散，串个门很不方便，现在大家都搬到一个小区了，"热闹"起来挺好。他的儿女们都在北京打工，虽然经常寄钱给他，但只有过年时才回家"热闹"。时间过得很快，当我们意识到还有好几户需要走访，准备离开时，老汉热情地挽留："再待会吧，好久没这么'热闹'了。"

附图1-12　河北省易县建新村易地扶贫搬迁建设图（2018年12月24日）

调研结束后，爱热闹的老汉一直在我脑海里浮现。为什么老汉会对一群素不相识的人如此热情？居住条件的改善，就是老汉追求的幸福吗？在扶贫过程中，贫困户的哪些诉求被我们忽视了？作为一名年轻的硕士生，我比较了解老汉儿女们的想法：现在的年轻人就业压力大，为了维持生计并给年迈的父母挣出更多的养老钱，不得不去拼命工作。但现在，我似乎也读懂了老汉的内心：乡下的父母日夜思念在城市务工的子女，渴望子女陪在身边的那份温馨。钱可以慢慢挣，陪伴才是最暖情！

精准扶贫是需要发动广大群体共同参与的扶贫方式，也是因地制宜、因人而异的扶贫方式。对子女的思念是老年贫困户心里最深的苦楚和最难摆脱的贫困。在外地务工的年轻人也应成为扶贫攻坚战中的一环，多陪陪父母，常回家看看。

教育是最根本的精准扶贫
——河北省易县建新村调研感想
韩 鹏

夜幕渐渐降临，团队一行五人乘着夜色驱车离开了位于河北省易县流井乡的建新村，从人烟稀少的峡谷沿着起伏的水泥路盘山而行，沟口至沟内10千米的两侧山坡上散居着二三十户人家，峡谷内常年流水不断，村民告诉我们偶尔会来一两次山洪。

附图1-13 河北省易县建新村搬迁户山中旧居（2018年12月24日）

"建新村，水路长，四十里长沟不用量，街道里边儿长流水，村里处处有坑塘。"这是建新村2016年前的真实写照。随着全国脱贫攻坚号角吹响，建新村在两年多的时间里，村容村貌、村民生活发生了翻天覆地的变化。2018年7月，经国务院第三方评估组评估，全县脱贫攻坚工作高标准通过验收。建新村集中安置区被确定为全国易地扶贫搬迁效益监测点。

作为一个刚满一周岁孩子的父亲，不管走到哪里，对小孩和跟小孩相关的事物都会格外关心。调研回来之后，我经常会想起我们访谈的其中一户人家的那个两岁多的小女孩。还记得那个下午，建新村村支书带我们来到了这户人家，敲开门，我看到年轻的妈妈在看电视，两岁多的小女孩自己在玩手机。直到我们离开，小女孩还抱着手机，年轻妈妈和我们交谈中还不时关注电视剧的剧情。我下意识地在整个客厅里环视了一周，房屋中等装修，有液晶电视、有空调，有现代中式布艺沙发和茶几，但是没有发现任何小孩玩具和书籍。回来之后我一直在想，既然有能力有条件选择陪伴，为什么不给孩子最好的陪伴？现在隐隐约约明白，也许一部手机就是这位年轻妈妈能想到的给自己小孩的最好的陪伴。

根据奥斯卡·刘易斯以及爱德华·班菲尔德等人的观点，认为穷人已经形成了一种贫困文化。贫困现象的持续加强和循环发生是因为孩子从父母那里学到了引起贫困的价值观和态度。当孩子长大成人后，他们对生活和工作的消极倾向使他们难以进入社会的主流。不知道两岁多的小女孩现在是否还抱着手机？也不知道在她家的客厅里是否有了心爱的玩具和书籍？只希望她能接受良好的教育走出去，从她这一代阻断贫困代际传递。

写这篇调研感想之时，离易县调研已经过去了四五个月之久。但我相信，随着时间的流逝，还能留在记忆里的东西就是最珍贵的。美好的生活一定会实现，但尚未如愿，不过，这种感觉有时隐约可见，若隐若现，越来越萦绕心间。

富裕未至，难以为家
——河北省易县建新村调研感想

刘　啸

在河北省易县的山村里，我看到了不锁家门的淳朴民风，看到了在客厅张贴毛主席与习主席画像的退伍老兵的笑脸，看到了扶贫政策的受欢迎程度，也看到了温馨的村办养老院。当然，即使是易地搬迁后，这里依然存在着诸多不便：有因地理位置带来的上学难、看病难问题，有村里多是孤老寡童的窘迫以及缺乏产业所导致的致富困难。

我参加过很多次调研，或是去繁华的中心城市学习经验，或是到某些名不见经传的企业听创始人侃侃而谈，再或赶往哪个偏远的县郊参观生产。这些经历，或曾让我大开眼界，或曾让我对企业家们心存敬意，或曾让我感叹一线生产者惊人的创造力……但只有此次的扶贫调研，让我切实地感觉到自己的所学所做真的可以为欠发达地区的发展贡献些力量，这是在之前从未有过的。

附图 1-14　河北省易县建新村搬迁户（退伍老兵）新居（2018 年 12 月 24 日）

我总在想，也许脱贫可以通过政策推进，但致富靠政策就目前而言还存在一些困难。大多数地方贫困问题解决后，都会面临进一步发展的难题：这些欠发达地区的家庭，想要生活得更好一些，就只能选择进城务工。但试想一下，一家人拥有了一套房子，房子里只住着老人与孩子，是不是就可以把它称作"家"了呢？再譬如某些乡亲评判一件事好坏的标准就是自己当下受益了多少，工作人员挨家挨户跑苦口婆心讲了半天，结果半句也没听进去，既浪费了时间也没有给大伙儿带来任何收益。

除看到村民的生活之外，调研还让我更深刻的了解了基层工作人员的工作与生活。我非常喜欢这些人，他们做事认真负责、有礼貌、讲道理，可以整理材料义务加班到晚十点，家住城区一周只回家一次，从他们身上我看到了属于新的一代人的奋斗。

我常与几个奋斗在扶贫第一线的朋友聊天。就脱贫后发展的问题，他们的一些建议让我深以为然"扶贫先扶智，即便是非常困难，也是必要的。我认为扶智并不是说单纯让他们读书识字，而是提升他们的认知力、理解力和专业技能水平。区域的发展是分阶段的，而让乡亲们增加认知是可以跨阶段的,只有让他们知道好政策也许是迂回的,知道自己应该做什么、应该怎么做,知道遇到困难去找谁去解决,国家的好政策才能持续有效率地推进"。

眼见为实,此次为期不长的调研,让我感觉即便是最落后的地区,也在跟随着国家向着更好的方向欣欣向荣地发展。或许这些还未完全脱贫的地方由于地域或者历史原因,没能走在前面,但我相信再经过这一代人的努力,这些欠发达地区会在不远的 10 年或 20 年里焕发出新的活力与光彩。

附录二

调研成果

（一）文章和要报

［1］张涛、王春蕊：《农村电商精准扶贫"成本烦恼"分析》，《财经智库》2019年第2期。

［2］危薇、张涛：《发展特色农业助力生态扶贫——以广西西林为例》，《中国乡村发现》2019年第1期。

［3］王春蕊：《易地扶贫搬迁困境及破解对策》，《河北学刊》2018年第5期。

［4］张涛：《关于推广"易地搬迁+驻边守疆+边贸致富"的边疆扶贫模式的建议》，《要报》2017年第450期。

［5］张涛、王春蕊：《易地扶贫搬迁推进中的"四大问题"及对策建议》，《国情调研》2017年第44期。

［6］张涛、王春蕊：《农业供给侧改革背景下加快农村电商发展的建议》，《国办》2017年第285期。

［7］张涛：《以民间投资为抓手 走出经济"脱实向虚"困境》，《要报》2018年第30期。

［8］张涛、危薇：《深化电力体制改革 激发民间投资活力》，《要报》2018年第190期。

（二）当地相关报道

［1］富滇银行报道：《富泽滇》，2017年9月10日，总第二百二十期，B版。

附图2-1 富泽滇（2017年9月10日版）

[2] 富滇·特别报道：《中国社科院"供给侧结构性改革与创新发展调研——中国精准扶贫政策实施效果评估"课题组调研富滇银行金融扶贫工作》。

附图 2-2 富滇·特别报道（部分）

附录三

调研图片

河北省涞源县精准扶贫调研

附图 3-1　课题组与涞源县相关部门进行座谈（2017 年 4 月 24 日）

附图 3-2　课题组工作人员与涞源县黄郊村村民合影（2017 年 4 月 25 日）

附图 3-3　课题组入户调查（2017 年 4 月 25 日）

附图3-4　涞源县建档立卡贫困户光伏扶贫（2017年4月25日）

附图3-5　涞源县乡村旅游扶贫（2017年4月24日）

298 / 附录三 调研图片

附图3-6 涞源县旅游产业扶贫（2017年4月24日）

附图3-7 涞源县易地搬迁扶贫（2017年4月24日）

湖北省恩施州利川市朝阳村精准扶贫调研

附图3-8 课题组与利川市相关部门进行座谈（2017年6月29日）

附图3-9 课题组与朝阳村村委进行座谈（2017年6月29日）

附图3-10　课题组成员入户调查（2017年6月30日）

附图3-11　课题组成员入户调查（2017年6月30日）

附图3-12　朝阳村农户院落（2017年6月28日）

广西壮族自治区西林县精准扶贫调研

附图3-13　课题组与西林县相关部门进行座谈（2017年7月19日）

302 / 附录三 调研图片

附图3-14 课题组工作人员与西林县县委副书记刘启合影（2017年7月19日）

附图3-15 课题组成员入户调查（2017年7月19日）

附录三 调研图片 / 303

附图 3-16 课题组成员入户调查（2017 年 7 月 19 日）

附图 3-17 课题组成员入户调查（2017 年 7 月 19 日）

附图3-18 课题组成员入户调查（2017年7月19日）

附图3-19 西林县产业扶贫——养殖业（2017年7月19日）

附图3-20　西林县易地搬迁扶贫（2017年7月19日）

附图3-21　西林县特色产业扶贫（2017年7月19日）

广西壮族自治区崇左市龙州县精准扶贫调研

附图3-22　课题组与崇左市相关部门进行座谈（2017年7月21日）

附图3-23　课题组与龙州县相关部门进行座谈（2017年7月21日）

附录三 调研图片 / 307

附图 3-24 课题组与龙州县乡村旅游扶贫示范点工作人员进行座谈
（2017 年 7 月 22 日）

附图 3-25 课题组成员入户调查（2017 年 7 月 22 日）

附图3-26　龙州县"第一书记产业联盟"扶贫示范点（2017年7月22日）

附图3-27　龙州县水口边贸扶贫产业园（2017年7月22日）

附录三 调研图片 / 309

附图3-28 龙州县易地搬迁安置点建设工地（2017年7月22日）

附图3-29 龙州县易地搬迁安置点建设工地（2017年7月22日）

云南省大理市太邑乡精准扶贫调研

附图3-30　课题组成员在富滇——格莱珉扶贫贷款项目工作点（2017年8月29日）

附图3-31　课题组成员在富滇——格莱珉扶贫贷款项目工作现场（2017年8月29日）

附图3-32 课题组成员入户调查（2017年8月29日）

河北省易县建新村精准扶贫调研

附图3-33 易县建新村整村搬迁安置小区（2018年12月24日）

附图3-34　易县建新村幸福院——五保户集体养老模式
（2018年12月24日）

后　　记

　　本书是中国社会科学院国情调研重大项目："供给侧结构性改革与创新发展调研——中国精准扶贫政策实施效果评估"的最终成果。课题主持人张涛负责全书总体框架设计、统稿和定稿工作。姚慧芹参与撰写了第二章、第三章、第五章、第十一章；危薇参与撰写了第一章、第四章、第六章、第十二章；王春蕊、冯烽参与撰写了第五章、第七章；王正清参与撰写了第八章；梁潇参与撰写了第九章；韩鹏参与撰写了第十三章。调研数据处理工作由万相昱、张卓群、冯冬发、吕指臣、刘啸负责完成。

　　调研是整个书稿的核心内容。在调研过程中，感谢河北涞源，广西西林、龙州，湖北利川，云南大理、剑川和宾川等各级政府、扶贫办和相关机构的大力支持。感谢河北省社科院副院长杨思远、富滇银行原董事长夏蜀、新疆克拉玛依皓泰集团董事长方四明、广西西林县委副书记刘启的一路陪同。特别感谢在调研过程中遇到的那些叫不出名字的村干部和普通村民，他们的工作和生活精神震撼了我们，在他们身上，我们看到了扶贫任务的艰巨与希望。